新ゴーマニズム宣言SPECIAL

平成攘夷論

小林よしのり

小学館

平成攘夷論

新ゴーマニズム宣言SPECIAL

平成攘夷論　目次

巻頭描き下ろし　ナショナリズムの原点……5

攘中篇

中国を知らずに中国に謝る無知識人……37
中国のプロパガンダ戦に負け続ける日本……51
「南京大虐殺」を再審せよ……65
南京「百人斬り」の虚構……93
〈総論〉攘中篇……107

攘韓篇

「朝鮮植民地支配」の正しい歴史認識……125
「従軍慰安婦」の真実……139
「河野談話」はこうして作られた……163
〈総論〉攘韓篇……177

攘米篇

人工国家アメリカの正体……189

攘独篇

日米同盟の信義とは何か?……201
戦後生まれがアメリカに受けた屈辱……209
「子供部屋の平和」に感謝する日本人……217
〈総論〉攘米篇……225

攘露篇

ホロコーストの原罪を反日でごまかすドイツ人……239
〈総論〉攘独篇……255

攘奸篇

ロシアの非道、日本の無関心……259
〈総論〉攘露篇……273
善良主義日本人の反日工作……281
攘夷を忘れた永遠の敗戦国民……295
〈総論〉攘奸篇……305
参考文献……313

巻頭描き下ろし
新ゴーマニズム宣言 SPECIAL
ナショナリズムの原点
19世紀の蒸気船の出現は現代のインターネットの普及に似ている。
林子平《はやししへい》は「江戸の隅田川とイギリスのロンドンのテームズ川は、海でつながっている」と言った。
蒸気船による海上交通の画期的な発達は、「水路」によってテームズ川から隅田川までつながるというグローバルな感覚を想起させたのだ。

ギギャアア
蒸気機関を採用した3000トンの大型軍艦が、数十門の大砲を積んで、黒く塗装した鉄製の艦体を誇示し、黒煙を吐きながら、7つの海を風向きも気にせず自由自在に航海し始めた時代。
グローバル資本主義はすでに19世紀に始まっていて、地球上のあらゆる土地を植民地化し、市場化していった。
イギリス政府はインド産のケシから取れるアヘンを清国に売り込むために、1840年、強引に戦争をしかけた。これがアヘン戦争である。

イギリスはインド国内のアヘン売買を禁止し、支那や東南アジアに売り込んで得た膨大な利益を植民地インド経営の財源にしていたのだ。
アヘン戦争におけるイギリス軍の85％はなんとインド兵だった。
勝利したイギリスは1842年に南京条約を結んで香港を強奪し、上海など5港を貿易港として開かせた。
上海
寧波《ニンポー》
福州
厦門《アモイ》
香港
広州
この情報は佐藤信淵、高島秋帆、佐久間象山ら幕末の識者たちに衝撃を与えた。
イギリスの軍艦は逆風でも自由自在に動き回れるという。
艦砲射撃は清国の備砲の百倍の殺傷力だそうだ。
海防の重要さを説く佐久間象山に師事した吉田松陰もまた世界の情勢に開眼していた。
西欧列強の武力を背景にしたアジアの市場化、植民地化が、もう日本の眼前まで押し寄せていた。

そしてついに嘉永6(1853)年6月3日、アメリカのペリー艦隊が黒船4隻を率いて浦賀沖に来航。
吉田松陰は一足先に現地で視察していた佐久間象山に半日遅れで追いついた。
もはや陸戦で手詰めの勝負(白兵戦)に出るほかない。

だが幕府は
手出しをするなという
弱腰外交。
今の日本政府・政治家に通じる
「事なかれ外交」の
幕開けである。
ゴゴーー
ペリーは大統領の
親書を渡し、
来年さらに多くの
艦隊を率いて来ると
通告して
去っていった。
「九日浦賀の隣津栗浜にて
両奉行出張、
夷《えびす》の図書受取の次第、
僕細かに之を見る。
誰が之れがために
泣憤せざらんや。
かの話聖東《ワシントン》国なるもの
新造の陋邦、
及ち堂々たる天朝を以て
屈してこれに下る如何如何。
唯待つ所は春秋冬間
又来るよし。
此の時こそ一当にて
日本刀の切れ味を
見せたきものなり……」
今度こそ、日本刀の
切れ味を見せたい……
開国の前に一戦交えよう
というのが、
吉田松陰の考えだった。

吉田松陰の攘夷論は
鎖国論と一体ではない。
アメリカの恫喝に屈しての
幕府の開国、
「事なかれ外交」を
鋭く批判する攘夷論であり、
開国そのものはやむを得ぬこと、
いや開国が必要だと
いうことまでわかっていた。
松陰は幕府の
「攘夷を喪失した開国」
「謝罪恭順」の姿勢を
批判したのである。
つまり吉田松陰は
「開国攘夷」であり、
「武備恭順」であった。
このとき松陰が望んだ
「攘夷戦」を、十年後、
松下村塾に学んだ秀才
久坂玄瑞らが戦端を開き、
英・米・仏・蘭の
4カ国連合を相手にした
「馬関戦争」で
実現することになる。
ドオォ
ドドドォ
一旦去ったペリーが
7隻の艦隊を率いて
再び姿を現したのは
安政元（1854）年のこと。
浦賀沖から羽田沖まで進んで
江戸市街を遠望して脅し、
横浜で交渉を行うことを
幕府に約させた。

3月3日、日米和親条約が
調印される。
下田・箱館※の開港、
遊歩区域の設定、
薪・水・食糧の供給、
外交官の下田駐在、
最恵国約款の承認などを
幕府に承認させた。
ここに幕府の鎖国政策は終焉する。
続いて幕府は
露・蘭・英・仏とも条約を結んだ。
ペリーの艦隊が下田に
入港した折、午前2時頃、
汽船ミシシッピ号の舷側に
接触する一艘のボートがある。
ドスン…
ドスッ…
メリケン!
メリケン!
そのボートから
二人の日本人が
梯子で登ってきた。

※後の函館

吉田松陰と金子重輔である。
松陰はあえて国禁を犯し、外国に密航して海外の情報や技術を盗んでこようと企てたのだ。
松陰は、このまま帰されたら自分たちは国法を犯したかどで殺されると訴えたが、メリケンの大将・ペリーはこれを聞き入れず…
小船に乗せて近くの浜に打ち捨ててしまった。
松陰は国禁を破ったことがいずれ発覚し、近親者に迷惑がかかるのを避けるため、あえて自首して捕らえられ、幕府の危機感のなさを訴えようと考えたが、結局、投獄されることになる。

吉田松陰が出獄して
松下村塾を開き、
明治維新に繋がる
逸材を多数育てたのは、
日米和親条約から、
日米修好通商条約の間の
3年間のことであった。
品川弥二郎
久坂玄瑞
高杉晋作
伊藤博文
山県有朋
前原一誠
日米修好通商条約は
安政5(1858)年に
駐日総領事ハリスが
幕府を恫喝しながら
締結した完全な
不平等条約である。
領事裁判権
最恵国約款
居留地制
協定関税制など、
国際法の知識のない
日本側を騙して
結ばせたもので、
清国が諸外国から
押し付けられたものと
大して違いはなかった。
しかも幕府はこれを
天皇の勅許を得ないまま
調印したものだから、
江戸や京では
攘夷運動が激化し、
幕府はこれを
徹底的に弾圧して
「安政の大獄」を
現出する。
そのとき松陰は
江戸へ呼び戻され、
伝馬町の牢で
処刑された。

この条約による自由貿易で
日本国内の物価が急騰し、
下級武士や庶民は困窮した。
外国商人は我が国の金貨を
不均衡な比率で買い取り、
上海に輸出して
暴利を貪ったため、
天文学的な数字の金貨が
海外に流出した。

外国人は寺院に公使館を置き、
豪邸を建てて大勢の召使を抱え、
武士・町人から農工商までを
見下す傲慢な態度で、
酒に酔っての暴行や
住民との衝突が絶えなかった。
このような状況を背景に
攘夷熱は武士に留まらず、
一般人にまで広まっていった。

不平等条約によって
日本に上陸し、
日本の習慣や価値観を
無視して振舞う
外国人を見て、
幕末の志士たちが
「神州日本を汚す夷狄《いてき》」
と捉え、益々攘夷熱を
高めていったのは
自然なことであっただろう。

不逞の浪士の中には、
わざと馬上の外国人を
からかったり、
いつか外国人を
血祭りに上げようと
機をうかがう者までいた。

攘夷とは
夷(えびす)を攘(はら)うことだ。
夷とは外国から来た
野蛮人のこと。
外国人を夷狄(野蛮人)とみなし、
これを追い払うことを攘夷という。
さらに言うならば、
夷とは単なる外国人の
ことではなく
日本の価値観を侵す
外国の価値観のことでもある。
開国派にしろ、佐幕派にしろ、
「攘夷」の精神は
この時代の日本人には
誰にもあったのだ。
幕末の外国人殺害事件の一端を
列挙してみよう。
1859年8月、
ロシア艦の士官・水夫、横浜で斬殺される。
同11月、
横浜のフランス領事館下僕、殺される。
1860年1月、
イギリス公使館通弁伝吉、刺殺。
同2月、
オランダ船、船長ら2名斬殺。
同3月、
フランス公使館の旗番、刺殺。
1861年1月、
アメリカ公使館秘書ヒュースケン暗殺。
…というように夷狄への
暗殺テロは続出し、
1862年には
有名な「生麦事件」が起こる。

薩摩藩の大名行列が江戸から京へ向う途中、品川・川崎を経て生麦村に達した時…
馬で遊覧していた横浜居留地に住む英国人4人のうち、1名の婦人の乗る馬が列中に入り込んでしまった。
このとき薩摩藩主の父、島津久光の籠との距離は約20メートル。
ヒヒィーン
薩摩藩の侍は「引き返せ」と仕草で注意したが…
あわてた婦人の馬はなおも行列の中に入り込んで列を乱す。
Oh、NO!
無礼者!
一人の侍が抜刀して馬上の英国人男性リチャードソンを斬る!

流血して逃げる
リチャードソンを……
このときもう一人の
侍が列中から
躍り出て…、
再び抜き打ちに
斬りつけた!
結局4人のうち1人を斬殺、
2人を傷つけ、
婦人1人が無傷で逃げた。
もちろん
大名行列を乱した者を
「無礼打ち」するというのは
この時代のしきたりだ。
このとき二度目に斬りつけた
鉄砲組の久木村利休(当時19歳)は、
50年後、70歳になつて
鹿児島新聞のインタビューに
こう答えている。
「その時分は異国人を
誰もが切ってみたいと
焦っていて
仕様がなかった」
彼はリチャードソンと
マーシャルの2名の英国人を
このとき斬つたと告白した。

「イヤもう当時はすこぶるこれが痛快で溜飲が下がったような気がしたものであった。回顧すればもう50年になるが、全く今からこれを思うと夢のようじゃ」
この無邪気さ、あっぱれである。
この事件の賠償を巡って薩摩とイギリスはついに文久3（1863）年「薩英戦争」へと発展する。
「攘夷」を野蛮というのは単純な思考である。
この直情型の攘夷の気骨ある薩摩藩だからこそ、イギリスと日本国史上初の近代戦を壮絶に戦った後、講和して、イギリスから軍艦や兵器を輸入し、留学生を派遣し、幕府を倒す勢力となった。
そして文久3（1863）年5月から翌年8月までの1年3カ月の間、長州藩が英・仏・蘭・米の四カ国連合軍と戦った「馬関戦争」もまた無謀にして直情型の、だが極めて意義ある「攘夷戦」であった。

馬関戦争はそもそも長州藩が関門海峡を封鎖したことから始まった。
瀬戸内海と大陸方面を繋ぐ関門海峡はれっきとした日本の領海内である。
長州藩が領海内を勝手に航行する外国船を制約するのは非常識ではない。
関門海峡を通るアメリカ船、ペングローブ号を攻撃して、「攘夷戦争」のきっかけを強引に作ったのは、50名ばかりの光明寺党の浪士たちである。
それを統率するのは久坂玄瑞、だった。
久坂は高杉晋作と並ぶ松下村塾の双璧であり、吉田松陰の妹と結婚した24歳の青年武士だった。
江戸御殿場のイギリス公使館焼き討ちでは高杉晋作と共に決行した。
ただし高杉晋作は、この時点で列強と戦うのは無謀だが、攘夷派をいっぺん戦わせて悟らせるしかないと考え、高みの見物を決め込んでおり、
講和の際に出てきて、傲然とした態度で交渉に臨んだ。

久坂玄瑞は直情型だが
馬鹿ではない。
むしろ、アメリカ船での
密航を企て、失敗したら
堂々と自首するような
吉田松陰の「至誠」の覚悟を
継承した秀才だった。
だからこそ松陰は
妹を嫁がせたのだろう。
「至誠にして動かざるものは
未だこれあらざるなり」
右は松陰の言葉だが、
誠を尽くせば必ず動かせるものだと
断ずる松陰にとって、
人間の生死は、神明に任せておけば
いいとしか思っていなかった。
たとえ命の危険があっても、
自分の良心に言いわけしない。
くだらない現実主義に
逃避しない。
電車内で女性が
暴行されていても
誰もが見て見ぬふりする
という現代人から見れば、
松陰や久坂の正義への直情性は
冷笑されるばかりだろうが、
時代を突き動かすためには
青年の直情性が必要なのだ。
ある種、野蛮な、
ある種、狂気の突破力が
本当は現代にも必要なのかもしれない。
久坂ら光明寺党の浪士たちの
激しい突き上げによって、
ついに米船・ペングローブ号への
攻撃が決定され、
馬関戦争の幕は
切って落とされた！

ドドド
長州藩はその後もフランス・オランダ艦を襲撃し…
アメリカのワイオミング号には復讐され…
さらにフランス軍の上陸を許して、たった一カ月足らずで5回の「攘夷戦」を行い、惨澹《さんたん》たる結果を残した。

この攘夷戦の最中、萩に帰郷していた高杉晋作が藩に呼び戻された。
晋作は近代戦における武士の限界を感じ、民衆の志願兵で構成する「奇兵隊」を結成！
これは吉田松陰の「国難に対処するには、草莽《そうもう》(民草)が崛起《くっき》(決起)すべき」という「草莽崛起論」を実現した国民軍の原型である。
高杉晋作は吉田松陰が斬首されたとき、「わが師松陰の仇として幕府を倒す」と、すでに討幕の決意をしていた。
だがこの時期、京都で薩摩・会津連合が長州を御所から追放する八・一八政変が勃発し、
長州藩士が池田屋で新撰組に殺される事件が起こると、
長州藩内では幕府に対する怒りが爆発！
藩兵が京都に進軍してしまった！
尊皇攘夷

このとき久坂玄瑞は藩兵の上洛に反対したのだが、逆に指揮官に祭り上げられてしまう。
長州の兵は御所の蛤門に向かって突撃を繰り返す玉砕戦法をとって大惨敗!
久坂玄瑞は敗戦の責任をとつて自刃した。
長州藩はこの事件で朝廷に向かつて弓を引いた朝敵となつてしまい、その「禁門の変(蛤門の変)」のわずか半月後には…
イギリスが主導した4カ国連合艦隊が下関に来襲して、6回目の攘夷戦に突入してしまう!
1864年8月だつた。

連合軍は上陸してきて、
奇兵隊ら長州兵と
熾烈な地上戦が展開された。
弓矢や刀剣などの武器で
連合国の近代兵器に応戦する
長州兵に勝ち目はなく、
当然、連合国の勝利に終わったのだが…
長州側の死傷者は47人、
連合国側の死傷者は62人で、
人的被害は連合国側の方が大きかった。
この戦争の講和をまとめたのは
高杉晋作である。
彼は羽織の下に白装束で、
家老を詐称しながら、
イギリス艦の甲板に
悪魔のように傲然と現れた！
賠償金については
「長州藩は幕府の攘夷期限に
従っただけだ」と言って
ツケを幕府に回し、
彦島の租借要求については
ありとあらゆる詭弁を弄して、
ついに拒絶した。
このときの晋作の交渉が、
幕府並みの「謝罪恭順」だったら、
彦島は第二の香港になっていただろう。

だが高杉晋作ら長州藩の「急進派」は、実質的には「禁門の変」「馬関戦争」によって打撃を受けており、
この機に乗じて藩内の「俗論派」によって政権を奪われた。
「俗論派」は急進派の大弾圧を開始し、三家老に切腹を命じ四参謀を斬首、20人が処刑された。
「俗論派」が政権をとった長州藩は、幕府の長州征伐を逃れようと、徹底的に幕府への「謝罪恭順」の意を示すようになる。
だが弾圧を逃れて北九州に身を隠していた「武備恭順」派の高杉晋作が「俗論派」政府に戦いを挑む決意を固め、変装して下関に戻り…
そこに結集していた奇兵隊に決起を促す！
一人でも立つぞ！
志あるものは集まれ！
真っ先に伊藤俊輔（博文）が十数名の「力士隊」を率いて駆けつけ、さらに"遊撃隊"が加わり、80人ほどが集結した。
オオオオオオ

これより長州男児の腕前をお目にかける!
彼らが蜂起するとさらに軍勢が増え、3000の兵力になって「俗論派」を駆逐した。

「俗論派」が打倒された慶応元年、桂小五郎が長州藩の実質的な指導者となり、「朝廷に対しては禁門の変に対する謝罪の意を表明しつつ、藩兵の近代化を促進する」という「武備恭順」路線を確定した。
長州藩は馬関戦争の講和後、国を開いたも同然となり、長州征伐を狙う幕府との戦いに備え、イギリスとの間で武器の密輸入を開始。
これを幕府からにらまれると、長州藩は、薩摩を通じてイギリスから軍艦や小銃を買い入れ、武器の保有量は「全国一」となって、「討幕」に向けて邁進していく。
薩長同盟はもう間近である。

さて当面の行動目標を「討幕」に定めた志士たちは「攘夷」を捨てたのか?
様々な歴史記述では、いとも簡単に「薩英戦争・馬関戦争を経て、尊皇攘夷の志士たちは、攘夷の無謀なことを知り、これを捨てて開国に転じた」と書いてある。
だが夷《えびす》（野蛮人）の物量に負けたから、夷《えびす》（野蛮人）に屈するような志士たちでないことは自明であり、幕府を倒せば夷《えびす》（野蛮人）と対等に付き合えるわけでもない。
「攘夷」は単なる外国人の肌や目の色への嫌悪感から発したものではない。
高杉晋作は文久2（1862）年上海に出張している。5月から7月までの2カ月間、英・仏・米・蘭人を通じて諸外国の情報を得、支那の様子を見聞した。
そこで晋作が見たものは、上海が英仏の属領と化し、白人が他国の地で傲然と振舞い、支那人が白人に使役され、白人が通るとあわてて道をゆずる光景だった。
この上海からの帰途、晋作は長崎に上陸して独断でオランダ人から蒸気船一隻を購入する契約まで済ませている。
志士たちは外国船撃攘、異人斬りなどの「小攘夷」を捨て、富国強兵を行い、外国に対峙する「大攘夷」に進まねばならぬと悟ったに過ぎない。

幕末期の日本はすでに半植民地化されていたという見方もある。
関税自主権の喪失や、領事裁判制度、外国軍隊の駐留（横浜駐屯軍）など、幕府の買弁的性格は日本の半植民地化の危機を最大に高めていた。
また文久3（1863）年、幕府が国内の「人心不折り合い」を理由に、再び鎖港することを列強に通告したことがある。
そのとき英仏両国は大規模な戦争計画を立て、数百隻の艦船と1200の兵力で江戸か大阪を攻略する、シミュレーションも立案していた。
慶応元（1865）年10月には、列強は兵庫沖へ艦隊を派遣して、朝廷に圧力をかけ、条約勅許を勝ち取った。
日本にこのような歴然とした圧力を加えてくる列強に対して、「攘夷」を捨てられるわけがない。
彼らは「開国」して、「武備恭順」して、幕府を倒し、いずれはアジアに侵略の触手を伸ばす欧米列強を「攘夷」するというシナリオを描いたのである。
「武備恭順」という言葉は、明治期に「富国強兵」というスローガンとして甦ることになる。

吉田松陰ら長州の先覚者たちは、幕府の主体性を喪失した安易な開国（謝罪恭順）に対抗して、主体的な開国（武備恭順）にするために「攘夷」を政治的スローガンとして活用した。
「攘夷」の真意は、邪悪な帝国主義の魔手を攘う、という政治目的があったからだ！
日本が真の独立を果たすためには、「攘夷」の霊骨が必要なのである。
イラク戦争を侵略だと断じ、アメリカとそれを支持する日本政府を徹底的に批判したわしは、親米保守派から「反米はいかん」と批判されたが、
実はわしは、日本を侵蝕してくるあらゆる国に「反」であって、そもそも「攘夷」論者であると宣言しておく。
現代日本において、親米保守派も親中リベラル左派も、幕末期に、幕府や夷狄に「謝罪恭順」した「俗論派」とそっくりではないか！
吉田松陰は、自分たちが他を侵さなければ他から侵されることもないと信じ込んでいる日本人に対して身体を張った狂気の行動力で警告を発した。

松陰の「尊皇攘夷」思想は、
幕末の志士たちを動かし、
明治・大正・昭和を貫き、
先の大戦に敗れるまで、
日本人の深層心理に
受け継がれていたのだが…
だが戦後60年を経た今…
温家宝が来日した折の、
国会議員による
スタンディング・オベーションという
「謝罪恭順」外交…
温首相
「日本の反省評価」
国会演説
歴史問題「行動を」
与野党党首級
相次ぐ温首相表敬
関係改善の旗手アピール
チャイナ・ロビーが仕掛けた
アメリカ経由の
慰安婦問題に対する
安倍首相の、自説を封じての
「謝罪恭順」外交…
首相 慰安婦問題で謝罪
米下院議長らに
決議案採決前に
「おわび、変わらぬ」
首相、元慰安婦巡り強調
首相「日本に責任」
慰安婦問題
訪米控え 米メディアと会見
集団的自衛権
研究、中国を意識

北朝鮮の拉致居直りと
核恫喝に対する日本国内の、
核武装の議論すら
タブーにして封じようという
「謝罪恭順」根性…
核武装論 火消し急ぐ
政府・与党「世界に波紋」
「議論あっていい」中川昭氏発言
韓国の竹島・侵略占領を
完全黙認して恥じない
日本政府の
「謝罪恭順」外交…
竹島周辺調査を中止
韓国は地名提案 先送り
日韓合意 来月にも境界交渉
北方領土の領海内で発生した
日本漁船への発砲・殺人事件に対して、
抗議もしない日本政府の
「謝罪恭順」外交…
いつ解放、めど立たず
政府、領土問題避け交渉
ビザなし交流 予定通り継続 外務省
漁船の銃撃事件 再発防止で一致
弱肉強食の規制緩和を
アメリカの思惑通りに
受け入れて、
日本国内の中間層を
崩壊させ、
国柄を破壊する
日本政府・経済界の
「謝罪恭順」経済政策…
郵政民営化 07年開始
「造反組」27人賛成
ブッシュのポチとして
熱烈支持したイラク戦争が、
失敗だったと世界の常識になっても、
まだアメリカの顔色を見て、
正しかったと言い張る
日本政府の
「謝罪恭順」外交…
イラク「大義」再燃
与野党、特措法改正案で論戦
日本の戦争支持「正しかった」
首相「決議違反12年」
米軍再編の中で、
主体性を喪失して
自衛隊と米軍を一体化させる
日本政府の
「謝罪恭順」防衛…
米軍・自衛隊 進む融合
有事の作戦拠点に
再編問題きょう最終合意

日本は夷《えびす》の排外主義的・狭隘《きょうあい》なナショナリズムの悪意に包囲されている！
「捕虜虐待」
漁船銃撃
北方領土占領
海底油田事業認可
「遺棄毒ガス」
「731部隊」
「南京大虐殺」
「重慶爆撃」
核・ノドンミサイル
拉致
「過去の清算」
「従軍慰安婦」
日本海呼称
竹島占領
歴史教科書
靖國参拝阻止
「性奴隷」非難決議
「年次改革要望書」による国家改造
規制緩和
郵政民営化
商法大改革
医療制度改革
司法改革
三角合併解禁
商標・知的財産権侵害
ガス田
尖閣諸島
台湾海峡
ハニートラップ スパイ
「貿易障壁」緩和要求
牛肉輸出
捕鯨禁止
米軍再編
華僑抗日ゲリラ「虐殺」
日本の核武装阻止
日本の国連常任理事国入阻止
（第2次大戦「戦勝国」体制維持）

それでも日本国内では、
愛国心はだめだとか、
ナショナリズムはだめだとか、
あるいは愛郷心ならいいとか、
祖国愛ならいいとか、
健全なナショナリズムならいいとか、
お人良しで子供じみた
些末な議論で
時間をつぶすばかり…
こんな日本の状況を
吉田松陰が見たら、
「攘夷が足りなかった」と
言うだろう。
多分、アメリカの「属国民」と化した
現代の日本人は、
幕末の志士たちのように
危機を察知する感受性が
失くなってしまったのだろう。
幕末期の幕府のように
「事なかれ主義」を
現実主義と勘違いした
「謝罪恭順」の日本の政治家と
それを選ぶ国民は、
まず他国の悪意を
自覚しなければならない。
せめて「武備恭順」の
志を持たねばならない。

ごーまんかましてよかですか?
今の国民には「攘夷」という情緒的な怒りが足りない!
悪意のナショナリズムに包囲された日本人にとって、あえて極言するが、ナショナリズムは排外的であって構わないのだ!
しかし、「武備恭順」と言っても、「恭順」の意を示さねばならぬ限り、真の「独立」には、まだ遠いのだが…

かくすれば
かくなるものと知りながら
己むに己まれぬ大和魂

吉田松陰

攘中篇
新ゴーマニズム宣言 SPECIAL
中国を知らずに中国に謝る無知識人

いつもいつもテレビでは日本は過去中国を侵略した、悪いことしたんだという認識しか許されない。
『サンデープロジェクト』の田原総一朗に至っては、大声で恫喝してでも異論を排除しようとする。
田原が無知ゆえの暴言を高市早苗氏に浴びせているのを見てしまった。
高市氏が、満州事変以後の戦争は日本にとって「自存自衛だと考えている」という、自分の歴史観をのべた時だ…
冗談じゃないよ！
明らかに、あれは侵略戦争だよ！
いいか！
なんと田原は、ゲストに向かって、「いいか！」と強圧的な言葉を前置きとしてふりかざしたのだ！

いいか！
あれは関東軍の全くの反乱だよ。自存自衛だなんて全くの無知！
国会議員やってるのはおかしい！
こういう幼稚な人が下品な言葉で靖國、靖國って言うから…
僕は靖國はあったっていいと思う。
でもあなたみたいな下品な人が(靖國に)行ったら、
憎らしい顔した人が集まったらかわいそうだよ。
高市氏は一貫してクール、上品だった。
一貫して下品！とち狂って凶暴だったのは田原である！
その高圧的な態度は、まさに、旧日本軍の一部にいた女や目下の者を理不尽にも「いいか！きさま…」と脅しつける、タチの悪い上官の態度と全く同じである。
田原こそが旧日本軍の悪い体質を受け継ぐバカ男なのだ！
保守派のオヤジの中にもこういうやつが、いっぱいいる。
昔も今も威張り散らしたいだけの男！
右にも左にもいる「幼稚で、下品で、憎たらしい顔した」高圧的なオヤジ、それが田原総一朗である！
田原は無知だ。
はっきり言ってやる。
無知だ！

田原は言う。ワシントン条約で植民地を作ることを禁止していたのに、日本が違反したから満州事変は侵略だ、と。
侵略
1921年のワシントン条約が第一次大戦後の世界の体制を、アメリカ主導で作り直そうとして会議が開かれ、締結されたことを知らないらしい。
その時、日本の軍縮と日英同盟の廃棄がアメリカの圧力によって決められてしまったのだが…
この条約の最大のインチキは、欧米の植民地はそのままにしておいて、新たな植民地は作ってはいけないという条件になっていたこと！
そして、アメリカが中国の利権を手に入れるために、門戸開放を主張したのだということを、田原は理解できない！
結局、このワシントン体制自体が、満州事変を引き起こしたということを、イギリスの歴史学者クリストファー・ソーンは喝破している。
高野孟《はじめ》は、
中国の自存自衛はどうなるのだ？
などと、たわけたことを言った。
田原も高野もシナ大陸における「中国」とは何か？「中国人」とは何か？という問いなど考えたこともないだろう。
なにしろ高野孟は、学生時代に中国に行って、中共の用意した語り部の話を聞いて、ボロボロ泣いて、そこで人生が決まったと、自分で告白しながら涙浮かべていた、おめでたい奴なのだ。
田原よ！おまえが無知でいたいのならそれでいい。
だが、わしは絶対に理解したがらない歴史の真実を何度でも世に説き続けてやろう!!

よく「中国4000年の歴史」と言うが、それは世界史上最大のウソである。
実際の歴史は秦《しん》の始皇帝から2000年程度。
しかも「中国」という巨大な国がずっと存在したわけでも「中国人」がずっと存在したわけでもない。
「中国」なる名称自体20世紀に作られたものであり、歴史用語的には「シナ」と呼んだほうが正確なのだ。
「シナ」は「CHINA」と同じく最初の王朝「秦」が語源で差別語でも何でもない。
CHINA
アメリカ人が「チャイナ」と言っても怒らないのに日本人が「シナ」と言うと怒るのは要するに日本人を差別しているからである。
シナ
そうでなければ「中国」がずっと昔からあったと錯覚させたいのだ。
シナには今も言語も文化も全く違う56もの民族が存在する。
今の「中華人民共和国」は漢族の天下だが漢族が天下を取った時期はシナ2000年の歴史の4分の1しかない。
侗族
蔵族
布依族
蒙古族
維吾爾族
壮族
苗族
満族
瑶族
黎族
白族
傈僳族
土家族
哈尼族
傣族
仡佬族
畲族
水族
納西族
土族
鄂温克族
拉祜族
佤族
羌族
回族
東郷族
仫佬族
錫伯族
怒族
朝鮮族
景頗族
基諾族
京族
俄羅斯族
毛南族
徳昂族
柯爾克孜族
鄂倫春族
漢族
撒拉族
哈薩克族
裕固族
保安族
門巴族
阿昌族
独龍族
塔塔爾族
彝族
普米族
達斡爾族
珞巴族
赫哲族
高山族
布朗族
塔吉克族
烏孜別克族
シナの歴史は匈奴《きょうど》鮮卑《せんぴ》契丹《きったん》突厥《とっけつ》ウイグルモンゴル満州（女真《じょしん》）…と様々な民族による全く異なる王朝の出現、滅亡、戦乱の繰り返しで歴史に連続性がない。

6～10世紀の「隋」「唐」は鮮卑人というトルコ系の遊牧民族。
13～14世紀の「元」はモンゴル民族の王朝だった。
複数の王朝が並立した時代も多く、「天下」はあっても「国家」はない。
そして王朝が変わる度に領土の範囲も全く異なった。
王朝が変わると前の文化をことごとく破壊しつくし数千万の単位で人口が激減した。
シナ大陸の「隋」「唐」「元」「清」という王朝の変化は日本の「奈良」「平安」「鎌倉」「室町」というのとは全く違うのだ。
同民族の政権交替ではないのである。
日本人は、このことを知らない。
万里の長城の外の「満州」の地にはトゥングース語系の満州族が住んでいて
古来、漢族は彼らを「化外《けがい》の地」の民と呼んでいた。
ところが、17世紀にこの「化外の地」の民が天下を取り清王朝を樹立させた。

「清」は周辺地域への侵略を繰り返し、領土を従来の3倍にまで膨張させ他民族を蹂躙《じゅうりん》し圧制を敷いた。
そして漢族も完全にその支配下に入った。
漢族と満州族は全く違う。
辮髪《べんぱつ》は満州族の風俗で、「髪を切らなければ首を切る」と漢族にも強制していた。
そして270年の支配で漢族はほとんど満州化された。
キョンシーの服は満州族の正装である。
漢族はこれを着ることを許されず、死んだ時初めて「憧れの」満州服で棺に入れられた。
また、チャイナ・ドレスは満州族の女性服で20世紀初め、漢族も着るのを許された時漢族の女性は大喜びで着た。
さて、皮肉にも「アヘン戦争」が清朝に抑圧されていた民族に「解放」の望みをもたらした。
漢族にも民族意識が起こり「滅満興漢《めつまんこうかん》」を掲げた革命運動が起こった。
「中国建国の父」と言われる孫文《そんぶん》は1911(明治44)年、辛亥《しんがい》革命を起こし翌年「中華民国」建国を宣言清を滅ぼした。

ところが中華民国の
実権は清の軍人・
袁世凱《えんせいがい》に握られ
「革命」は名ばかりと
なってしまう。
孫文は「国民党」を
結成して「第二革命」を
起こすが失敗、
日本に亡命する。
袁は、さらに
帝政を復活させて
自ら皇帝に
なろうとするが
失敗して急死。
その後継を巡って政府は分裂。
各地方の軍閥も
群雄割拠
孫文も帰国して
国民党を改組し
それぞれが
「我こそが正当な中国政府だ」
と名のった。
シナ大陸は
果てしなき内乱の時代となり、
四川省だけでも
20年間に500回に上る
地方同士の戦争が起きた。
皮肉なことに、
列強国が植民地化した
「租界」の中だけが
秩序のある「桃源郷」
という状態だった。
中国革命に参加した
志士の多くは
日本に留学しており、
これに多くの日本人が協力。
「中国革命は
東京発」
とまで言われた。
日本人はシナが
近代国家として
安定することを
願っていた。
しかしその願いは
叶わなかった。
宮崎滔天
北一輝

日露戦争の勝利で日本はロシアから「南満州鉄道」の権益を手に入れた。
「十万の英霊、二十億の国幣（国費）」という莫大な犠牲と引きかえに得たほとんど唯一の戦果であり、以降、日本人は満州という土地に特別な感慨を抱いた。
「満州」
…それはもともとは清朝をつくっていた満州族の出身地だった。
ハルビン
長春
旅順
南満州鉄道
満州族が清朝を樹立した際、満州族は民族を挙げて万里の長城の内側に移住し
満州の地は万一の際に帰れるように無人地帯にされていたのである。
孫文も革命の際、満州を「中国」の一部とは考えておらず、
孫文は日本に満州売却交渉まで持ちかけていた。
そこは事実上「無主の地」だった。
ところが日本にとって満州はまさに「生命線」だった！

すでに明治の初め、外務省顧問に迎えたアメリカ人、リゼンドルはこう指摘していた。
北は樺太より南は台湾にいたる一連の列島を領有して支那大陸を半月形に包囲し、さらに朝鮮と満州に足場を持つにあらざれば、帝国の安全を保障し東亜の時局を制御することはできぬ。
当時のシナ情勢に詳しいアメリカの外交官ジョン・V・A・マクマリーも言っている。
日本の安全保障のためには朝鮮半島と満州の安定が必要不可欠だった。その上、日本は資源も耕地面積もない小国である。
日本は急速に近代化し、江戸時代2600万人程度だった人口は、日露戦争時に4000万大東亜戦争前には8000万に激増した。この人口は、国内だけでは絶対に支えられない。
マッカーサーは戦後、次のように言っている。
日本は絹産業以外には固有の産物は何も無い。彼らは綿が無い、羊毛が無い、石油の産出が無い、錫が無い、ゴムが無い、その他実に多くの原料が欠如している。彼らが戦争に飛び込んでいった動機は大部分が安全保障の必要に迫られてのことだった。
今だって海外から資源が入らなくなったら、日本人は生きていけない。
南満州鉄道と「鉄道付属地」の炭坑の採掘権、旅順・大連および付近の領土（関東州）の租借権などの「満州権益」は、当時の日本人にとってかけがえのないものだった。
さらにロシア革命でソ連が成立、ロシア共産党は共産革命の世界拡大を目指して「コミンテルン」を結成、各地で秘密工作を進め、
モスクワ
ベラルーシ
ウクライナ
アルメニア・アゼルバイジャン・グルジア
カザフ
モンゴル
満州
キルギス
ウズベク、トルクメン、タジク
満州はいっそう重要な国防線になったのだ。

孫文の死後、国民党の実権を握った蒋介石は、
1926(大正15)年
中国統一を目指し
北伐《ほくばつ》を開始。
1928(昭和3)年
一応の全国統一を
成立させる。
この余勢をかって
国民党は
満州権益を
奪取せんがため
排日政策を
激化させた。
もともと満州は万里の長城の外で
シナ人はそこを「化外の地」と呼び、
ロシア人が来ようが
日本人が来ようが
大して気にも止めてなかった。
ところが、そこが
経済発展し始めるや
いきなり「満州を返せ!」
と言い始めたのだ。
権益の正当性を保証する
条約は即刻、破棄すると言い、
これを「革命外交」と呼んだ。
一方、ソ連のコミンテルンも
中国共産党に
ゲリラ活動の指令を出し
反日テロが相次いだ。
中共の狙いは
国民党と日本軍を
戦わせ、
漁夫の利を得る
作戦である。

日本政府はシナに譲歩し「協調外交」で解決しようとしたが、
逆に「弱腰」とナメられてテロを増やしたため、
国内でも政治家は信頼を失い軍への期待が高まった。
莫大な投資を行なった満州権益と在留邦人の命を守るには、満州をシナから切り離すしかないと判断した
関東軍の石原莞爾《かんじ》は、
独断で満州事変を起こし、
満州国を建国。
政府は、それを追認するしかなかった。
「謀略！」「侵略！」「軍の暴走！」…と言われるが
当時、アメリカの新聞記者 ウォルター・リップマンは…
中国側が引き起こした形を変えた戦争である地方の腐敗や混乱に…（日本は）直面しながら…激しい挑発に対し、通常の国際的基準からすれば極めて忍耐強かった。
イギリスの陸軍元帥 ウィリアム・バーウッドは…
一 彼らはひどい挑発を受けてきた
二 彼らは遠からずどこかへ進出せねばならない…とすれば（イギリスの権益がある）オーストラリアの方へではなく満州に進出させねば…
三 彼らが満州で完全に地歩を固めればそれは共産主義の侵略に対する真の防壁となる
アメリカ公使 ジョン・V・A・マクマリーは…
日本をそのような行動に駆り立てた動機をよく理解するならば、その大部分は中国の国民党政府が仕掛けた結果であり、事実上「自ら求めた」災いだと我々は解釈しなければならない。
国民党が仕掛けるテロから権益と居留民を守るためやむを得なかったという事情を当時の欧米でははっきり認めていたのである。

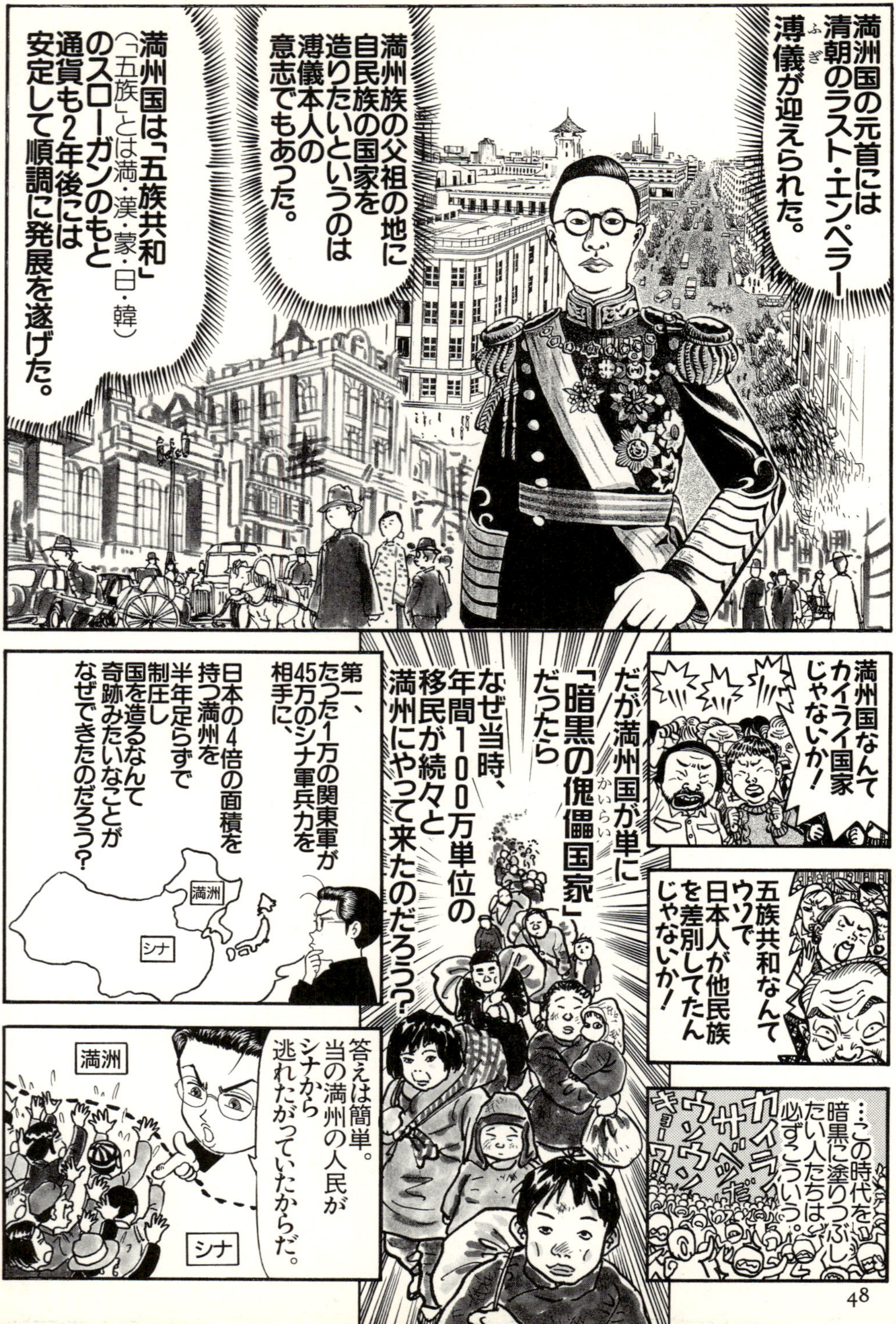

満洲国の元首には
清朝のラスト・エンペラー
溥儀《ふぎ》が迎えられた。
満州族の父祖の地に
自民族の国家を
造りたいというのは
溥儀本人の
意志でもあった。
満州国は「五族共和」
(「五族」とは満・漢・蒙・日・韓)
のスローガンのもと
通貨も2年後には
安定して順調に発展を遂げた。
満州国なんて
カイライ国家
じゃないか!
五族共和なんて
ウソで
日本人が他民族
を差別してたん
じゃないか!
…この時代を
暗黒に塗りつぶし
たい人たちは
必ずこういう。
カイライ
サベツだ
ウソウソ
キョーワ!!
だが満州国が単に
「暗黒の傀儡《かいらい》国家」
だったら
なぜ当時、
年間100万単位の
移民が続々と
満州にやって来たのだろう?
第一、
たった1万の関東軍が
45万のシナ軍兵力を
相手に、
日本の4倍の面積を
持つ満州を
半年足らずで
制圧し
国を造るなんて
奇跡みたいなことが
なぜできたのだろう?
満洲
シナ
答えは簡単。
当の満州の人民が
シナから
逃れたがっていたからだ。
満洲
シナ

当時シナの民衆は軍閥に徹底的に収奪されていた。
100年先の税まで徴収するなどザラで、
しかも戦火が及べば必ず略奪と強姦の狂宴が繰り広げられ、
それで支配者が代わろうものなら、
新たな支配者がまた改めて税を取り立てにくる。
そんな中、日本が治めていた満州の地域はまさに「王道楽土」だった。
人は住み心地の悪い所にわざわざ移動したりしない。
満州事変以前の20年間で人口は1800万から3000万に、貿易額は6倍に激増していた。
そのため関東軍が事変を起こすと、たちまち各地に親日的な自治政府ができ満州国建国に至ったのだった。
満州事変は「塘沽(タンクー)停戦協定」で一応終結した。
田原があくまでも「満州事変は侵略」と主張したいのなら、
満州の日本人居住者は排日テロで皆殺しになってもよかったと主張しろ!
日本は過剰な人口抱えたまま資源も食糧もない飢餓国でいればよかった!
と主張しろ!
共産主義の南下に無防備なまま、さっさと赤化してりゃよかった!
と主張しろ!
そもそも満州に権益を持ったのが悪い。日露戦争も侵略だ!
と主張しろ!
実際、中国は「日清・日露も侵略」と言ってるんだから!

田原が言う
冗談じゃないよ！
明らかに、あれは侵略戦争だよ！
…というのは、「私は無知です」と言ってるのと同じだ。
「侵略」とは他国の領域に侵入し、
その主権と独立を著しく侵害することだ。
だが当時のシナに「主権国家」はあったのか？
「中国は国家に非ず」
当時は国際情勢に通じた人なら誰でもそう思っていた。
蒋介石の国民政府でさえ、実態は臨時に諸外国に認められた大きな地方軍閥程度のもので、政令の行き届く地域は限られていた。
中国は国家としての条件を満たさず、近代国家の体をなさず、国民が組織されず、責任政府が存在しなかった。
国際法に基づき在留外国人の権利を守る政府が存在しない以上、同朋を守るためには自国の軍隊を出すしかなかったのだ。
それとも、やっぱり在外邦人は見殺しにすべきだったのか？
ごーまんかましてよかですか？
不勉強な知識と貧困な想像力で、えらそーに歴史を裁くんじゃない！！
当時のシナには現在の我々には想像もつかない状況があったのだ。

攘中篇
新ゴーマニズム宣言SPECIAL
中国のプロパガンダ戦に負け続ける日本

戦前のシナ大陸はまだ法が遵守される近代的な国民国家ではなかったのだ。
これはつまり人民のためを思う「公」の心をもった指導者もしくは権力者が現れなかったとも言える。
中国は今も国民国家ではない。
未だに共産党一党独裁の王朝国家である!
この認識は大切なポイントである。
だから天安門事件も起こるし法輪功も弾圧される。

シナ大陸では「易姓《えきせい》革命」といって
「自分が天に選ばれた」と信じる者が
それぞれの武装集団を率いて
皇帝の座を争っていただけである。
そこに
「民のため」とか
「国のため」という感覚はない。
「反日暴動」が起きても
それは侵略者に対する民衆の抵抗ではないのだ。
ナショナリズムが育ってないのだから
それは単に権力闘争の手段にすぎない。
シナ大陸には
言葉も通じぬ56もの
民族がいるのだから
当然、昔も今も
「国民」という意識や
「中国人」という
一体感も持っていない。
昔から民衆は
誰が上に来ても
よかったのであり
現に、いろんな人種の
皇帝が入れ替わった。
だから日本軍が
やって来ても
民衆は歓迎したし…
シナ人の軍閥や
馬賊に
略奪されたり
高い税を取られたり
するよりは…
外国の租界で
治安が安定している
ほうが、民衆にとっては
幸福だったわけである。

満州事変の頃、中国共産党はシナの中南部一帯を共産化。
1931(昭和6)年江西省の瑞金《ずいきん》に毛沢東《もうたくとう》を主席として「中華ソヴィエト共和国臨時政府」を樹立。
例によってそこでは独裁恐怖政治が行なわれ住民は厳重に統制され逆らうと殺された。
国民党の何応欽《かおうきん》の報告によれば、中国共産党が本拠地とした江西省では、虐殺された者18万6000放逐された者210万焼かれた家屋は10万戸以上に上ったという。
瑞金
蒋介石は満州国を黙認して共産党との内戦を優先。
共産党は後に「長征」という名で美化される大敗走を続け、延安に落ち延びるが、
国民党の掃討戦の前に共産党の命運は「最後の5分間」と言われた。
満州
延安
瑞金
ところがそんな中蒋介石が共産党側に監禁されるという大事件が発生!(西安事件)
これを機に蒋は内戦を止め、「一致抗日」に向かう。

満州事変が終結し、情勢が安定したのもつかの間、1937(昭和12)年
支那事変(日中戦争)勃発。
日本軍は満州事変をモデルに一気に懸案を解決することを目指して戦線を拡大、世論も圧倒的に支持していた。
発端となった「盧溝橋《ろこうきょう》事件」は1937(昭和12)年7月7日、北平(北京)近くの盧溝橋で演習中の日本軍が銃撃を受け国民党軍と一触即発となったという些細なものだった。
両軍をけしかけるために密かに潜入した共産軍の者が発砲したのである。
日本軍はさらに7時間後、敵の猛射を受け反撃。
しかし、4日後現地停戦協定が結ばれた。
日本軍は行動を自重していた。
しかしシナ軍による挑発・虐殺事件が跡を絶たず、
蔣介石がわざと民間人を巻き添えにして上海を爆撃するという暴挙を起こし、ついに全面戦争となった。

当初、日本側は不拡大方針だった。シナ軍の執拗な挑発で戦争に引きずり込まれたのだ。
なぜ蔣介石は全面戦争を望んだのか？共産党の陰謀に乗せられたという説が有力だが、
蔣介石日記の公開が始まったので、今後さらに研究が進むだろう。
日本軍は苦戦の末上海を占領、さらに追撃して南京戦となるが…
シナ軍は、ほとんど軍隊だかテロ組織だかわからない存在で、近代国家の戦争の概念が全く通用しない。
すべてのルールを平然と破り、女・子供までゲリラ活動に出る。
退却の際は「清野作戦」で何もかも焼き払い、同胞も平気で犠牲にする。
そして背後から「便衣兵」となって襲う。
そんな中でも日本軍は極力戦時国際法を遵守していたが、
シナ軍はこれを正反対にして「日本軍が暴虐行為をしている」と世界に向かって宣伝しまくった。
JAPANESE A UNSPEAKABL OUTRAGE
Wholesale Slaughter in China!

怪しげな写真を集めて「日本軍の蛮行」に仕立て、
赤ん坊を廃墟に置きヤラセ写真を撮った。写真の効果は絶大だった。
また蒋介石夫人の宋美齢《そうびれい》は「日本の暴虐」を訴えて泣いてみせた。
宋は英語はペラペラしかも美人、
異教徒の日本人と戦う敬虔なクリスチャン夫婦というイメージで、まんまとアメリカ世論を味方につけた。
その60年後には、アイリス・チャンという中国系の女がアメリカ全土で「日本の暴虐」を訴え、さらに10年後、つまり現在は、中国系の献金を受けた議員や映画を使ってアメリカ世論を味方につけようと画策している。
アメリカの著名人・マスコミ・政治家はすっかり騙された。
オーウェン・ラティモアは蒋介石の中国を「真に民主的な民主主義国」と述べた。
『ワシントン・ポスト』は「もし一般のアメリカ人が一般の中国人と同じように自由を愛し、そのために戦い、危険をおかし、働き犠牲をいとわないなら将来のことを気づかう必要はない」とほめちぎり…
…『シカゴ・デイリー・ニュース』は中国を「東洋における我々のホープ」と呼んだ。
アメリカ政府・戦略事務局の報告書には、中国は「世界でもっとも頑強な民主主義の砦の一つ」とあった。
一方その頃一般のアメリカ人の60％は世界地図のどこが中国か指し示せないほど何も知らなかった。
?

大東亜戦争開戦後、イギリスで蔣介石が「腐敗した少数の政治家たちに囲まれ中国の内外にわたるきわめて巧妙な宣伝に支えられたファシストの頭目」と評されるようになってもアメリカは騙され続けた。
イギリス外務省極東部長アシュレー・クラークはアメリカを訪れた際、「現実の中国についてのかぎりない無知」に驚愕したという。
日本軍は南京に続き徐州、武漢三鎮を陥落させ国民党政府は重慶に撤退。
以降、戦線は膠着状態になる。
5・19 徐州
南京
10・26 漢口
10・27 漢陽
10・26 武昌
重慶
シナ軍は日本軍を過小評価し全面戦争に引き込んだ。
日本もある意味相手を過小評価していた。
日本の敵はシナ軍だけではなかったのである。
米・英・仏・ソの4国、中でもアメリカは国民党に莫大な援助を行なっていた。
巨額の借款が供与され「援蔣《えんしょう》ルート」と呼ばれる道路や鉄道が開かれ
重慶には膨大な兵器弾薬が運び込まれていた。
商工業の拠点すべてを占領され、奥地の重慶に撤退した蔣介石は、普通なら武器弾薬の調達もできず、講和に臨む以外ないはずだった。
アメリカの援助が崩壊寸前の蔣介石に抗戦を続けさせ、日本軍を泥沼に引きずり込んだのである。

日本軍は終戦までシナ戦線では連勝していた。
日本はただ連合国を巻き込んだ、中国の宣伝戦に敗れたのだ！
銃火を交える戦闘だけが「戦争」ではない。
「情報戦」「宣伝戦」という戦争もある。
中国は伝統的に宣伝戦に長け、日本は逆にこれが全くできない。
TIME
LIFE
その後、日中戦で疲弊した国民党を破り、毛沢東の中国共産党が、魚夫の利の天下を取つた。
毛沢東自身、「皇軍の力なくして政権を獲得することはできなかつた。我々は感謝している」と言つた。
反日プロパガンダという国民党の「遺産」は共産党が引き継ぎ最大限に活用している。
国内には「日本の侵略と戦った中国共産党」という宣伝で現政権の正当性を示すため。
国外には中国がやっている侵略を隠蔽するため。
それに日本国内の左翼教師左翼マスコミが全面協力する。
朝日新聞
毎日新聞
日本ほどプロパガンダに無防備な国はない。

反戦軍人となって撫順から帰ってきた人の中には、ウソ証言をしていたのがバレて、「批判追及は、いくら受けてもよい。しかし私は中国共産党の指導には心から感謝し、日中友好に今後とも全身で当たって行きたい…」と熱弁した人もいる。胸の痛む話だが、日本にえん罪までかぶせて中国に謝罪することが「日中友好」ではないだろう。
日米戦争の開戦時、アメリカには対日戦のメリットはほとんどなく、しかもルーズベルトは戦争不参加を掲げて当選した大統領だった。
アメリカが開戦したのは、苦戦が続いていた対独戦にアメリカを参入させるため、まずドイツの同盟国・日本と戦うように仕向けた「イギリスの戦略」だったと最近の研究では言われている。
そこでもし日本に情報戦・宣伝戦の知識があれば、
ハルノートを公開するなどしてアメリカの不正義と日本の正当性を主張し、
ベトナム戦争のようにアメリカ国内の厭戦ムードを高め、
日本軍が優勢を保っている間に戦争を終結できたという説もある。
だが、現実には日本にそのような戦略もなく、
逆にアメリカは、在米日本大使館員が宿直も置かず同僚の送別会をやったために宣戦布告が遅れた、という失点を最大限に利用。
「騙し討ちの卑怯者ジャップ」「リメンバー・パールハーバー!」の大宣伝を行なって一気に戦意を高揚させてしまった。
悲しいほどに宣伝力に弱い日本は、宣戦布告の遅れについての誤解を解く努力を何もしなかった。
それどころか今でもしていない。
日本は騙し討ちの卑怯者だから広島・長崎の原爆容認論がまかり通ってしまうのだ。
それゆえに中国がアメリカで「日本の戦争犯罪」糾弾を次々とたきつける戦略が効果を上げることになる。
慰安婦問題追及 ホンダ議員
中国系献金突出
昨年11万ドル
反日団体と連携
南京戦直後に出たプロパガンダ本にも日本は反論しなかった。
デマや誹謗中傷に対して沈黙で答えるというのは日本国内では美学として通じるかもしれないが、
国際社会では認めたと思われておしまいである。
……。
WHAT WAR MEANS
The Japanese terror in china
H.J. Timperley
日本はアメリカの国益 中国の国益 ソ連の国益 北朝鮮の国益 韓国の国益に洗脳されたほとんどの反日マスコミによって、すべての宣伝戦に負け続ける。
反日新聞
そして今では戦う気概はおろか宣伝戦を戦っているという自覚さえも無いままに1つの戦争で2度、3度と負け続けていくのみなのだ!

戦争は武力を使わずに行なうことができる。
武器・弾薬を使うのは戦争の一つの形態に過ぎない。
情報による煽動や脅しもすでに戦争なのだ。
そしてわしはこの情報戦の戦列にすでに就いている。
だから中国に警戒され、韓国で写真を焼かれ、
台湾の中国統一派にブラックリストに載せられ、
アメリカでもカナダでもドイツでもフランスでも右翼だ、民族主義者だ、軍国主義者だと批判報道されているのだ。
内政部公告
禁止小林善紀入境
採択反対
Far Right Thinkers Win
CULTURE
le japonais s'affiche dans les publications populaires
《戦争論》和日本的"新民族主義"思潮
そして国内でもすっかり中国・韓国の「撹乱部隊」と化したマスコミが背後からタマを撃ってくる。
毎日新聞
朝
外から中国・韓国およびかつての戦勝国が…
内からサヨクマスコミが情報爆弾を炸裂させ、
やがて大衆は洗脳されて眉をひそめだす。
靖國神社か…
これって悪い文化らしいな…

こうやって日本独自の
文化・伝統を
崩壊させていくのも
一つの戦争の形態なのだ。
これを
アイデンティティー・ウォー
という！
朝
今の日本は、まるで
列強から領土を
食い荒らされていた
あの清朝末期だと
言った者がいたらしいが…
確かに我々日本人は今
領土でなく
アイデンティティーを
侵略されている。
敵に寝返った漢奸が
マスコミ・知識人・
市民団体・政治家に
なんと多いことか…！
朝
毎日新聞
中国さまが
怒らぬよう
国立墓地を
造ってはどうか？
A級戦犯を
分祀しては
どうか？
自民党の政治家までが
怯えて、そんなことを
口走る…

一方、中国は国内の矛盾を隠蔽し国をまとめるには外に敵を作っておくしかない！
若者たちの日本文化への憧れや親日感情が育って日中交流が進んでも、それはしょせん民衆レベルでのこと。党員たちは違う。
90年代、江沢民が「愛国主義教育」の名で進めた「反日」（＝小鬼子・日本に勝った共産党）というプロパガンダの宿痾は今後も延々続いていくのだ!!
對婦女的姦殺暴行
二战法西斯暴行
NEW YORK TIMES BESTSELLER
THE RAPE OF NANKING
THE FORGOTTEN HOLOCAUST OF WORLD WAR II
IRIS CHANG
万维网
南京大屠杀遇难同胞纪念馆
300,000
人间地狱，

ごーまんかましてよかですか？
情報戦は平時でも戦時でも継続されている！
情報で他国を貶め、自国の国益に繋げることはできるのだ！
国家レベルで行われているこの情報戦に対して、日本は非武装のままでいいのか？

攘中篇
新ゴーマニズム宣言
SPECIAL
「南京大虐殺」を再審せよ

この章では70年以上の間忘れられてきた大量殺人の話をしよう。
昭和12(1937)年7月29日北平(北京)東方・通州で日本人の非戦闘員の市民に対し中国保安隊が筆舌に尽くしがたい残虐行為の宴を始めた。

男は目玉をくりぬかれ上半身は蜂の巣のようだった。
女2人はいずれも背部から銃剣を突き刺されていた。
階下座敷に女の死体2つ素っ裸で殺され、局部をはじめ各部分に刺突の跡を見た。
その裏の日本人の家では親子2人が惨殺されていた。
子供は手の指を揃えて切断されていた。
南城門近くの日本人商店では、主人らしき人の死体が路上に放置してあったが、胸腹の骨が露出し内臓が散乱していた。

人類が行なった残虐行為の中でも
その無慈悲さとスケールにおいて
世界史上、比肩しうるもののない
その事件！
ある歴史家の推計によれば、
事件の死者が手をつなげば
東京から仙台まで広がり
約200マイルにも及ぶ。
その血液は1200トン
その身体は2500の
鉄道車両を満たす。
積み重ねれば、これらの身体は
74階建てのビルの高さにも達しよう。
殺された数だけでも
世界史上の蛮行中、抜きんでている。
実際、東京大空襲をも
広島・長崎への原爆すら
凌駕《りょうが》することを思えば
改めてショックである。
犠牲者の数
30万！
通州大虐殺！
それは
忘れられた
もう一つの
ホロコーストである!!

ちょっと
ちょっと
センセー
戦争冤罪研究センター
所長トッキー
ん？
ノリまくって描いとるのに何じゃい？
その話 前半は確かに通州救援隊の証言ですけど
後半はアイリス・チャンの『ザ・レイプ・オブ・南京』のパクリじゃないですか！
通州の犠牲者は264人ですよ。
通州に380人しかいなかった日本人をどうやって30万人殺すんですか！
君は犠牲者を冒瀆するつもりか？
…！？
いや そういう話じゃ…
残虐行為があったということが重要なんだ。
これは数の問題じゃない！
いわゆる「南京虐殺」で「犠牲者の数は問題じゃない」とか言うやつがいる。
だったら通州事件だって、犠牲者30万人ってことにして世界中で宣伝したっていいはずだ！

通州虐殺は歴史的事実だ!
冒頭に描いた地獄絵図は本当に、日本人に対してなされた残虐行為だ!違うとでも言うのかね君は!?
ち…違いませんよそれは事実なんですけど、数が…
数の問題じゃない!まず虐殺があったかどうか?どーーだ?
あっ…ありましたーーっ
じゃ30万人ってことに、しとけ!
すぺーーーっ
…とまあ、これがサヨクの手口だ。
大量殺人では犠牲者の数が最も重要な争点のはずなのに、やつらはそこを ごまかすのだ!
サヨクは「南京虐殺」は「30万人」というデマをさんざん宣伝しまくり、
その印象を定着させておいて…
南京 虐殺 30万人
それが論破されたら途端に「数の問題じゃない」と言いだす!
南京 虐殺 数じゃない
また、それにコロッと騙されて同調しちゃうやつがなぜか マスコミに多いんだ。
そーか 数じゃない。
偽善者だから!

日本軍は南京で30万人虐殺した――っ
30万人虐殺した――っ
げえっ…そりゃひどい30万人なんて…
ちょっと待って、30万人なんて
何も証拠はないですよ。
何を言う！数の問題じゃない！
問題を矮小化《わいしょうか》するな！
そ…そうですね。数の問題じゃなかった。
とにかく日本は悪いんだった。
日本軍は慰安婦を強制連行した――っ
強制連行した――っ
げえっ…そりゃひどい強制連行なんて…
ちょっと待って、強制連行なんて
何も証拠はないですよ。
何を言う！強制連行は問題じゃない！
「強制性」が問題なんだ！
問題を矮小化するな！
そ…そうですね。強制連行は問題じゃなかった。
とにかく日本は悪いんだった。
いつもいつもこんな手に引っ掛かるやつらって…
脳みそパーなんじゃないの？

以前は「南京虐殺」に疑問を呈しただけで周囲が凍りついたものだが、
確実に状況は変わっている。
ピキーン
南京
今ではサヨクでも、中国政府のエージェントアイリス・チャンの本を全面的には支持できず、
邦訳を出す際、記述の間違いを訂正しようとしてチャンの怒りを買い、
出版停止に追い込まれたりしている。
チャンの原本のまま発売すればいいじゃないか！
訂正なんか一切せずに発売してくれよ。
THE NEW YORK TIMES BESTSELLER
THE RAPE OF NANKING
THE FORGOTTEN HOLOCAUST OF WORLD WAR II
CHANG
マスコミが中国政府の見解を一字一句疑わず直輸入していた頃とは、まさに隔世の感だ。
そんな中、面白い本が出た。
『再審「南京大虐殺」』竹本忠雄・大原康男著 明成社
これは「南京虐殺なんかウソだーーっ」と声高に叫ぶ本ではない。
「南京大虐殺」を題材にした、いわば法廷推理ドラマである。
中国政府の公式見解を告発側の「起訴状」として、
著者は弁護士の立場でこれに反駁《はんばく》していく。
日英バイリンガル
再審「南京大虐殺」
世界に訴える日本の冤罪
CHINA-U
1冊の本で半分日文半分英文
世界中の人に向けた日英バイリンガルの本だ。
読者は陪審員の立場で、結論はあくまでも読者の判断に任される。
ミステリー小説のように楽しめる知的エンタテインメントになっている。
THE ALLEGED NANKING MASSACRE

この本に倣って「南京虐殺再審模擬法廷」をやってみよう。
わしが弁護人で被告・日本国を弁護する。
読者諸君は陪審員席だ。
告発側・中国はこんな目撃者を採用している。
日本軍は、近郊の村に包囲・拘禁していた5万7418名もの難民と兵士を12月16日夜 ワイヤーロープで2人ずつ括り4列に並べて下関《シャーカン》・草鞋《そうか》峡まで追い立て機関銃で掃射しつくした後さらに銃剣でめったら突き刺し最後に石油をかけ、火をつけて焼き残った人骨をことごとく揚子江の中に投げ入れた! 私はこの一部始終を、目の前で目撃しました!
反対尋問をします。
第一に、闇夜の中で一体どうやって6万近い犠牲者の数を、一ケタまで正確に数えたのか?
第二に、日本兵が要所を固めている時にどうやって現場を目撃できる場所に行けたのか?
第三に、約6万人をワイヤーロープで括るのに日本兵は何人いてどれくらい時間がかかったのか?
中国人はおとなしく縛り上げられたのか?

第四に、約6万人を殺害現場まで追い立てるのに警護の日本兵は何人いたのか？
第五に、6万体もの死体が骨になるまでにどのくらい時間がかかったのか？
6万体もの人骨を揚子江に流すのにどのくらいの日本兵がどのくらいの時間をかけたのか？
さらに、告発側に聞きたい。
6万人も掃射すると数時間機銃の音が鳴り響いて誰かがそれを聞いているはずだが傍証はあるのか？
それは「木を見て森を見ない」議論だ！
一つの証言を取って虐殺全体を否定することはできない！
極端な例を持ち出して揚げ足取りをするな！
こういう議論をすると必ずサヨクはそうヤジりますね。
もし被告が日本国じゃなく一般の殺人事件裁判でも、
証拠とされた目撃証言を弁護側が信憑性《しんぴょうせい》ナシと論破したら、
あなた方は言うんですか？「それは〝木を見て森を見ない〟議論だ！」って。

今の証言は東京裁判で使われ、現在も中国政府が証拠として採用しているから、弁護士が反対尋問をした、それだけです。
文句があるのなら、こんなずさんな証言を採用している中国に言いなさい！
陪審員のみなさん、しかも今のは「ほんの一つの証言」どころではありません。
終戦直後、中国国民政府は東京裁判に備え、南京の中国人に日本軍の犯罪を申告するよう呼びかけた。
ところが、申告する者「甚だ少き」ばかりか、
調査をすると唖然として「口を噤《つぐ》みて語らざる者」や、
虐殺を「否認する者」までいた。
2カ月半、調査して結局法廷に最初に提出できた目撃証言は、この「5万7418名殺害」のただ1件しかなかった。
ほかならぬ中国国民政府が東京裁判に提出した調査報告にそう書いてあります！

中国政府は東京裁判が開廷し「犠牲者34万」として南京虐殺を告発した後も、
証拠集めに奔走し続け、新たな証拠や証言をかき集めています。
どれも大同小異でしたが。
以上のことから次のことがわかります。
第一に、当時の中国人は日本が敗戦したにもかかわらず、
その犯罪を告発するのに消極的であったり否定的であったり、
かつ信憑性のある証言をする者も全くいなかった！
第二に、中国側は証拠も揃わないうちから、予め犠牲者を「30万」以上と決めていたと思わざるを得ない！

（解説）
「挙証責任」は、相手を犯罪者と告発した者の側にある。無罪を主張するほうが「犯罪がなかった証拠」を出す必要はない。裁判の常識である。
従って「南京虐殺はなかった」と主張する必要はなく、ただ「『南京虐殺があった』という立証が全然なされていない」という事実を証明すれば、それで一切を明らかにするに充分なのだ。

最大の争点犠牲者数については「起訴状」はこう言う。
「中国人は少なくとも30万人以上、南京で虐殺された」

まずは陪審員のみなさんに、当時の南京がどのような状態だったか知ってもらう必要があります。
南京は総面積35平方キロ周囲を高さ12メートル厚さ6～12メートルの城壁に囲まれた城塞《じょうさい》都市です。
幕府山
揚子江
下関
挹江門
新河鎮
中山門
中華門
1937年11月南京攻略戦の前にすでに富裕階級は南京を脱出。
蒋介石も南京放棄を決定。政府機関は撤退。
残っていたのは中国軍兵士と貧民だけでした。
仁
仇國復讐
南京城の外は中国軍が「清野《せいや》作戦」で半径16キロを焼き払ってしまったので無人状態でした。

南京に残った市民は南京中心部に設定された「難民区」に殺到。
地域を管理するため設けられた安全区委員会も「われわれは安全区内に一般市民のほとんど全体を集めました」と記しています。
安全区
(安全区委員会が指定)
難民区
(中国軍が指定)
つまり、南京城内外の非戦闘員は、ほとんどすべて安全区の中にすし詰めで、その外には中国兵しかいなかった。
では、安全区の中には何人いたのか？
いいですか、これが最重要のポイントですよ。
安全区委員会委員長ジョン・ラーベが日本大使館に宛てた手紙が残ってます。
その手紙には日本軍の南京入城式が行なわれた12月17日付でこう書いています。
もし市内の日本兵のあいだでただちに秩序が回復されないならば、20万の中国市民の多数に餓死者が出ることは避けられないでしょう。
安全区委員会にとって最大の仕事は市民の食糧を確保することで、
何人分の食糧が必要か正確に把握することが必要不可欠でした。

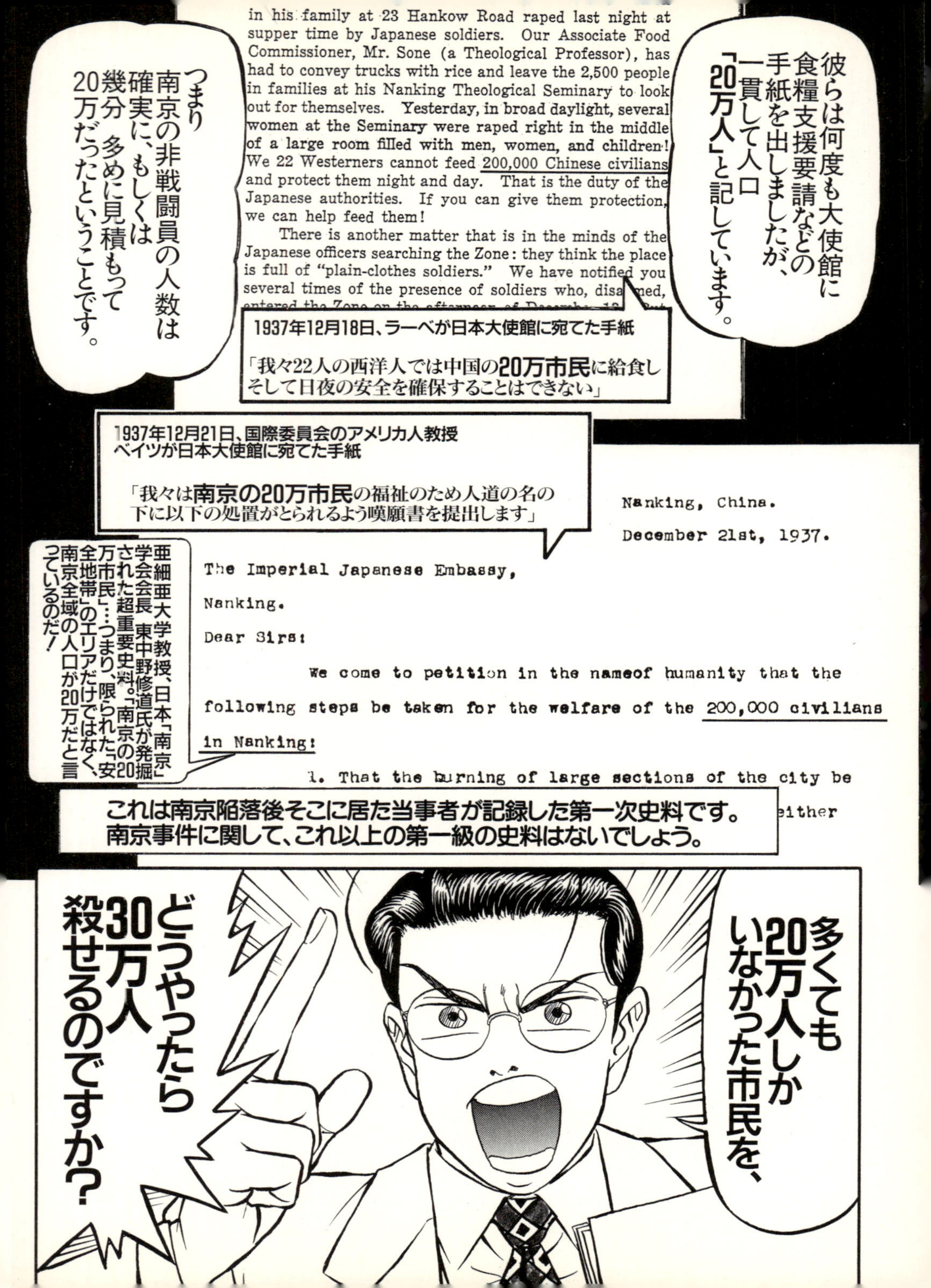
彼らは何度も大使館に食糧支援要請などの手紙を出しましたが、一貫して人口「20万人」と記しています。
in his family at 23 Hankow Road raped last night at supper time by Japanese soldiers. Our Associate Food Commissioner, Mr. Sone (a Theological Professor), has had to convey trucks with rice and leave the 2,500 people in families at his Nanking Theological Seminary to look out for themselves. Yesterday, in broad daylight, several women at the Seminary were raped right in the middle of a large room filled with men, women, and children! We 22 Westerners cannot feed 200,000 Chinese civilians and protect them night and day. That is the duty of the Japanese authorities. If you can give them protection, we can help feed them!
There is another matter that is in the minds of the Japanese officers searching the Zone: they think the place is full of "plain-clothes soldiers." We have notified you several times of the presence of soldiers who, disarmed,
つまり南京の非戦闘員の人数は確実に、もしくは幾分 多めに見積もって20万だったということです。
1937年12月18日、ラーベが日本大使館に宛てた手紙
「我々22人の西洋人では中国の20万市民に給食しそして日夜の安全を確保することはできない」
1937年12月21日、国際委員会のアメリカ人教授ベイツが日本大使館に宛てた手紙
「我々は南京の20万市民の福祉のため人道の名の下に以下の処置がとられるよう嘆願書を提出します」
Nanking, China.
December 21st, 1937.
The Imperial Japanese Embassy,
Nanking.
Dear Sirs:
We come to petition in the nameof humanity that the following steps be taken for the welfare of the 200,000 civilians in Nanking:
1. That the burning of large sections of the city be
either
亜細亜大学教授、日本「南京」学会会長 東中野修道氏が発掘された超重要史料。「南京の20万市民」…つまり、限られた「安全地帯」のエリアだけではなく、南京全域の人口が20万だと言っているのだ!
これは南京陥落後そこに居た当事者が記録した第一次史料です。
南京事件に関して、これ以上の第一級の史料はないでしょう。
多くても20万人しかいなかった市民を、
どうやったら30万人殺せるのですか?

しかも、約1カ月後の1938年1月14日付文書ではラーベはこう書いているのです！
当市の総人口は多分25万から30万だと思います。これだけの人口を普通並みの米の量で養うとすれば、一日に2000担の米（あるいは一日に1600袋）が必要となるでしょう。
NTS: NANKING SAFETY ZONE
g them truck the rice assigned to them—
ur soup kitchens and camps did not receive
derstand that you registered 160,000 people
cluding children under 10 years of age, and in
ons without including older women. Therefore
probably 250,000 to 300,000 civilians in the city.
this population on normal rations of rice would
2,000 tan of rice per day (or, 1,600 bags per day)
this it will be clear that the proposed 1,000 ba
this three days is less than one-third the amount
Up to the present the people have go
their private stores of rice but
the demand for purch
January 1.
なんと一カ月後人口が増えている！
5万から10万も増えている！
中国政府は「犠牲者30万人」と告発してますが、「南京虐殺」については他にも何種類か「告発状」が出てますね。
なぜかほとんど日本人の手によるものですが…
ある「告発状」は「30万人は虚構でも4万人くらいの虐殺はあった」と「南京中虐殺」を主張してます。
他にも「6000くらい」という「南京小虐殺」の告発もあります。
でも、これらは大中小を問わず一括審理できるのです。

なぜなら
たとえ千人単位でも
虐殺があった場所の
人口が…
一カ月
足らずのうちに
5万から10万も
増えるはずが
ないのですから!

中国人は耳聡《みみざと》い
ですからね。
南京は安全だという
確実な情報が
ない限り
こんな人口増は
絶対あり得ません!!

(解説)
歴史学の基本は「史料批判」
歴史資料の信憑性を、
徹底的に検証することにある。

事件発生当時、発生場所で、
当事者が作成したもの、
これを「第一次史料」という。

事件から時間が経過した後に、
当事者が作成した回想などが、
「第二次史料」

そして「第一次史料」「第二次史料」
を基に作成したものが、
「第三次史料」

史料価値があるのは、ここまで。

作者、作成年代、作成場所が
判明しないものは「第四次史料」

何のために作られたのか
わからないものは
「第五次史料」といわれ、
史料価値は、ゼロと見なされる。

これは裁判の証拠調べに
よく似ている。
いつ 誰が どこで
何のために作ったのか
わからない文書が
証拠に採用されたら
裁判は成り立たない。

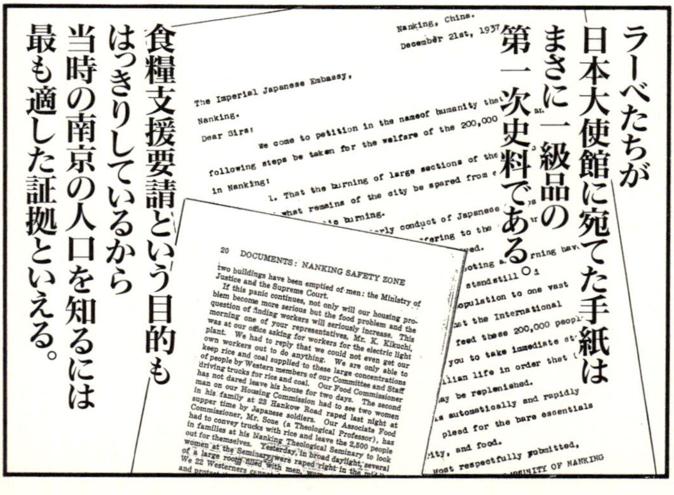
ラーベたちが
日本大使館に宛てた手紙は
まさに一級品の
第一次史料である。
食糧支援要請という目的も
はっきりしているから
当時の南京の人口を知るには
最も適した証拠といえる。
Nanking, China.
December 21st, 1937
The Imperial Japanese Embassy,
Nanking.
Dear Sirs:
20 DOCUMENTS: NANKING SAFETY ZONE

30万人 あるいは4万でも6000でもいいが 虐殺があったと主張するなら それだけの人口が減ったと証明し得る ラーベたちの手紙以上の 信憑性を持つ史料を示して 立証しなければならない。
ところが告発側の言う人口統計は いつ 誰が 何の目的で まとめたものか全くわからない! つまり、立証が全くされていない!
では、新たな 証人を 立てます。
弁護人が今、最も信頼できる 手紙の主…
南京安全区委員会 委員長の ジョン・ラーベです!
日々、繰り返される 日本兵の殺人、略奪、傷害、放火の あまりのすさまじさ
南京での、あの6カ月間の 体験を詳しくお話しする ことは、とうてい無理です。 24時間あっても足りません。
…そのように ラーベは ヒトラーへの上申書で 「日本軍の残虐行為」を 切々と訴えています。
あの有名な 「ラーベ日記」は みなさんも ご存じで しょう。
南京で一部始終を 目撃していた、 しかも当時、日本と 同盟国だったドイツの ナチス党員の証言です。
し ん
これで 有罪は 決まりだ。

いいですか、どれもラーベが残した史料なのですが、
「ヒトラーへの上申書」は第二次史料、
「ラーベ日記」のほうはリライトされている上、編者も入っているので第三次史料になります。
それらがいつ どこで何の目的で書かれたかが問題です。
まず、ラーベは「ヒトラーへの上申書」で犠牲者を「5万～6万」と書いています。
およそ五万から六万人
これだけでも「30万」という主張は崩れます。
さて先ほども申したように、ラーベたち安全区委員会は日本大使館に毎日のように文書を送ってますが…
これ実は食糧支援要請よりも「日本軍の犯罪」に対する「被害届」のほうがずっと多い。
連日、出ています。
では、これを集計すると被害者は何万人になると思いますか？
実は殺人事件は25件！
被害者は49人！
「民間人大量殺人」の告発は全くありません！
しかもこの「被害届」はそのほとんどが裏付けの一切ない伝聞情報で、
ラーベ本人はただの一件も目撃していません！
ラーベは「大虐殺」の間も自由に歩き回っていたにもかかわらず、
「ラーベ日記」の中で直接殺人を見た記述は一度もありません！

安全区委員会が記録した日本軍の暴行（1937年12月12日～38年2月7日）

期間	殺人	傷害	連行	強姦	略奪他	備考
12月12日～18日	26	9	334 A	112 AAAB	30	
12月19日～1月10日	6	11	25 B	115 BB	30	NO.114～136欠 NO.155～164欠
1月11日～2月7日	17	24	31 B	84 BBB	119	NO.204～209欠
合計	49	44	390 ABB	361 AAA BBBBBB	179	NO.1～444 正味405件

出典：板倉由明「本当はこうだった南京事件」
註1：NOは文書番号。数字は人員数を示す。
註2：犠牲者数は「数名」といった曖昧な数字が多いため、プラス・アルファとしてA・B

さらに、ラーベは1938年1月14日付で上海のドイツ大使館に宛てた手紙には被害者を「数千人」としている。
Several 1000 people
かと思うと、その2週間後1月28日付の南京イギリス大使館に宛てた手紙では「数百人」になっている!
Several 100 people
一度も殺人を目撃せず、報告相手によって49人から6万人まで数をコロコロ変える!
陪審員のみなさん!こんな人の証言が信じられますか?
しかも、この人は20万人だった人口が25万~30万人に増えたと書いたご本人ですよ!
ここからわかることは、ラーベは意図的に情報操作をしているということです。
南京の真実
The Diary of John Rabe
南京にいる日本大使館員には反論されるおそれがあるからあまりに大袈裟《おおげさ》なことは書けなかった。
だが南京の情報が乏しい欧米人、殊にヒトラーには…
日本軍がとてつもない残虐行為をしているというニセ情報を何としても伝えたかった!
50000~60000
49
それはなぜか?
簡単な話です。
まず「当時日本と同盟国だったドイツのナチス党員」という告発側の表現にトリックがある。

ジョン・ラーベという人物は中国の蔣介石政権に武器を売り莫大な利益を得ていた**軍需産業ジーメンスの南京支社長**でした。
日中戦争勃発後、日本はドイツに中国への武器輸出をやめるよう再三、要求した。
ヒトラーは武器輸出による莫大な利益を手放すことに躊躇したが、
結局、ソ連を牽制するため日本と組むことを選び武器輸出を控えた。
ラーベにしてみればただじゃ済まなかったでしょう。
なにしろ30年間も中国に住み培ってきた商売が**水の泡**なんですから。
精一杯の抵抗として、日本を残酷無比な存在に仕立てこんなやつとの同盟はやめてくれとヒトラーに上申したわけです。
だが、その話はあまりにも不自然で同胞のドイツ人にもあまり信じてもらえなかった。
ラーベの話を聞いたドイツ大使館の**シャルフェンベルク事務局長**はこう記してます。
暴行事件といっても、すべて中国人から一方的に話を聞いているだけではないか。
結局、策略は実らずドイツに呼び戻されたラーベは二度と中国の地を踏むことはなかった。

その後、日記の出版を目指しリライトに精を出したようですね。
もちろん欧米の反日感情を高めるのが目的でたっぷりと「日本軍の残虐行為」を書き込んだことでしょう。
ところが、日独の同盟強化は進み日記の出版も実現せず、
その後は不遇のまま戦後の貧困の中で亡くなった。
その日記が、まさか没後50年近くも経って世界中で出版されるとは夢にも思わなかったことでしょう。
しかも当時の望みどおり世界中の反日感情を大いに高めている。
南京の真実
The Diary of John Rabe
ジョン・ラーベ著
半世紀間恨みを持ってさまよった魂が見事に復讐を果たしたというわけですな。
その数奇な運命に思いを致せば感慨深いものもある。
しかし、この本に書かれていることは真実ではない!
…それでは決定的な…
動かぬ証拠を見せましょう。
しら〜っ

南京大虐殺を証明する写真です！
こんなもん何枚持ってきたってダメ！
いつどこで誰が撮影したのかわからない写真は「第四次史料」、
しかも、これは何のために撮影したのかもわからないから「第五次史料」。
史料価値も証拠能力もゼロ！

史料の見方をお教えしましょう。
例えばこの『ザ・レイプ・オブ・南京』の表紙の写真。
必ず出てくる有名な写真だが、出所不明のままでは単なる第四次史料です。
THE
RAPE
じつは、これの撮影者は元・東京目黒輜重《しちょう》隊の村瀬守保氏。
撮影現場は南京城外揚子江と夾江《きょうこう》の合流点。
撮影日は南京占領の1週間後。
ここまで特定できて初めて「第一次史料」となる。
だが、話はここからです。
先ほども述べたとおり南京城の外には兵隊しかいなかった。
そして、この撮影現場の上流の新河鎮《しんこうちん》は激戦地でした。
下流
B
揚子江
A
下関
挹江門
三汊河
南京城
安全区
上流
新河鎮
この範囲が戦死体で埋まっていた
撮影地点は上図のB点であると確認された
そこで戦死または逃げようとしておぼれた兵隊が流され、溜まったのがこの写真と判断する以外ありません。

◀上／『侵華日軍南京屠殺暴行照片集』表紙　下／講談社『日録20世紀1937』P31

確かにこれは残酷な写真です。
でも死体が写っているからといって、すぐ民間人の虐殺と断定できるわけではない。
虐殺体だと言うならば、まず第一次史料であることを提示した上で、
死体が民間人であるという確たる根拠を示さなければならない。
戦死体の写真が虐殺の証拠になるんだったら世界中が大虐殺って話になるだけです。
軍服を着てなくても「便衣兵」である可能性は高い。
『戦争論』第10章▼
しかも南京では私服の攪乱工作兵が暗躍していた。
中国兵が同胞の民間人を略奪、殺害する事態も頻発していた。
この点も充分、考慮に入れなければなりません。
このことは『戦争論』で詳述してますのでぜひ今一度読み返していただきたい。
隆平県城になだれこんだ支那の敗残兵はやはり住民を襲って便衣になり略奪を始めたという
日本兵は城壁の上からぼーぜんとしてこれを見たらしいが…
犬飼總一郎氏の話では南京市内にいた中国兵は3万人だったという
そして何とそのうち2万人の兵が安全区の中に逃げ込んで便衣(市民になりすます)になったというのだ
おそるべき数の工作員が安全区の中で暴れ回ってこれを全て日本軍の仕業に見せかけラーベらに報告していたのだ
▶新・ゴー宣第60章(第5巻)
せっかくだからこちらからも写真を出します。
東宝文化映画部制作の記録映画『南京』の一コマです。

日本軍の保護を求めて殺到する中国人！
日本兵のすぐ脇で遊んでいる子供！
のどかな のどかな南京の風景！
1937年暮れから翌年正月にかけての南京城内の風景であることは間違いありません。
撮影者 時 場所の特定された**第一次史料**です。
そんなの街のごく一部を写しただけだしヤラセかもしれないじゃないか！
そうですか？
南京は東京の世田谷区より狭く、城壁で囲まれ門を塞がれたら逃げ場がないんですよ。
そんな街の一部がこんなに穏やかで一部では大虐殺が行なわれていたなんて本当にあり得るかどうか…
まあ、判断は陪審員にお任せしましょう。

最後に一言
仮に日本軍が民間人大虐殺をしたとしましょう。
その動機は何でしょうか？
その立証が告発側には全く欠落しています！
「忘れられた もう一つのホロコースト」なんて言ってる者もいますが、ナチス・ドイツには「ユダヤ人絶滅政策」という確たる動機がありました。
もし日本に「中国人絶滅政策」があったというのなら、ぜひその根拠を見せていただきたい！
こうしていくと「南京虐殺」があったと断定し得る証拠は全く提出されていないことが明らかになってくる。
歴史学で言えば一次史料二次史料三次史料が一つもない。
あるのは、出所のはっきりしない四次史料五次史料、
そして終戦直後には全く現れず、
なぜか文化大革命の頃から突然大量に現れた「証言者」それだけだ。
ソ連兵のベルリン攻略ではベルリンの全女性の50%が強姦され、
医師たちは堕胎を禁じた刑法を守るか否かに悩んだ。

ベトナム戦争で韓国軍は5000人とも3万人とも言われる混血児を残してきた。
なのに「レイプ2～8万」と言われる南京で、
日中混血児が未だ一人も確認されていないのは　なぜか？
ラーベは、日本兵が見境なく略奪の限りを尽くしていると日記に書いた。
「とくに好まれたのは壁掛け時計だった」という。
この先も作戦行動がある兵隊が壁掛け時計をどこに持って行って何に使うのか？
一方、1月2日の日記には道路に中国人が市を出し大盛況の様子が書かれている。
城門が閉ざされ外部との出入りが禁じられているこの時期、
中国人たちはいったいどこから商品を調達したのか？

何よりも当時、蒋介石も毛沢東も国際連盟の決議も再三、日本を厳しく非難しているにもかかわらず、
「南京大虐殺」について一言も言及していないのはなぜか？
納得いく説明をしていただきたい。
『再審「南京大虐殺」』で竹本忠雄氏は言う。
戦後半世紀余り、日本は、この問題で外から何を言われようとも、一貫して沈黙を守り続けてきた。
ここに初めて我々は沈黙を破る。
ただし、中国式金切り声ではない。
被告席に立たされた日本の、低温で立ち昇る、しかし清明公正なる陳述である。
ごーまんかましてよかですか？
現在、提出されているいかなる「証拠」でも虐殺が「あった」という立証は一切なされていない。
史料批判の末に虐殺があったと立証されたら、あっさり認めようではないか！

攘
中
篇
新ゴーマニズム宣言SPECIAL
南京「百人斬り」の虚構
南京攻略戦の指令官だった松井石根《いわね》大将は根っからの日中友好論者だったが、
南京虐殺の罪を着せられ、東京裁判で「A級戦犯」として裁かれた。
東京裁判には「偽証罪」も存在しなかった。
中世の魔女狩り裁判と同じで、到定「裁判」と呼べるものではなかった。
東京裁判は全く価値のない証拠で南京虐殺を事実と認定し松井大将を絞首刑にした。
熱海の山に日中両軍の戦没者を祀った「興亜観音」を造り
毎朝、菩提《ぼだい》を弔っていた老将軍を処刑して、強引に「南京虐殺」を既成事実化したのだった。

さらにBC級戦犯裁判では4人の軍人を南京虐殺の「実行犯」として処刑した。
そのうちの2人**向井敏明**・**野田毅両少尉**を死刑に追い込んだのは全く事実無根の新聞記事だった。
百人斬り超記録

南京攻略戦の最中2人の将校が日本刀で敵兵「百人斬り」の競争をした。
結果は106対105最後には一人を鉄兜もろとも唐竹割りした。

んなアホなというような戦場のホラ話を戦意高揚のため記事にしたものだった。

百人斬り"超記録"

向井106―105野田

両少尉さらに延長戦

【紫金山麓にて十二日浅海、鈴木両特派員発】南京入りまで"百人斬り競争"といふ珍競争をはじめた例の片桐部隊の勇士向井敏明、野田巌両少尉は十日の紫金山攻略戦のどさくさに百六対百五といふレコードを作つて、十日正午両少尉はさすがに刃こぼれした日本刀を片手に対面した

"百人斬り競争"の両将校
（右）野田巌少尉（左）向井敏明少尉

▲東京日日新聞（現・毎日新聞）昭和12年12月13日付

2人は南京で「**戦犯裁判**」にかけられた。
南京虐殺を既成事実化するため、何が何でも「**実行犯**」を作って処刑する。
それは初めから決まっていた。
何を言っても無駄だった。

最後の望みは記事を書いた浅見一男記者が「記事は創作」と認めることだった。
南京の牢獄に一日千秋の思いで待った浅見記者の手紙が来た。
だが そこに「創作」の2文字はなかった。
記者としての保身を優先したのだった。
向井敏明氏の遺書にはこう記されていた。
辞世
我ハ天地神明ニ誓ヒ
捕虜住民ヲ殺害セルコト全然ナシ
南京虐殺事件等ノ罪ハ
絶タイニ受ケマセン
死ハ天命ト思ヒ日本男士トシテ
立派ニ中國ノ土ニナリマス
然《シカ》レ共魂ハ大八州ニ返リマス
我ガ死ヲ以テ中國抗戦八年ノ
苦杯ノ意恨流レ去リ
日華親善東洋平和ノ因トモ
ナレバ捨石トナリ幸デス
中国ノ御奮斗ヲ祈ル
日本ノ敢奮ヲ祈ル
中国萬歳　日本萬歳
死シテ護国ノ鬼トナリマス
天皇陛下萬歳
野田毅氏の遺書にも「南京虐殺事件の罪名は絶対にお受け出来ません。お断りします」とあり次の言葉で締めくくられていた。
我々の死が中国と日本の楔《くさび》となり
両国の提携となり、
東洋平和の人柱となり、
ひいては世界平和が
到来することを喜ぶものであります。
何卒我々の死を犬死、
徒死《とし》たらしめない様、
これだけを祈願致します。
中国万歳
日本万歳
天皇陛下万歳
昭和23年1月28日
南京　雨花台
ガーン
ダダーン

向井氏の妻はすでに亡く老母とまだ幼い2人の娘が残された。
おばあちゃんセンパンって何？
……
……
向井っていう戦犯の子よ。
働き手を失い老母と幼い孫娘2人の生活は大変厳しいものだった。
それに加えて「戦犯の家族」への世間の冷たい目…
それから二十数年、次女は結婚して2児の母となりようやく幸せが訪れたかに見えた。
そんなある日…
夫が帰宅するなり1冊の本を取り出した。
本多勝一
中国の旅
その本には向井・野田両氏が実名でしかも「百人斬り」の作り話をさらに誇張・歪曲した残虐非道な民間人虐殺の凶悪犯として書かれていた！
これは創作記事です。
新聞がウソを書いて本にまでするか！
活字になったものは真実だ！

その本は朝日新聞社発行本多勝一著『中国の旅』だった！
『中国の旅』は当時の看板記者・本多勝一が戦時中の「日本軍国主義の残虐行為」を中国現地取材…
…というのだが、これがなんと文化大革命真っ最中の言論の自由のない中国で、中国共産党が用意した「証言者」の言うことをただそのまま垂れ流すだけという代物だった。
朝日新聞
中国の旅
殺到する日本軍
本多勝一
中国の旅
朝日新聞昭和46年11月14日▶
これは昭和46（1971）年朝日新聞本紙のみならず週刊朝日・朝日ジャーナルアサヒグラフで連載、まさに全社を挙げた巨大キャンペーンとなり翌年、単行本が出版されベストセラーとなったものだった。
その「証言者」たちは判で押したようにこんなことを言った。
私たちは世界の被抑圧民族・人民と固く団結して、インドシナ（＝ベトナム）人民を断固支持し、日本軍国主義反対の革命勢力を支持し、米帝（＝アメリカ帝国主義）に反対する世界の革命的行動を支持するものです。
旧社会の悲惨な生活にくらべると、ほんとうに幸せです。毛主席と党のご恩は忘れません。

とくにプロレタリア文化大革命以後は発展の速度が速まりました。
毛主席の恩は天と地よりも大きく、党の恵みは河や海よりも深い。
こういう「共産党公認」の話を裏付け取材を一切せず大宣伝したのである。
黄さんは、毎日オカユだけで強制労働させられるので腹がへって耐えられない。石の粉をオカユに混ぜて食べた。
あまりに石の粉を食べすぎて、ある日とうとう、作業中に腹が破れた。
即死した黄さんは、万人坑へ捨てられた。
腸が破れることを知っても、空腹に耐えがたく、同じように石を食べて死ぬ者があとを断たなかった。
辮髪《べんぱつ》をした三人のおじさんがいた。
日本兵は三人の辮髪を一つに結び合わせると引っ張り上げて三つの頭を互いにがつんとぶつけた。
おろしてはまた引っ張り上げる。
何回もやられて、三人はコブだらけになった。
逮捕した青年たちの両手両足を針金で一つにしばり高圧線の電線にコウモリのように何人もぶらさげた。
電気は停電している。
こうしておいて下で火をたき、火あぶりにして殺した。
日本軍の強制連行に反対した労働者が、その場で腹をたち割られ、心臓と肝臓を抜きとられた。
日本兵はあとで煮て食った。
こんな話が延々と続くのだ。
一般の読者はまさかこれが全く裏付けのない中国プロパガンダの直輸入とは思わない。
天下の朝日新聞が載せるのだから、当然それなりの根拠があると思った。

そしてもしこれに…
そりゃウソだろ〜〜〜
ウラ取ってないんでしょ？
針金で縛って火あぶりとか内臓煮て食ったとか、それは漢民族の文化じゃないか！
…とか言おうものなら…
右翼！
軍国主義者！
民主主義の敵！
被害者を踏みにじる人でなし！
日中友好の敵！
当時は戦後26年、実際、戦場に行った世代がまだ50代くらいで社会の第一線にいた。
朝日新聞
当然「事実と違う」という異論も寄せられた。
しかし朝日新聞はそのすべてを黙殺し「右翼」のレッテルを貼りつけた。
右翼
あんなヨタ話に「それホント？」とひとこと言ったら「人でなし」扱いという異常事態。
朝日新聞
右翼
人々は沈黙、すべてを事実と認める以外の反応は許されなくなった。
若い人には信じられないかもしれないがたった35年前の日本の話である。

他のマスコミも朝日に追従して「日本軍国主義」を糾弾した。
日教組の教師は『中国の旅』を教材にして授業をした。
かくして戦後四半世紀の時点で再び東京裁判に匹敵する洗脳が行なわれた。
そもそも南京であったとされる事件は東京裁判で持ち出された時は「南京暴虐事件」という名だった。
しかも東京裁判が終わった後は、ずっと忘れ去られていた。
誰も知らなかった三光作戦
加害者 日本軍
今はじめて明かす 南京
「南京大虐殺」とは『中国の旅』で日本に初めて広がった言葉なのだ！
文化大革命の頃に突然現われた「証言」を直輸入し、
日中国交回復を前に、日本人に中国への贖罪意識を植えつけるために！
本多勝一
中国の旅

向井氏の娘の平穏な家庭は消えた。
お前は結局人殺しの娘なんだ！
ついに夫婦仲が修復されることはなかった。
千恵子氏は職場でも冷たい目に耐えなければならず、
その辛さは終戦直後の頃など比べものにならないほどだったという。
中国が明らかな作り話「百人斬り」で強引に2人を処刑したことは、裏を返せば「南京大虐殺の実行者」などどこにもいなかったという証明にほかならない。
百人斬り大接戦
勇壮！向井、野田両少尉
百人斬り超記録
百人斬り競争
にもかかわらず、戦後の日本人は向井・野田両氏を始め南京虐殺の冤罪を着せられた人々の名誉回復に努めるどころか、ニセ写真、ニセ日記、ニセ証言を駆使してより誇張された冤罪をかぶせ、世界中にそのイメージを定着させるべく奔走した。
日記と写真もあった
「南京虐殺」の供述書入手
南京郊外の「大屠殺紀念館」の設立には日本人が深く関わり、その展示コーナーには2人を死に追いやった新聞記事と2人の写真を拡大し「大虐殺の実行犯」として展示した。
同様の記念館は中国の各地に建設された。
しかも日本からの資金で。
遇难者
VICTIMS
遭難者
300000

▲右／朝日新聞昭和59年8月4日夕刊
左／毎日新聞平成2年12月14日夕刊

そして首相の
靖國神社参拝に
目くじらを
立てるような
日本人が
次々訪れては
献花をしている。
VICTIMS
300000
向井千恵子氏は
記念館の中で
父の姿に再会した。
それは
光ったパネルの牢屋に
閉じ込められ必死で
叫んでいるように
見えた。
無実だ！
南京で祝は
百人斬り
百人斬り大接戦
勇壮！向井、野田両少尉
"百人斬り競争"の両将校
ここから
出してくれ！

平成15年、向井・野田両氏の遺族は本多勝一と朝日・毎日新聞らを名誉毀損で訴えた。
最初で最後の名誉回復のための戦いだった。
法廷にはあの2人の写真を撮った佐藤振壽カメラマンが91歳の高齢を押して出廷。
百人斬りなど100%信じていない、
大屠殺紀念館に自分が撮った写真が飾られているのは迷惑だ、
朝日新聞（本多勝一）の記事はうそであると証言した。
他にも当時を知る人々の陳述書が続々集まった。
そのすべてが「百人斬りは虚偽」と語っていた。
しかし結果は敗訴。平成18年12月、最高裁で判決が確定した。
判決文は「同記事の内容を信じることはできない」「甚だ疑わしいものと考えるのが合理的である」としながら、
「全くの虚偽であると認めることはできない」としていた。
裁判所
信じられないが虚偽じゃない!?
支離滅裂だ!!
裁判所はこういう判断をした理由を「歴史的事実についての論争」だからとしたという。
どういう意味だそれは!!
「南京大虐殺」という歴史論争にからむから、中国との外交問題になりかねないから、そう言いたいわけか!?
裁判所は「日本刀1本で百人斬りした」などという明らかなウソ話を報道していいと認めたのだ。
そして「百人斬り」は裁判で認められた事実として歴史に固定させられていく。
日教組の教師の中には「百人斬り」を事実として向井・野田両氏を実名で小学生に教え込み洗脳している者までいた。
南京大虐殺
百人斬り
その子供の感想文には…

こんな罵倒に教師が三重丸を与えほめているのだ！
ちょっとひどすぎる
バカヤロー
日本のはじ！
オラー人間のクズめ！
ちょっと頭おかしいんじゃない
中国の人達かわいそう
日本の天皇はわるい
冤罪をあえて受け故郷の家族に思いを残しながら死に際して「中国万歳 日本万歳」と書き残した人物を、子供に「人間のクズ」よばわりさせて喜んでいる教師がいる。
そんなに人殺しが好き？おまえが死ね！
クレイジーな偽善者たち!!
そして今も、学校の修学旅行で子供たちを南京大屠殺紀念館に連れて行き、中国人への罪悪感と日本人であることの失望感や嫌悪感を植えつけている教師たちがいる。
VICTIMS
300000
中国政府にとって「南京大虐殺」は多くの政治的意図を持つ。
一つには日本から援助と譲歩を引き出すこと。
二つには「もうひとつのホロコースト」などと大宣伝して世界の目を引きつけ、
自らが行なっている本当の「もうひとつのホロコースト」
チベット・ウイグルの民族浄化を隠蔽すること！
三つには「かつて邪悪な日本の侵略から国を守った」という物語を中国共産党の支配の正統性として利用し党への忠誠心を育てること。
そして四つ目アメリカでの『ザ・レイプ・オブ・南京』騒動で見えたことは…

冷戦終結後
未だ軍国主義・覇権主義を
捨てない中国にとって、
一番邪魔なのは日米同盟である。
そこで「旧連合国」として
「旧敵国」への敵意を煽りたて、
日米関係に楔を打ち込む
道具として「南京虐殺」を
使ったのである！
このキャンペーンは
着実に功を奏しつつある。
南京戦70周年にあたる
今年は「南京大虐殺」の
映画が10本近く
作られるという。
2004年に自殺した
アイリス・チャンは「反日」の
駒の一つに過ぎなかった。
チャンが遺した
「ザ・レイプ・オブ・南京」を
今、アメリカのインターネット大手
AOLの副会長テッド・レオンシスが
映画製作している。
THE RAPE OF NANKING
アメリカは
中国と組んで
「12億人の市場」
という幻想を
追いたいのだろう。
中国が考えることは
「以夷征夷」
…（夷を以て夷を征す）
日本とアメリカを
争わせて
漁夫の利を得る。
これは中国の
伝統的な戦略である。
情報戦というものが
国と国との関係や
仮想敵国の存亡を
左右する威力がある
ということを、
我々はそろそろ
「歴史の教訓」として
学んだほうがいい。
THE RAPE OF NANKING
IRIS CHANG

問題なのは
この教訓を引き出すべき
歴史すら全く知らず、
中国とアメリカという
二大国の綱引きの中で
中国に媚びへつらい
アメリカに甘えるだけの
外交を繰り返す日本である。
ごーまん
かまして
よかですか？
「南京大虐殺を反省する」
などと言っている者たちは
その前に
チベット・ウイグル人に
現在行なわれている
ホロコーストを
中国に抗議してみろ！
台湾を
武力で脅す
中国の
現在の
軍国主義を
批判してみろ！
日寇
日本鬼子
日本からのODAを
一切、人民に知らせず
「反日教育」を
異常に強めて
共産党への求心力に
している危険性を
指摘しろ！
このままでは
相当に
危険だぞ!!

攘中篇

二〇〇七（平成十九）年は、シナ事変七十年、南京攻略戦七十年という節目の年だ。中国は、世界各地で日本非難の包囲網を形成しようと情報工作に躍起になっている。いま日本が国家として毅然《きぜん》と〝反撃〟しなければ、中国の手によって日本の歴史は不当に貶《おとし》められたまま、「野蛮な侵略国家」というイメージが世界中に固定化されるだろう。わしが「攘中論」を展開せざるを得ないのは、そうした状況を打破するために、少しでも多くの日本人に、日本が深刻な岐路に立たされていることを強く自覚してほしいからだ。

中国人にとって「歴史」は「政治」であり、「戦争」の手段であるということを日本人は決して忘れてはならない。何度でも言うが、彼らが口にする「日中友好」という言葉に惑わされてはいけない。中国にとっての日中友好とは、日本が「朝貢」する関係のことなのだ。それに反する行為はすべて「反中的行為」となる。日中国交回復後、事実上「友好」という言葉の定義を握ってきたのは中国側で、彼らは日本と対等な関係などというものは初めから考えていない。

四月に温家宝《おんかほう》・中国首相が来日した。温首相は、小泉純一郎前首相の靖国神社参拝をめぐって冷え込んだ日中関係を打開する「氷をとかす旅」だと〝微笑〟を振りまき、滞日中は一見ソフトに振る舞い続けた。四月十二日に国会で行われた温首相の国会演説を、山崎拓前自民党副総裁は、「（温という）名前のとおり温かい論調」と受け止めたという。中川秀直自民党幹事長も、「対日重視の決意がひしひしと伝わる歴史的な演説」で、「まさに氷がとけた旅じゃないか」と手放しだった。与党の大物とされる政治家がこんなにお気楽なことに、わしは深いため息をつかざるを得ない。

温家宝首相は国会で何を語ったか。温首相が衆議院本会議場に登壇したとき、議場には割れるような拍手

が沸き起こり、まるで北京の人民大会堂と見まがうばかりの大盛況だった。しかし、今回の訪日を「氷をとかす旅」と表しながら、温首相は歴史認識についての日本非難を控えたわけではない。むしろ多くの時間を割いて言及した。大東亜戦争を「中国侵略戦争」と断言し、「中国人民は重大な災難に見舞われ、心に言葉では言い表せないほどの傷と苦痛を残した」と強調した。

そして、「侵略戦争の責任はごく少数の軍国主義者が負うべきで、一般の日本国民も戦争の被害者」であると、お決まりの日本国民の分断をねらった説法を展開した。巧妙ではないか。一般国民は侵略戦争に無罪なのだから、加害者である「A級戦犯」をともに糾弾し、日本軍国主義の歴史を追及し続けようというアジテーションである。騙《だま》されるだけならその無知を責めるだけだが、これを利用する卑しい政治家もいる。たとえば加藤紘一元自民党幹事長だ。彼は、「（温首相は）安倍晋三首相が就任前に語っていた歴史観と正反対のことを遠慮なく述べた。今の安倍首相は方針変更してだいぶ良くなったが、まだ固まっていないので念を入れた感じだ。練りに練った演説だ」と言う。いったい加藤氏はどこの国の政治家か。

衆議本会議で国会演説する中国の温家宝首相
（写真提供／共同通信社）

また、新聞は「ハプニング」と報じたが、温首相は演説原稿にあった「戦後日本の平和発展の道を中国人民が支持する」という部分を読み飛ばした。本当に、温首相が日本との対等な立場での友好を望んでいるのなら、肝心な言葉を忘れたり、読み飛ばしたりはしないだろう。演説原稿は事前に配られていなかったそうで、議場にいたわが国の議員たちは演説の随所で拍手を送り、「村山談話を実際の行動で示すことを希望する」と述べた場面でも拍手喝采《かっさい》だった。なんという無邪気な反応だろう。わしは背筋に寒いものを感じる。

中国の本音は、永久に日本を〝臣従〟させることにある。彼らにとっての「友好」「歴史問題」はそのための道具なのだ。繰り返し言うが、中国共産党の対日戦略をわれわれはしっかり見抜かなければならない。温首相が訪日し、ニセの微笑を振りまいている最中に、日中対立の象徴的問題の一つである東シナ海の資源開発で、中国石油大手によるガス田の一方的な生産開始が明らかになった。しかも中国の報道官は、相変わらず日本が主張する中間線を無視する発言を繰り返し、「友好」とは程遠い態度を示したのである。党指導部の意向を無視してそんな発言ができる国ではない。

温首相は、天皇陛下に謁見した際、二〇〇八年の北京五輪の開会式に陛下と皇族の出席を求めた。さすがに陛下は、「自分の外国訪問については政府で検討することになっている」と冷静に応《こた》えられたが、一九九六（平成四）年の天皇ご訪中が、一九八九（平成元）年に起きた天安門事件で世界的に孤立していた中国の信用回復に巧妙に政治利用されたことを思い出さねばならない。天皇陛下のご訪中を言い出す政治家、経済人には要注意だ。

中国はいかなる対日戦略のもとに動いているか。「攘中」のためには、まずこれを知っておかねばならない。サヨクの連中はこのところ盛んに、保守派の言説に対して、「感情的な強硬論」というレッテルを貼り、さも根拠のない、反省のない〝言いがかり〟にすぎないかのような印象操作をしている。わしのこの『平成攘夷論』もそのレッテルで括《くく》られるだろう。しかし、事実は逆である。彼らのほうがずっと感情的な反応で物事を語って国民を欺いているのだ。

わしは感情論だけで「反中」を煽《あお》っているのではない。事実に基づいて、日本の未来を想えば、おのずと「攘中」という精神的な構えが必要になると述べているにすぎない。親中・媚中《びちゅう》マスコミは決して明かさないが、日中共同声明が出された一九七二（昭和四十七）年、中国共産党は「日本解放第二期工作要綱」を策定している。その基本は、ズバリ「日本が現在保有している国力のすべてを中国共産党の支配下に置く」という図々しいものだ。当時の中国はソ連との間に深刻な対立を抱えていて、日米両国との関係緊密化という戦術によってソ連を牽制《けんせい》しようとした。日本を利用するために中国は、日本人に中国への親近感、シナ文明や歴史への憧《あこが》れを掻《か》き立てるために「文化事業」に名をかりた宣伝工作を幅広く展開し、柔軟路線によって日本から中国の国力充実に必要な資金や技術を吸い上げることを重要課題としたのである。

一九七九（昭和五十四）年、靖国神社に大平正芳首相（当時）が参拝したが、中国はそれを問題にしていない。いわゆるA級戦犯の合祀《ごうし》が明らかになっていたにもかかわらず、である。それどころか中国は、ソ連の脅威に対抗するために日本を利用しようと——今では考えられないことだが——、「防衛予算はGNPの一％以内」という当時の日本政府の方針を知りながら、なんと二％という具体的な数字を挙げて防衛予算の増

額を迫った。今、「日本の軍事力増強に反対する」と声高《こわだか》に叫んでいるのは、一体どこの国なのか。要するに、すべては中国の自己都合なのである。

わしは、中国の本音を知れば知るほど、また、中国人のモノの考え方を知れば知るほど、対等な友好関係を築くことは難しいと考えざるを得ない。そして、わしは「朝貢」のごとき日中友好を、日本国民のひとりとして日本政府に求めない。だから、「日中友好」のために、日本の歴史を、〝われわれの歴史〟を、妥協の産物に供すること、売り渡すことは断固やめてほしいと言っているのだ。

わしは先に、「すべては中国の都合」と述べた。厳密にいえば、「すべては中国共産党の都合」である。鄧小平《とうしょうへい》の進めた「改革開放」路線は、社会主義に資本主義を接木《つぎき》するようなもので、見かけの経済的繁栄とは裏腹に、本質的には中国民衆の不満を大きくしただけだ。中国共産党が、本当に貧しい農民や都市部の住民のための政治を行ってきたか。共産党の幹部と、幹部と結託した一部の人間だけが潤い、あの国には腐敗と不正が横行している。そうした実態から国民の目を逸《そ》らすために、不満のハケ口として、自らの支配の正統性を維持するために、中国共産党は「反日」を利用しているのだ。

江沢民《こうたくみん》前中国国家主席は、「日本に対して、歴史問題は永久に追及し続けろ」と訓話した（一九九八年八月）。歴史問題が日本に対する強硬策の〝切り札〟であり、それによって日本人を屈服させ続けるというのが彼らの考えだ。江沢民の後を継いだ胡錦濤《こきんとう》現主席は、中国の発展には日本の協力が不可欠だとして、表面的には対日姿勢をソフトにして見せている。温家宝首相の訪日もそれにそったものだが、その微笑に騙されてはならない。

過去の歴史を見れば明らかなように、中国は「豹変《ひょうへん》する国」である。だからこそ、微笑の裏で何が行われているかを、われわれは常に注視する必要がある。アメリカ連邦下院議会で、いわゆる「従軍慰安婦」問題での日本糾弾決議を推進しているマイク・ホンダ議員が、これまでの選挙で中国系の団体、個人（とくに在米反日団体の幹部）からの政治献金の依存度が異様に高い事実が判明している。日本国民に向けて笑顔を向ける一方、彼らは世界で日本を貶める情報工作を展開しているのだ。

日本国民にとっての「攘中論」とはどうあるべきか。それは「歴史」を戦争（情報戦）の道具とする隣人に対して、強固な防衛線を敷くことである。つまり、事実において誤りがある問題について安易に認定し、政治的に妥協したり、謝罪したりしないということだ。事実を知り、イエスとノーをはっきり答え、決して歴史を政治に売り渡さないという固い決意を持たなければならない。
　中国が、歴史問題を永久に追及し続けるなら、わしはとことんそれと戦う。どちらが恥知らずな嘘《うそ》を重ねているのか。中国がぶつけてくる反日の〝歴史攻撃〟がいかに事実に基づかないものか、それを一つ一つ打ち砕いていく。かぎられた紙幅ですべて詳述することはできないが、心ある日本人のために、いくつかのキーワードに絞って、漫画の部分では触れられなかった「攘中」の知的橋頭堡《きょうとうほ》を築いておく。

「日清戦争」は日本の侵略戦争ではない

　中国の李肇星《りちょうせい》外相は二〇〇五（平成十七）年四月、中国共産党中央宣伝部などが開いた情勢報告会で「甲午戦争（日清戦争のこと）から第二次大戦の終結まで日本軍国主義が半世紀余りにわたって中国を野蛮に侵略し、中華民族に大きな災難を与えた」と述べた。大東亜戦争だけでなく、戦場が朝鮮半島だった日清戦争も日本による中国侵略戦争だったというのが中国政府の主張である。冗談ではない。
　彼らの中学歴史教科書は戦争の発端についてこう書いている。
「一八九四年夏、日本の海軍は朝鮮の牙山港外で清軍の輸送船を襲撃し、船上の兵士約七百人が殉難した。清政府は迫られて日本に宣戦し、甲午中日戦争が勃発《ぼっぱつ》した」
　朝鮮半島の西で起きた豊島《ほうとう》沖海戦のことだが、日本軍が仕掛けたというのは嘘の記述で、先に発砲したのは清の軍艦である。事実は、日本の軍艦三隻と清の軍艦二隻がすれ違う際、日本の軍艦は礼砲交換の用意を整えたが、清の軍艦が攻撃してきたので応戦したというものだ。
「輸送船を襲撃」とあるのは高陞《こうしょう》号事件のことと思われる。逃げる清の軍艦を追跡していた日本の旗艦「浪速」は、英国旗を掲げながらも清の兵員、武器、弾薬を満載して朝鮮へ向かっていた輸送船「高陞号」に遭遇した。清は着々と戦争準備を進めていたのである。はっきり言っておくが、中立国の船が交戦国の兵員や武器を運ぶのは戦時国際法違反である。浪速の東郷平八郎艦長は高陞号を停船させ随航を求めたが、清の兵隊は英国人船長を脅して拒否し続けた。東郷艦長は約二時間にわたって何度も警告を発したが高陞号が従わなかったため、やむなく撃沈したのである。日本軍は、海に飛び込んだ高陞号の船長や船員を救助した。
　この事件で英国には反日感情が高まったが、二人の国際法の権威が「（日本海軍の行動は）国際法上当然の処置」と英国紙に投稿すると沈静化している。

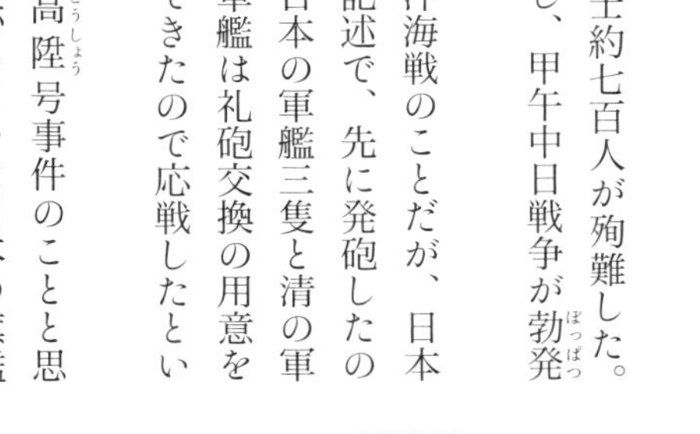

清の宣戦布告が日本に強要されたという主張も誤りで、宣戦布告は日清同時に行われている。むしろ清のほうに侵略の意図があったと言うべきだろう。評論家の黄文雄氏は「日清戦争は中国が起こした日本懲罰《ちょうばつ》の戦争だった」とまで断言している。シナ文明が世界の中心だという華夷秩序に基づいて、日本を見下して起こしたというわけだ。

「旅順口の虐殺」も中国側のプロパガンダである。旅順で清の軍民に多数の死者が出たことは事実だが、これは清の兵隊が軍服を脱いで一般市民に変装する「便衣兵」となったことによる悲劇である。便衣兵の死体は市民と区別が付かず、市民虐殺と間違われやすい。また、兵隊と市民の区別ができなければ、不幸にも間違って殺される市民が出てくるのは当然だが、その責任は、軍服を脱いで一般市民に変装した側にあるのは明らかだろう。一九三七（昭和十二）年の南京事件と同じことである。

虐殺の名に値するのは、むしろ清の所業だった。近現代の中国による虐殺は、中村粲《あきら》独協大名誉教授の収集した史料が詳しいが、その中から一部を紹介しよう。一八九五（明治二十八）年二月二十二日付報知新聞に掲載されたフランスのフィガロ紙のカレスコー記者とイリュストラシオン紙のラロー記者の従軍記は、日本軍の軍紀の厳しさを賞賛した上で次のように書いている。

「ひるがへつて清軍を見よ。日本軍卒の一度彼等の手に落つるや、あらゆる残虐の刑罰を以てこれを苦しむるにあらずや。或《あるい》は手首を断ち、或は首を切り、睾《こう》を抜く。その無情、実に野蛮人にあらざればよくすべきの業にあらず。しかして日本はこれあるに拘《かかわ》らず暴に報ゆるに徳を以てす。流石《さすが》に東洋君子国たるに愧《は》ぢずと云うべし」

清がこのようなことをしたため、日本の第一軍司令官、山縣有朋は、「決して敵の生捕りする所となるべからず。むしろ潔く一死を遂げ、以て日本男子の名誉を全《まっと》うすべし」と、捕虜にならないよう布告を出した。これは、人命軽視ということではなく、人間の死に尊厳を抱かないシナ兵の残虐行為に日本兵が晒《さら》されないようにするための布告で、今日の生命観や倫理観で非難するようなことではない。清は日本兵を残虐に殺しただけでなく、戦場となった朝鮮の人々に対して虐殺、強姦《ごうかん》、略奪を繰り返した。清朝最大の実力者だった李《り》鴻章《こうしょう》ですら、自国の軍隊の非行に激怒して「髪、天を指す」と打電したほどだ。李肇星外相の言葉を借りるなら、清が朝鮮を「野蛮に侵略し、民族に大きな災難を与えた」戦争だったのだ。

この戦争は、日本が朝鮮の独立を主張したのに対し、清が朝鮮を属国として支配し続け、壬午事変、甲申事変に続いて東学党の乱にも乗じて朝鮮に出兵したことによって起きた争いだった。清の宣戦布告は「朝鮮がわが大清国の属国であること二百余年、毎年貢ぎ物を納めていることは内外に知られている」と述べていた。そして敗戦の結果の講和条約では「清国は朝鮮が完全無欠の独立自主の国であることを承認する」と認めた。

日清戦争の結果、朝鮮は史上初めて中国の支配から脱し、朝鮮国王は大韓帝国皇帝となった。要するに、日本にとって、侵略性のかけらもない戦争だったのである。

「田中上奏文」という偽書

世紀の偽文書であることが戦前から明らかになっている「田中上奏文」を、中国はいまだに日本の中国侵略計画の証拠としている。教科書に記述されているほか、中国人民抗日戦争記念館や南京大屠殺紀念館など反日施設でも展示されたり、冊子として売られたりしている。戦後、一貫して「真実ではない」と世界に対し毅然《きぜん》と説明してこなかった日本政府の責任は重いが、まずはどこがどう嘘《うそ》なのかを明らかにしておこう。

田中上奏文は、田中義一首相が一九二七（昭和二）年六月から七月にかけて中国関係の外交官や軍人を集めて開いた「東方会議」の内容を七月二十五日付で昭和天皇にあてて提出した文書を装っている。

「支那を征服せんと欲せば、まず満蒙《まんもう》を征せざるべからず。世界を征服せんと欲せば、必ずまず支那を征せざるべからず…これ乃《すなわ》ち明治大帝の遺策にして…」などと、日本が世界制覇を達成するためにはまず中国、モンゴルを征服し、その過程で米国を倒さなければならないというトンデモナイ内容が書かれている。

一九二九年に中国語で出回って以降、英語やロシア語、ドイツ語にも翻訳された。さすがにわが国の外務省も翌年に中国政府に抗議したが、いつものことだが「嘘も百遍言えば」のプロパガンダは独り歩きしていった。中国の外交官、顧維鈞《こいきん》は、満州事変翌年の一九三二年、中国政府代表として出席した国際連盟理事会で「満州で今起きている事態が、この文書が本物であることの最大の証明ではないか」と言い放った。

日本にとって大きな禍根《かこん》となったのは、日米開戦時の米大統領、フランクリン・ルーズベルトが田中上奏文を本物と信じ、日本との対決が不可避だと判断したことだ。この文書のプロパガンダ効果はとてつもなく大きかったことになる。

しかし一読しただけで、書かれている日付などに矛盾や誤りが多く、上奏文にはあり得ない表現が使われ

ており、日本人が天皇に上奏するために書いた文書でないのは誰の目にも明らかなのである。

これまでに指摘された記述の疑問点は次の通りだ（秦郁彦『昭和史の謎を追う』より）。

①田中が欧米旅行の帰りに上海で中国人刺客に襲われた↓実際には、マニラ旅行の帰りに上海で朝鮮人の刺客に襲われた。自分が襲われた事件を間違えるはずがない。

②福岡師団↓福岡に師団はない。

③関東都督の福島安正将軍の令嬢が蒙古王族の顧問となった↓福島将軍が都督時代、令嬢は十五歳で蒙古には行ったことはない。

④大正天皇は山県有朋らと九カ国条約の打開策を協議した↓山県は九カ国条約調印の前に死去している。

⑤宮内大臣を経て上奏↓上奏は内大臣の所管。

⑥本年（昭和二年）、国際工業電気大会が東京で開かれる↓昭和二年にこの種の大会はない。昭和四年十月の国際工業動力会議のことか。

⑦帝国主義、四頭政治、大連長官などの用語↓上奏文にはこの種の用語は使わない。

⑧原敬内閣が田中の海外旅行中に倒れた↓原内閣倒閣は田中が帰国してからのこと。

⑨中国政府は吉海鉄道を敷設した↓吉海鉄道の開通は昭和四年五月で、上奏したとされる昭和二年にはできていなかった。

これだけの誤りがあれば翻訳ミスとは言えない。そもそも日本語の原典は見つかっていないし、存在しないのだから見つからないのは当然だ。東京裁判の検事側ですら、あまりの杜撰《ずさん》さに、この文書を根拠にした追及を断念しているのだ。

いったい誰が作ったのか。蔡智堪《さいちかん》という台湾人は戦後の一九五四年、「我怎様取得田中密奏」（私はこうして田中上奏文を入手した）と題する荒唐《こうとう》無稽《むけい》な手記を発表した。彼は奉天の東三省保安総局司令官公署外交委員王家楨の依頼で、アヘン吸飲者だった内大臣牧野伸顕にアヘンを渡して宮中の書庫に潜入し、上奏文の全文を二晩かけて写し取り、それを王家楨が中国語に訳したのだという。黄文雄氏は「牧野伯爵がアヘン常用者だったというのも噴飯ものだが、だいたい当時日本の内地にアヘン吸飲者がいたのだろうか」と嘆息している。

最近になって真相に迫る事実が明らかになった。スターリンに追放される前のソ連の指導者、トロツキーが重大な論文を遺していたのだ。トロツキーは一九二五年夏頃、ＫＧＢ（ソ連国家保安委員会）の前身であるＯＧＰＵ（国家合同警察本部）のトップだったジェルジンスキーから「東京にいるスパイが大変な秘密文書を送ってきた」という報告を受けた。トロツキーは「ソ連で公表されると疑惑の目で見られるので、米国内のソ連の友人を通じて報道関係者に流し、公表すべきだ」と判断。その文書を土台に田中義一首相署名の上奏文に仕立て上げたという（一九九九年九月七日付産経新聞、写真）。

ロシアのテレビ・ラジオ局（ＲＴＲ）も二〇〇五年春に放送した「世界の諜報《ちょうほう》戦争」シリーズで、ＯＧＰＵによる捏造《ねつぞう》だと報じている。田中上奏文はソ連の謀略だったのである。

二〇〇五（平成十七）年十二月、中国政府直属の学術研究機関である社会科学院日本研究所のメンバーと意見交換した八木秀次高崎経済大教授に対し、同研究所の蒋立峰所長はこう言った。「実は今、中国では田中上奏文は存在しなかったという見方がだんだん主流になりつつあるのです。そうした中国の研究成果を日本側はほんとうに知っているのでしょうか」（月刊「正論」二〇〇六年四月号）。田中上奏文は偽文書だというのが中国の「研究成果」だというのだ。嘘だと知っていて他国を貶めているのは、なお悪質ではないか。

「盧溝橋事件」を仕掛けたのは誰か

中国が日本に対して「過去の歴史」を持ち出す最大の要素が支那事変（日中戦争、日華事変）だが、切っかけとなった一九三七（昭和十二）年の盧溝橋《ろこうきょう》事件は、中国側の日本側への不法な発砲で始まっている。漫画でも描いたが、ここに詳しく論証しておく。

そもそも盧溝橋に日本軍がいたことを非難する人もいるが、日本は義和団事変

1930年代、日本の世界制覇野望の証拠

「田中上奏文」偽造はソ連？

【ワシントン6日＝前田徹】一九三〇年代の米国や中国で日本の世界制覇野望の証拠として使われてきた「田中メモリアル（上奏文）」は偽造文書と指摘されているが、ソ連国家政治保安部（GPU）がその偽造に深く関与していた可能性が強いことが、米国のソ連関連文書専門家によって明らかにされた。亡命したソ連指導者の一人、トロツキーが上奏文作成時の二年も前にモスクワでその原文を目にしていたことを根拠にしており、日米対立を操作する目的で工作したと推測している。

トロツキーが確認

日米対立の操作目的か

作成の2年前

米下院情報特別委員会の専門職員として、ソ連の諜略活動を研究してきたハーバート・ロマーシュタイン氏が、元ソ連国家保安委員会（KGB）工作員で米国に亡命したレフチェンコ氏と共同で米国内のKGB活動の実態を明らかにする目的で調査した際に、偽造文書といわれる田中上奏文作成にソ連情報機関が関与していたのではという疑惑が浮かんだ。

「田中上奏文」は、一九二七年から二九年にかけて内閣を率いた田中義一首相が昭和天皇にあてて提出した上奏文とされ、その内容は「日本が世界制覇を達成するためにはまず中国、モンゴルを征服し、その過程で米国を倒さなければならない」としている。この上奏文によって第二次大戦に至る日中戦争、真珠湾攻撃は、計画的な日本の野望達成への一環だったとされてきた。

※ところが、ロマーシュタイン氏らの調査では、トロツキーが暗殺される直前の四〇年に雑誌「第四インターナショナル」に投稿した遺稿ともいえる論文の中に、田中上奏文に関しての貴重な証言が含まれていた。

トロツキーは、スターリンによって追放される前で、まだソ連指導部の一人だった当時の二五年夏ごろ、KGBの前身のGPUトップだったジェルジンスキーから「東京にいるスパイが大変な秘密文書を送ってきた。日本は世界制覇のために中国を征服し、さらに米国との戦争も想定している。天皇も承認している。これが明らかにされれば国際問題化し、日米関係がこじれて戦争に至る可能性もある」との説明を受けた。

当初、トロツキーは「単なる文書だけで戦争は起こらない。天皇が直接、署名するとは考えられない」と否定的だったが、その内容が日本の好戦性と帝国主義的政策を証明するセンセーショナルなものだったためソ連共産党政治局の重要議題として取り扱いが協議され、結局、「ソ連で公表されると疑惑の目で見られるので、米国内のソ連の友人を通じて報道関係者に流し、公表すべきだ」とのトロツキーの意見が採用されたと証言している。

ロマーシュタイン氏はこうした経緯を検討した結果、GPUが二五年に日本外務省内のスパイを通じてなんらかの部内文書を入手した可能性は強いが、田中上奏文は、盗み出した文書を土台に二七年に就任した田中義一首相署名の上奏文として仕立て上げたと断定している。

同氏によると、トロツキーが提案した「米国内の友人」を通しての公表計画は米国共産党が中心になって進めており、三〇年代に大量に配布された。しかも日本共産党の米国内での活動家を通じて日本語訳を出す準備をしていることを示す米共産党内部文書も見つかっており、実は田中上奏文の日本語版が存在しないことをも裏付けているという。

■田中メモリアル（上奏文）　1927年6月27日から7月7日にかけて開かれた田中義一首相主宰の中国およびアジア戦略会議の結論を昭和天皇に対し上奏（じょうそう）したとされている。日本の世界帝国建設のためには中国、モンゴルの征服は必然で、その過程で米国と対決するというもので、米国との戦争を明確にした点が米国内で強い反発を呼んだ。

29年に中国の雑誌「時事月報」に発表されたのが最初で、その後、30年代に米国を中心に広く配布され、ルーズベルト大統領もその内容に注目したことが記録に残っている。ソ連のコミンテルンは31年12月の雑誌「国際共産主義者」でロシア語版を発表している。

しかし、文書内の日付などに矛盾が多く、上奏文にもかかわらず表現が不穏当などという指摘が当初から多く、偽造との見方が強かった。戦後の東京裁判でも、キーナン検事が日本の計画的侵略を裏付ける資料として文書を使おうとしたが、不確かな内容のため結局は使われなかった。

1999年9月7日付産経新聞

後の議定書に基づき、米、英、仏、伊とともに居留民保護のために北京近郊に軍隊を置いていた。不法に駐留していたのではないのである。事件の経過を追ってみよう。

【七月七日午後四時半】支那駐屯軍歩兵第一連隊第三大隊第八中隊（中隊長・清水節郎大尉）が夜間演習のため現地に到着。川の堤防では中国兵が塹壕《ざんごう》を掘っていたため作業終了を待った。

【午後七時半】中隊は堤防に背を向けて演習を始めた。兵士はそれぞれ演習用の空砲五発のほか、実弾は、小銃は三十発、軽機関銃は百二十発ずつ携行していたが、ボール紙で包装した上、木綿糸でグルグル巻きにしていた。鉄帽もかぶっておらず、中国軍との戦闘など想定していなかった。

【午後十時四十分】中隊は堤防付近から突然数発の実弾射撃を受けた。集合ラッパを吹かせると、今度は十数発の実弾射撃を同じ方向から受けた。中隊を集めて点呼をとると、伝令の志村菊次郎二等兵がいなかった。

【午後十一時】志村二等兵が帰隊。

【午後十一時五十七分―八日午前零時二十分】清水中隊長から一木清直大隊長に伝令が飛び、大隊に出動命令が出される。この間、中隊は、堤防から二キロ離れた位置に移動した。

【午前二時三分】一木大隊長が中隊と合流。

【午前二時四十五分】大隊主力が到着。

【午前三時二十分】大隊が高さ三十メートルの砂山である一文字山を占拠。

【午前三時二十五分】再び堤防方向から三発の発砲があった。

【午前四時二十分】一木大隊長は北京にいる牟田口廉也連隊長に電話で問い合わせ、攻撃許可を受けたが、調停のため北京から派遣された森田徹中佐がちょうど現地に到着し、森田中佐は攻撃を中止させた。

【午前五時三十分】大隊は一斉射撃を受け、やむなく応戦を始めた。最初に発砲を受けてから七時間。隠忍自重した末の反撃だった。

盧溝橋事件を受けて、日本政府はただちに現地解決・不拡大の方針をとった。蒋介石《しょうかいせき》も全面戦争には消極的で、十一日には現地で停戦協定が結ばれている。日本はいったん決まっていた内地からの三個師団派兵も見合わせ、この事件を「北支事変」と命名した。あくまで事変として処理しようとしたのである。

しかし停戦協定はすぐに中国側によって破られる。十三日、北京で日本人四人が爆殺され、翌日にも日本兵の惨殺事件が起きた。二十五日には北京南東にある

『支那事変写真全集(中)上海戦線』より　大山中尉殺害事件／朝日新聞社

廊坊という町の電線修理に派遣された電信隊が攻撃される「廊坊事件」、翌日には北京で日本軍の部隊が乱射を受ける「広安門事件」があった。そして二十九日、漫画に描いたとおり、日本人約二百六十人が惨殺される「通州事件」が起きる。

北京のすぐ東にある通州には国民党政府から離脱した親日派の殷汝耕《いんじょうこう》が「冀東《きとう》防共自治政府」を設立、一万余りの保安隊を擁していた。日本側はこの保安隊を信頼し、約百人の守備隊しか置いていなかった。事件の切っかけは、盧溝橋事件の直後に国民党ラジオが流したデマ放送だった。

「日本軍は敗走した。国民党軍は大挙して冀東を攻撃する。偽都・通州の敵を屠《ほふ》り、逆賊・殷汝耕を血祭りにする」。この放送に動揺した保安隊は、突如反日の牙をむいたのである。彼らは殷汝耕を拉致《らち》し、日本軍守備隊を襲撃しただけでなく、民間人の虐殺を行った。事態を聞いて救援に駆け付けた日本軍の第二連隊は、狂気としか言いようがない恐るべき惨状を目の当たりにした（「南京大虐殺を再審せよ」65ページからの通州虐殺のくだりを見よ）。

中村粲氏は中国側の史料から、保安隊内部に二年前から日本人襲撃の秘密計画があったことを突き止めている。この事件によって日本人に反中感情が高まったことは確かだ。しかし、それでもなお、日本政府は不拡大の努力を続け、大幅に譲歩する和平案を作ったのである。

ところが和平案を話し合う最初の日中交渉が行われた八月九日、外国の権益が集中する上海で大山勇夫中尉らが中国の保安隊に機関銃や青竜刀で惨殺される「大山中尉殺害事件」が起き、交渉どころではなくなった。十三日以降、上海では中国の便衣兵が日本の警備兵に発砲するなど攻撃を仕掛けてきたため、全面戦争となっていった（第二次上海事変）。盧溝橋事件以降の中国側からの挑発は、主なものだけでもこんなにあったのである。こうした挑発への反撃は侵略か。

　盧溝橋事件の最初の一発は誰が撃ったのか。日本の研究者の間では中国軍第二十九軍の兵士だというのが定説だ。発砲事件を受けて行われた日中外交交渉の席で中国側は「堤防には兵を配置していない」と主張していたが、現場の中国軍守備隊長、金振中は戦後の回想録で、堤防への兵の配置を認め、あらかじめ発砲許可を与えていたことを明らかにしている。

　背後に見えるのは中国共産党の影だ。第二十九軍には副参謀長の張克侠をはじめとして劉少奇《りゅうしょうき》（戦後、国家主席）配下の秘密共産党員やシンパが潜入し、日本軍撃滅計画を練っていた。国民党軍に日本軍に対する攻撃を仕掛けさせようとしていた中国共産党軍にとって、盧溝橋事件は絶好のチャンスだった。盧溝橋事件の直後、北京大学構内と思われる通信所から延安の共産党軍司令部に「成功了（成功した）」という暗号電報が打たれていたことも元日本軍情報部員の証言で分かっている。

　事件発生を受けて、国際共産主義の総本山コミンテルンは中国共産党に対し①あくまで局地解決を避け、日中の全面的衝突に導かなければならない②下層民衆階層に工作して行動を起こさせ、国民政府に戦争開始がやむを得ないと思わせる③党は対日ボイコットを全中国に拡大しなければならない。日本を援助しようとする第三国に対してはボイコットで威嚇《いかく》する必要があるなどとする指令を出している。中国共産党中央委員会も「われわれは、宗哲元《そうてつげん》将軍がただちに二十九軍全軍を動員して前線に赴き応戦することを要求する」などと打電し、国民党に日本と全面対決するようけしかけた。

　中国共産党の思惑は、国民党軍と日本軍を戦わせ、長期化している間に勢力を拡大し、最終的に政権を奪取することにあった。その結果、今の中華人民共和国政府ができた。盧溝橋事件で中国共産党は漁夫の利を得たのである。〝犯人〟は明らかだろう。

「七三一部隊」の真相

　満州のハルビン郊外に設けられた七三一部隊（関東軍防疫給水部）が中国人を使った人体実験のほか、ペスト菌の空中散布などの細菌兵器使用を行ったことは、たしかに日本人にとって負い目だ。「南京大虐殺」

のように「なかったこと」ではなく、「あったこと」だからだ。ところが、それに付け込んで中国側が流す悪質なデマはエスカレートする一方で、わしはこれを見過ごすわけにはいかない。

　中国国営新華社通信は一九九九年十一月、「細菌戦」の死者を「少なくとも二十七万人」と報じた。人民解放軍軍事医学科学院の郭成周研究員らの検証の結果だという。新華社は二〇〇五年六月には「山東省などで四十二万人以上死亡」説を報道した。同省臨沂《りんき》市の崔維志・同市共産党史委員会主任の調査結果だという。さらに同年九月、郭成周研究員はハルビンで開かれた国際学術シンポジウムの際にも、地元紙の黒竜江報の記者に対し「七三一部隊の細菌戦による死者は、二十七万人ではなく二百万人だ」と述べたてている。根拠も示さぬまま数字を増大させていくのは彼らの常套《じょうとう》手段で、こちらが何もしなければ、どんどん誇大な数字が独り歩きしていく。

　「細菌戦」による死者は実際にはどのくらいなのか。「細菌戦で親族が死亡した」などとして中国人遺族ら百八十人が日本政府を訴えた訴訟の判決が二〇〇二（平成十四）年八月に東京地裁であった。岩田好二裁判長は死者数について「中国側の調査では約一万人に上る」と言及したが、「本件の事実関係は、多方面にわたる複雑な歴史事実にかかわるものであり、歴史の審判に耐え得る詳細な事実の確定は、最終的には、無制限の資料に基づく歴史学、医学、疫学、文化人類学等の関係諸科学による学問的な考察と議論に待つほかはない」と認定を避けた。

　日本の七三一部隊研究の第一人者、常石敬一神奈川大教授は、「生物兵器使用の実態は『試用』と呼ぶべきものだった」「犠牲者数は多くて千人程度」だという（『世界戦争犯罪事典』）。常石氏は日本の戦争加害を追及する立場の学者とされてきた人物であり、「多くて千人」という数字は過少なものとは思えない。

　東シナ海沿岸の寧波上空からペスト菌を持つノミを散布した作戦は、中国側の調査で百六人が死亡し、最も戦果があったとされるが、「重爆撃機が二百メートルの低空を飛行して攻撃したのにこれだけの成果とすれば、軍事作戦的には失敗と評してよい」と常石氏は述べている。米国が七三一部隊の研究データと引き換えに戦犯免責を行ったことはよく知られているが、その際に隊員から聞き取り調査を行った結果をまとめた「フェルリポート」「ヒル・ビクターリポート」なども、細菌兵器の使用がとても「細菌戦」と呼べる代物ではなかったことを明らかにしている。

　中国による七三一部隊に関する歴史の偽造には偽写真も動員されている。中国の歴史教科書には「日本侵略者が中国人に細菌実験を行っているところ」とキャ

ところがこれは昭和3年
「済南事件」で
中国人に虐殺された
日本人の遺体
を検死している写真なのだ!
この遺体は
白足袋を履いていて
日本人であることは
一目瞭然なのだが
上の写真では
わからないように
トリミングされている
" THE RAPE OF NANKING 南京大屠殺 歷史照片中的見證 " 295P
これは
被害者=日本人
加害者=中国人
を
正反対にした
極悪な
ニセ写真である!

『戦争論2』(幻冬社)より

プションが付いた写真が載っている。手術台に横たわった男性をマスクをした男性が触っているが、後ろには背広姿でマスクをしていない男性も写っていて、細菌による人体実験にしては不自然で、そもそも終戦時に証拠を隠滅した七三一部隊の写真が残っているとも考えられない。

実は、この写真は一九二八年の「済南事件」で虐殺された日本人を検視している写真なのだ。この年に出版された『山東省動乱記念写真帖』に掲載されている。済南事件は通州事件などと並ぶ日本人虐殺事件で、蒋介石の北伐軍から日本人居留民を保護するため出兵した際（第二次山東出兵）に日本人が虐殺された。当時の記録には、例によって「顔面上部が切断されていた」「女性の陰部に棒が突っ込まれていた」「陰茎が切り落とされていた」といった、中国人特有の猟奇的殺害の手口が残されている。七三一部隊の編成は一九三六年とされている。その八年も前の、しかも自分たちが日本人を虐殺したときの写真を使って日本の蛮行に仕立て上げる手口は卑劣というしかない。

ちなみに、こうした偽情報は韓国にも波及している。韓国のテレビ局MBCが二〇〇六年八月十五日に特ダネとして報道した「七三一部隊が自ら撮影した人体実験の映像」が、実は中国の反日映画「黒太陽七三一」の一場面であることが分かった。カラー映像をわざわざ白黒にするなど悪質なでっち上げだった。

わしは、日本にとって都合の悪い話を隠す気はない。本当にあったことなら、認めるしかないからだ。わしは、中国人ではない。だから、七三一部隊は存在し、細菌戦の研究や人体実験は「あったこと」と認める。しかし、日本糾弾なら何でもありという彼らの非難の仕方に異議があるのだ。「歴史」は歴史として検証すべきで、「政治」問題として日本を追及してくるかぎり、わしは政治的な歴史認識を中国と共有することは到底できない。

中国人よ、七三一部隊の問題で日本を非難するのなら、まず事実に基づきたまえ。プロパガンダに終始するかぎり、お互いに「歴史を鑑《かがみ》」とする関係を築くことは不可能である。わしは日本人だから、事実にはイエスと言おう。プロパガンダには断固ノーだ！

「万人坑」の真相

二〇〇六（平成十八）年二月、中国共産党の李《り》長《ちょう》春《しゅん》政治局常務委員は自民党の中川秀直政調会長（当時）と会談した際、小泉首相（当時）の靖国神社参拝を擁護した中川氏に対し感情的な反論を繰り返した。共同通信によると、李氏は「万人坑」に言及し、「万人坑はいくらでもあった。私の故郷にもあった」と怒りをぶつけたという。

万人坑とは「万単位の人で埋まった穴」という意味だ。中国側は、主に満州の日本人が経営する鉱山などで中国人労働者に過酷な労働を強要した結果、病気や過労、事故などで倒れた犠牲者の死体を遺棄した場所と宣伝している。日本人は軍人だけでなく民間人も残虐だったというわけだ。

満州最大の炭鉱、撫順炭鉱だけで約三十〜四十カ所、犠牲者は二十五万〜三十万人だとする。南満鉱業という鉱山では犠牲者一万七千人の「虎石溝万人坑」の上に記念館が建設され白骨の山が展示されている。

中国の歴史教科書は「日本の侵略者は、血や汗を絞り取られて労働能力を失った坑夫を大量に荒野に放置し、彼らを無残にも餓死させて、白骨が累々と続く『万人坑』となった。大同炭鉱の付近には二十余りの『万人坑』がある」と記述する。

万人坑が日本で有名になったのは「南京大虐殺」と同様、一九七一（昭和四十六）年に朝日新聞に連載された本多勝一記者の『中国の旅』である。

しかし民間の昭和史研究家田辺敏雄氏が、炭鉱に勤務していた人や家族にアンケート調査するなどして全くの作り話であることを突き止め、『朝日に貶められた現代史―万人坑は中国の作り話だ』などの著作や論文を発表している。それらによると、①万人坑を見たり、噂を聞いたりした日本人は一人もいない（撫順《ぶじゅん》炭鉱OBでつくる社友会も千人の全会員に調査し、同じ結論を出している）②戦後、中国国民党政府が行った瀋陽《しんよう》裁判でも、「万人坑」の罪を問われた人は一人もいなかった③満州に入ったソ連軍や中国共産党軍も万人坑に言及していない。ソ連の満州侵攻後も撫順炭鉱の責任者は一人も逃げず、炭鉱を守った④中国人による日本人に対する報復も皆無だった⑤南満鉱業はすべて露天掘りで、大規模な死亡事故すら起きていない——ことなどが明らかにされている。

田辺氏の調査結果について本多氏は『中国の旅』は戦前、中国で日本が行ったことについて日清戦争以来何十年にわたって日本側の視点しかなかったので、逆に中国側がどう見ているのか、つまり中国側の視点を紹介したもので、中国側の言っていることについて一つ一つ証拠を取材して書いたものではない」「あくまで中国側の視点を紹介したかっただけだ。批判するなら、まずは中国側の主張そのものではないか」などと反論している(一九九〇年六月三十日付産経新聞夕刊、左ページ写真)。要するに、本多氏は日本側からの裏付け取材をしていないのである。

大量の死体で埋まった穴というのは日本人には理解できないことで、秦の始皇帝以来の中国人の発想らしい。秦が趙を破った「長平の戦い」で、秦は降伏した趙軍の兵士四十万人を生き埋めにし、秦を破った項羽も二十万人の秦軍を生き埋めにしたという。司馬遼太郎は『項羽と劉邦』で「阬《あな》という名詞がイキウメニスルという動詞に使われるほど、この大量殺人法はやがて項羽によって、二度、三度とおこなわれるのだが、しかしこの方法は項羽の独創ではなかった」「刑罰としてこれをやったのは、すくなくとも記録の上では始皇帝が最初であった」と書いている。

宋の時代の書物『甲申雑記』には「萬人坑」の言葉がある。すなわち、日中戦争中に日本がやった行為として万人坑の用語を使うのは間違いで、これは中国の文化なのである。十万、百万規模の犠牲者が出る戦乱を繰り返してきた中国では、いたるところから人骨が出てきて、子供がそうした人骨で遊ぶ光景も珍しくない。万人坑は、残虐な殺害方法や「三光作戦」などと同様、中国が自国の戦争文化に基づいて日本に着せた冤罪《えんざい》なのである。

中国が日本非難のキーワードとして使う主な事例の真相を述べてきたが、それらに共通するのは「白髪三千丈」ということである。ナチス・ドイツによるホロコースト(ユダヤ人大量虐殺)を議題に二〇〇五年十一月に開かれた国連総会の審議で、中国政府代表は日中戦争での中国の被害に触れ「死傷者は三千五百万人に達し、その中には一九三七年の南京大虐殺で死亡した三十万人がいる。ユダヤの人々と同様、アジアの人々も歴史のこの一幕を決して忘れないだろう」と、ホロコーストと戦争被害を同列視して日本を非難した。

中国政府の公式見解となった「三千五百万人死傷」

は終戦五十周年の一九九五年五月、モスクワで開かれた大祖国戦争中央博物館開館式典で当時の江沢民国家主席が突然発表した数字だ。江主席は「中国が軍人・民間人三千五百万人の死傷者を出して、日本軍国主義の野心を粉砕し、不滅の貢献をした」と述べた。国営新華社通信は翌日、この数字について「大量の資料や現地調査などによる再調査の結果だ」と説明する記事を配信した。

中国人民抗日戦争記念館の表示や歴史教科書の記述も江沢民発言を機に「三千五百万人」で統一されている。しかし、日中戦争の中国側の犠牲について、国民党政府の何応《かおう》欽《きん》軍政部長は終戦翌年の一九四六年、東京裁判に、軍人のみの死傷者として三百二十万八千人（うち死者百八十八万九千人）と報告している。何応欽は一九七八年には民間人を合わせて「五百七十八万七千人」と演説した。

これを爆発的に増加させたのは共産党政府だ。「一千万人」から始まって、文革期には「千八百万人」、一九八五年に「二千百六十八万五千人（死者千二百二十一万五千人、負傷者九百四十七万人）」と発表した。

夕刊
旧満州・日本の残虐行為報道
「万人坑」はなかった
昭和史研究家が朝日新聞・本多勝一記者に反論
雑誌「正論」に発表
平頂山事件きっかけ
生き残り関係者「見たことない」
戦後、現地では捜査も逮捕もない
撫順は一カ所も場所が特定されず

1990年6月30日付産経新聞夕刊

そして江沢民が千四百万も増やして「三千五百万人」に膨れ上がったのだ。

死者と負傷者の内訳は公式には示していないが、中国抗日戦争史学会所属の研究者、王錦思氏は産経新聞のインタビューに対し、三千五百万人の死傷者のうち「千七百万人から二千二百万人が死亡というのが正しいだろう」と述べている。では実際の数字はどのくらいか。秦郁彦氏は「死者三百万前後」と推定。太平洋戦場を含めた日本人軍民

の死者三百十万人（うち中国戦場は四十一万人）とほぼ同数としている。
『文藝春秋』（二〇〇五年八月号）で櫻井よしこ氏の質問に答えて、中国社会科学院近代史研究所研究員の歩平氏（現所長）は、「戦争の犠牲者の数字についてですが、歴史の事実というのは孤立して存在するのではなく、それは感情というものに直接関係しているということを申し上げたいと思います。たとえば南京大虐殺の三十万人という数字について、当然、根拠はありますが、これはたんに一人ひとりの犠牲者を足していった結果の数字ではありません。被害者の気持ちを考慮する必要もあります」と述べている。
「馬脚を露《あらわ》すとはまさにこのことである。戦争の犠牲者数の理不尽な増加が国民感情に関係していると言うなら、その数は日本への恨みと憎しみの感情表現にほかならず、歴史事実とは何の関係もない。しかも、その恨みと憎しみを『愛国主義教育』によって植え付け、増幅させるのが中国の国策である限り、反日感情も、犠牲者数も中国政府自らが創作したものだと言われても弁明できないだろう」という櫻井氏の主張にわしもまったく同感である。
「大躍進」運動での餓死者や文化大革命の犠牲者など、中国共産党が死に追いやった自国民は六千五百万人（ステファヌ・クルトワ、ニコラ・ヴェルト著『共産主義黒書』）とも七千万人（ユン・チアン、ジョン・ハリデイ著『マオ─誰も知らなかった毛沢東』）とも言われる。中国は、日本に言いがかりをつけてくる前に、こうした〝数字〟に対してこそ真摯《しんし》に向き合うべきだろう。

ゴーマンかましてよかですか？

「歴史を鑑に」すべきなのは一体どっちか。日本人よ、いいかげん目覚めよ。お人よしでいることは、中国人民のためにもならないぞ！

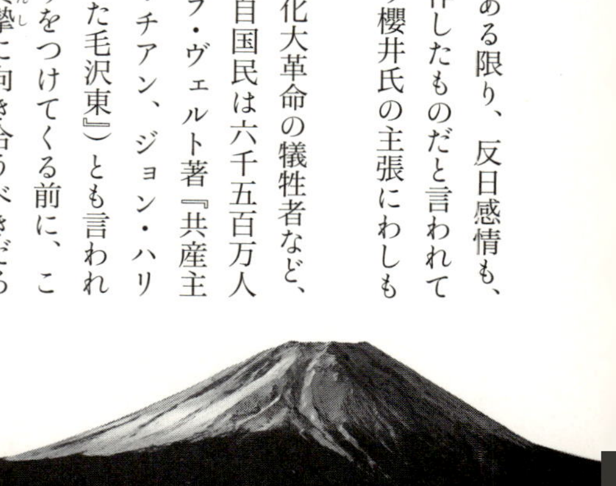

攘韓篇
新ゴーマニズム宣言SPECIAL
「朝鮮植民地支配」の正しい歴史認識
文芸評論家の加藤典洋氏が、その著書で「ゴーマニズム宣言をめぐって」という文を書いておられる。
その中にこんな一節があつた。
戦後を戦後以後、考える
●ノン・モラルからの出発とは何か――
加藤典洋
岩波ブックレットNO.452
小林よしのりの論点で逸することのできないのは、彼がその後合流することになる自由主義史観の人々とは違い少なくとも日本が第二次世界大戦で朝鮮に対して行った侵略行為はよくなかった、と認めている点です。
わし、これ読んで過去の『ゴー宣』全部調べたのだが…
「日本が第二次世界大戦で朝鮮に対して行った侵略行為はよくなかった」
…なんてことは書いてなかつた。
所長
加藤さんそもそもこの文はヘンなんです。
意味がわからない。

なぜかと言うと、日韓併合は明治43（1910）年のことで第一次世界大戦よりも前のこと。
第二次世界大戦の頃はもう内鮮一体と言われる程、日本と朝鮮は融和が進んでいて、
例えば朝鮮人の日本軍への志願兵の数は急増の一途、
昭和17年には定員3千人に対して応募者が25万1594名、競争率84倍にも達している。
朝鮮人の陸軍中将もいたし、国会議員もいたし、
日本にいる朝鮮人は日本人になっていたから選挙権も被選挙権もあった。
第二次大戦中、日本は支那とは戦争していたが、朝鮮人はすでに日本人として共に戦うまでに同朋意識が育ってきている。
だから加藤氏の言う「日本が第二次世界大戦で朝鮮に対して行った侵略行為」という意味が、わしには何のことだかわからない。
加藤氏は慰安婦問題についてこんな例え話をする。
この朝鮮人元慰安婦の問題は本来が二階の問題でそこには一階の問題いわば「ただの侵略」の問題があるということです。
「ただの侵略」というのが日本の植民地統治政策のことなら、それが欧米のやった植民地政策とあまりにも違うものだった、という事も知らねばならない。
ハングル文字も日本が取り入れて普及させたもの。
土地調査をして鉄道 敷いて道路作って…
朝鮮のインフラ整備はこの時期に日本が ほとんどやってしまって…
学校というものがなかった朝鮮に大正7年から昭和19年までに5213校作って生徒数が238万9135人、この学校の普及速度は日本国内とほぼ同じだった。
植林の習慣がなかった朝鮮に、ものすごい苦労をして植林事業もやっている。
日本は金をもち出して損してしまっただけだった。
それが日本の植民地政策だ。

おせっかいと言えばおせっかいなのだ。
もし、日本のおせっかいが侮辱的なことでプライドを傷つけられたと言うのなら、さっさと日本の勧めに耳を貸して自主独立すればよかった。日本は、それをこそ望んでいたのだから。
一国が近代化する活力だって民族に蓄積された共同の精神性が必要で、中国の冊封体制に入って自らを「小中華」と称して悦に入ってしまう性分では……
小中華
近代化する前にロシアか清国に占領されて属国化して、日本にまで危機が及んだに違いない。
侵略は悪だが、それが当然の時代があったのであり、植民地支配を受けることは宗主国の文化に浴することもある。香港がそうだったように。善悪はそう簡単に計れない。
日本人は「朝鮮植民地支配」についての歴史の認識が浅すぎる。
1910年の日韓併合に至るには江戸時代の幕末からの歴史を見なければならない。
江戸時代は200年以上にわたって戦乱のない、世界史上ではミラクル・ピースと言われる平和な時代だった。日本人は平和を志向する民族だったのである。
その日本の平和を破ったのはペリーだった。
日本は自らが好むと好まざるとにかかわらず、武力によって無理やり開国させられたのである。
開国した日本が直面させられた世界、それは西欧の白人諸国が競って有色人種の国を「羊の毛を刈るがごとく」に侵略し、収奪し植民地化していく弱肉強食の世界だった。
日本は白人の植民地になるか、それとも白人と肩を並べる近代国家に生まれ変わるかという二者択一を迫られた。この時代に他の選択肢はない。
そして日本は奇跡の明治維新を成し遂げ独立を保ったのである。

日本は隣国の朝鮮 そしてシナ大陸の清も 近代化し、共に西欧に 対抗することを願っていた。
……
……
しかし、両国とも 旧秩序の中に 眠り続けた。
大陸を眠らせた旧秩序、 それは2000年続いた
冊封《さくほう》体制と…
華夷《かい》秩序だった!
シナには「皇帝」がいる。
皇帝は世界を治める 唯一の天子である …という思想が 古代、アジア地域で 広まっていた。
周辺の国々は、 シナの皇帝に 貢物を持って あいさつに行き 服属を示すことに なっていた。
この外交方法を 「朝貢《ちょうこう》」という。
そうしたらシナの皇帝が 「そなたの国を 治めるがよい」と言って 「王位」を くれるのだ。
「漢委奴国王」 なんていう金印 が「王」の証と なるのである。
そう… 「王」というのは 「皇帝」よりも 下の身分なのだ。
かつて大陸を 支配していた原理があった。
シナこそが 世界を治める 文明の「華」であり その周辺の地域は 下等な「夷」(=野蛮人) の国である。
これを 「中華思想=華夷秩序」 という。
こういう シナ王朝の皇帝と 君臣関係を結ぶ 東アジアの 政治システムのことを、
「冊封体制」 という。

日本は7世紀の聖徳太子の時代に「王」の名を拒否し、「天皇」の名において冊封体制から離脱。
シナの王朝とは距離をおいて独自の文化・歴史を作ってきた。
だが日本以外の東アジアでは「冊封体制」はなんと19世紀まで連綿と続いていたのである。
李氏朝鮮は清王朝に「朝貢」を続けていて、
朝鮮王は清の皇帝に任免の権があった。
「朝鮮」という名も漢につけてもらったもので、
李氏朝鮮まではシナの年号を使っていたのである。
李朝が毎年清朝に贈った貢物の中には「貢女」…つまり「慰安婦」までおり
そのための女性を「強制連行」までしていた。
そして、朝鮮の人々はこんな考えを持っている。
我々はシナの皇帝さまの一の家来だから世界で2番目に偉い!
これを「小中華思想」という。
独立を考えず、常に大国の傘下に入ろうとする「事《じ》大《だい》主義」は朝鮮人の民族性にまでなっていた。
彼らは21世紀の現在でも無意識のうちにこう思っている。
中国が親で朝鮮がお兄さんで日本は弟
私たちのほうが中国に近いもん♡

シナ大陸は
その頃
清国の時代だったが、
老弊した大国には
西欧諸国に対する
力はもはやなく、
いいように
「列強の草刈り場」に
なっていた。
北からはロシアが
帝国主義の野望のもと
南下を始めていた。
そんな不穏なシナ大陸から
日本列島に向かって
腕を突き出すようにのびている
半島が 朝鮮だった。
朝鮮が他国の植民地に
なったら、
そこからほとんど
隣接しているに等しい
日本は、もはや
守る手立てがない。
そこで日本は
朝鮮も日本同様
近代化を遂げ、
西欧諸国の侵略を
はね返す独立国に
なってほしいと
望んだが…
だが残念なことに
朝鮮は日本の申し出を
拒否した。
朝鮮は古代以来の
冊封体制・華夷秩序
から抜け出せず、
すでに老廃した
清国に従い続ける
ことだけが正しい道だと
信じ…
日本の近代化を
「華夷秩序を乱す蛮行」
としか思わなかった
のである。
結局、日本は
朝鮮半島から
清国の支配を
払拭するために
日清戦争を戦い
勝利する。
そして講和の第一条件として
日本が挙げたのは
「清国は朝鮮国が完全無欠の
独立自守の国であることを
承認する」だった。
この時日本が望んだのは
あくまでも
朝鮮の独立であり、
これを日本の植民地に
しようなどということは
全く考えていなかった
のである。
こうして朝鮮は
独立した…
…はずだったが、
ついに近代化も
国としての自立も
できなかった。
親日派と
親ロシア派に分かれて
内紛を起こした
揚げ句…
今度は
ロシアの冊封体制下に
入ってしまった!

なんと朝鮮国王は1年間にわたって王宮を離れロシア公使館で政務をとるという世界史上にも例のない異常事態まで起こる。
その後さらにロシアの朝鮮侵略が露骨になるに至り、日本は日露戦争を戦わざるを得なくなりなんとか勝利をおさめる。
日露戦争後、朝鮮は日本の保護国となる。
これは当時の情勢から見れば当然の流れであった。
韓国は自国を守るために一撃すら与えることができなかったから。
アメリカのセオドア・ルーズベルト大統領もそう言って保護国化について一切干渉しなかった。
保護国となった朝鮮の初代統監は伊藤博文だった。
伊藤は朝鮮を植民地化することには反対で、行く行くは独立させたいと考えていた。
だが、古い冊封体制の感覚から抜け出せず、近代化すること自体が蛮行だと考える朝鮮において、
急速に近代化を進めようとしたために抗日暴動が続出。
日本で韓国併合論が高まる中、なんとこともあろうに…
植民地化反対論者の伊藤博文を、朝鮮の独立運動家安重根が射殺してしまった。
結局、これが決め手となった形で日韓併合となる。
なにしろロシアを破った国の最も有力な政治家、しかも植民地化に反対していた人物を暗殺してしまったのだ。
報復を恐れて韓国政府の側からも日韓併合の提案が出され…
公称百万人の会員を擁する親日派の民間団体一進会からも日韓併合の声明書が出た。

日本政府はさらに慎重を期し列強各国の意向を確認したが…
一国として反対した国はなく…
むしろ動乱続きの東アジアがこれで安定する、と国際的に歓迎されて日韓は併合されたのである。
もし日本の植民地支配が悪だったら、それを承認した米英も共犯として責めるべきだが韓国は日本しか責めない。
こうして先の「共同宣言」がいうところの「過去の一時期韓国国民に対し植民地支配により多大の損害と苦痛を与えた」36年間が始まる。
では日本の植民地支配というのはいかなるものだったのか？
日本の植民地経営は欧米の白人諸国のものとはまったく違っていた。
白人諸国は植民地の有色人種を家畜としか考えず、劣悪な環境で教育も与えず異人種を移住させるなどして民族を分断し、徹底的に搾取していた。
それに対して日本がやったことは何か？
日本は朝鮮半島において近代化の基礎として最低限必要な人口調査や土地調査、治山、治水、灌漑、農地改良、小作制度の改善、教育の普及を行ない、
それまで朝鮮で横行していた無法な逮捕や賄賂による量刑を改めさせ公平な司法を導入し、
両班《ヤンバン》から軽蔑され相手にされていなかったハングル文字を普及させ、
さらに医療の改善と鉄道の敷設、港湾の建設や各種工場の設備設営を行なった。
네
아닙니다
안녕하세요
ひたすら同胞として近代化と生産向上のためを考え、結局は日本からの持ち出しの方が多くて赤字経営になっていたのである。
こんなお人好しなバカな植民地経営をやったのは日本しかない。
「日本の植民地支配は悪ばかりではない」と日本人が言っても説得力がない、というのであれば
台湾人の黄文雄《こうぶんゆう》氏の著作から引用しよう。
PPA BOOKS
中国・韓国の歴史歪曲
黄 文雄
アジアの真実を
台湾知識人が公平に考えた

朝鮮は、すでに大韓帝国時代に財政が破産していたから、統監時代から大量の資金支援で国家財政を支えていた。「日韓併合」後も、日本から年間一千万〜一千二百万円の財政援助を受けていた。(中略)朝鮮総督府の年間予算の約十パーセント、あるいはそれ以上であった。(引用注・当時の一千万円は現在の一兆円)
十九世紀から二十世紀前半にかけて飢饉はよく各国植民地を襲った。イギリスのインド植民地は、十九世紀最後の十年間だけで餓死者千九百万人、(中略)一九三〇〜三二の中国西北大飢饉は、餓死者一千万人を出した。しかし、総督府治下の台湾も朝鮮も集団的餓死者を生み出す飢饉は、過去のものとなっていた。
朝鮮は、民衆反乱と内紛が絶えない国家で、日韓併合前がそうであったように、独立後もそうである。朝鮮有史以来、朝鮮統監、総督の三十五年や四十年間は、三・一独立運動・光州事件があっても、安定した平和の時代であったことは、歴史を見ても一目瞭然である。
さらにフランスの人文地理学者J・プズー・マサビュオーの『新朝鮮事情』には、「現代の朝鮮人の目に、日本植民地時代の悪い面が伝統と独立に純然たる侵害として非常に大きく映っているのであるが、一方別の面においては、南北朝鮮の国家経済を著しく飛躍させるための基盤はこの時代に築かれたのであり、その成果もまた大きかったと言える」とある。
新朝鮮事情
世界の歴史学では「日本による朝鮮の植民地支配」には良い面もあったというのは常識である。
日韓併合が韓国の近代化をもたらしたという国際的な「正しい歴史認識」に目をつむって、
国際的には通用しない「恨みつらみ史観」「迫害史観」につきあうことが果たして真の友好なのだろうか?
韓国民の気質である「恨(はん)の文化」の深層心理には、はるか昔から931回もの外からの侵略を受け屈服してきた歴史があるという。
「恨みつらみは全て日本のせい」という甘えを許容しておくことは、実は相手を侮ったつきあい方ではないのか?
自らのトラウマ(心的外傷)を直視する勇気を持たねば韓国民に真の成長はなく、そのように仕向けることが真の友好である。

1998年、韓国の金大中大統領(当時)が国賓として来日。
この際、日韓共同宣言で初めて「歴史認識」に関して日本の「お詫び」が文書化され、これをもって以後、韓国政府は歴史認識を外交の場に持ち出さないと明言した。
その共同宣言には次のように書かれた。
小渕総理大臣は、今世紀の日韓両国関係を回顧し、我が国が過去の一時期、韓国国民に対し多大の損害と苦痛を与えたという歴史的事実を謙虚に受けとめ、これに対し、痛切な反省と心からのお詫びを述べた。
それに対して金大中は
かかる小渕総理の歴史認識の表明を真摯に受け止め、これを評価する。
と宣言文に盛り込み、これで過去の歴史に区切りをつける、これからが日韓新時代だ、近くて近い国になろう…等々と言っていた。
「共同宣言」において日本のしたことが「すべて悪」だったということに「歴史的に決着」してしまったのである。
「共同宣言」の内容には、具体的に植民地支配の何が「痛切に反省」すべきことだったのかは一切書き込まれていない。
書きようがなかったのかもしれないが、とにかく非常に漠然としたお詫びである。
事前の交渉で「具体的な事項を盛り込まない」ということで同意していたともいわれている。
だがこれは大変なことだ。
具体的な事項の言及がない、ということは「ひとつ残らず全部悪かった」と言ったも同然である。
それではあの時代、朝鮮半島のために尽くした人の名誉はどうなるのか?
それすらも「反省とお詫び」をして全否定しなければならないのか?
政府はどこまで日本の歴史を他国に売り渡せば気がすむのか?
祖先の必死の努力と成果を「恥ずべきこと」に仕立て上げ、自分だけいい子になろうという残酷な行為が「未来志向」だというのか?
事なかれ主義の自民党内サヨク政治家どもめ!
「友好」とは、歴史を歪曲して祖先に濡れ衣を着せて平身低頭、謝って仲良くさせて下さいと経済援助させて頂くことか?
もはや奴隷だな。

「共同宣言」の折
金大中は、こんな
とんでもない発言をした。
今後、日本から
歴史認識について
「不愉快な雑音」が
聞こえてこないように
することを望む。
要するに韓国の民間人の
「日本はまだ謝罪も補償も足りない」
という声は「言論の自由」で保障されるが、
日本からの「日本の植民地支配は良い面もあった」
という発言は「不愉快な雑音」だから
弾圧しろと言っているのだ！
「日本からの雑音」とは何だ？
政治家のか？ 日本国民のか？
あきれたことに
官房長官(当時)の野中広務が
その発言をそっくりそのまま
受けて…
両国の歴史に
ついて神経を
いらだたす
ような発言が
ないように。
…と記者会見で発言。
その上でこうも
言ったのである。
韓国には
言論の自由があるから
民間にはいろんなことを
言う人がいる。
しかし政府としては
もう歴史認識の問題は
持ち出さない。
民
ダメ押しで
歴史の歯車
を逆に回す
ことが
ないように。
…と、気恥ずかしい
ような朝日新聞風の
コメントまで付け加えた。
そうまでしたのに
金大中はたった3年で
約束をホゴにした。
2001年、
「新しい歴史教科書をつくる会」
の教科書に修正要求を出す
という内政干渉をしたのだ。
日本のマスコミは韓国政府
の約束違反を一切責めず、
逆に「つくる会」の教科書に
原因があると責め立てた。
実は韓国の一般民衆は
教科書問題にはさほど
関心はなく、韓国の野党や
反政府マスコミだけが煽っていた
ということも、
日本では全く報道されなかった。
金大中は南北問題の行き詰まりや
経済不安で支持率低下、
翌年は大統領選挙もあるので
批判に抗しきれず
修正要求を出すに至ったのだ。
教科書問題が韓国内の
政争の具に使われたにすぎない。
歴史교과서 '곡' 또 狂風분다
歴史教科書再修正を
韓外相「両国に深刻な問題」
日韓外相会談
「つくる会」の歴史教科書
「新しい教科書」
韓国で特別展

金大中は、政権の支持率が20パーセントに急落、
北朝鮮との南北関係も停滞し、北に対して一方的に続けてきた「太陽政策」への世論の批判が強まっていた。
景気回復も遅れ、健康保険財政が破たん。このままでは政権交代は確実…
そこで金大中は支持率回復のために「対日強硬論」に転じ、国民のナショナリズムを満足させる手に出た。
これは韓国の内政問題なのだ！
困った時の反日ナショナリズム。
韓国社会の本質が見えてきただろう。
自分自身の弱さを見ない、自分の失敗をすべて日本のせいにする「小中華主義」の甘え。
金大中は、野党やマスコミの追及をかわすため、必死で反日政策を繰り出してくる。
これでもか！これでもか！
ここまで強硬にやったら支持率は上がるか――？
韓国社会の反日ナショナリズムは、そっくり盧武鉉が受け継いだ。
おそらく次の大統領になっても変わることはないだろう。
そしてついに米下院で〝性奴隷〟非難決議という事態だ。
今まで相手に合わせて、玉虫色の謝罪ことばや低姿勢と、あいまいな笑み、金だけ出してやってきた。
中国にも韓国にもアメリカにもなめられて…
自分本位・国益優先の勝負を避けてやってきた。
それももう限界だ！一度は「悪人」を引き受けて敢然と反論する覚悟を見せなければならない！

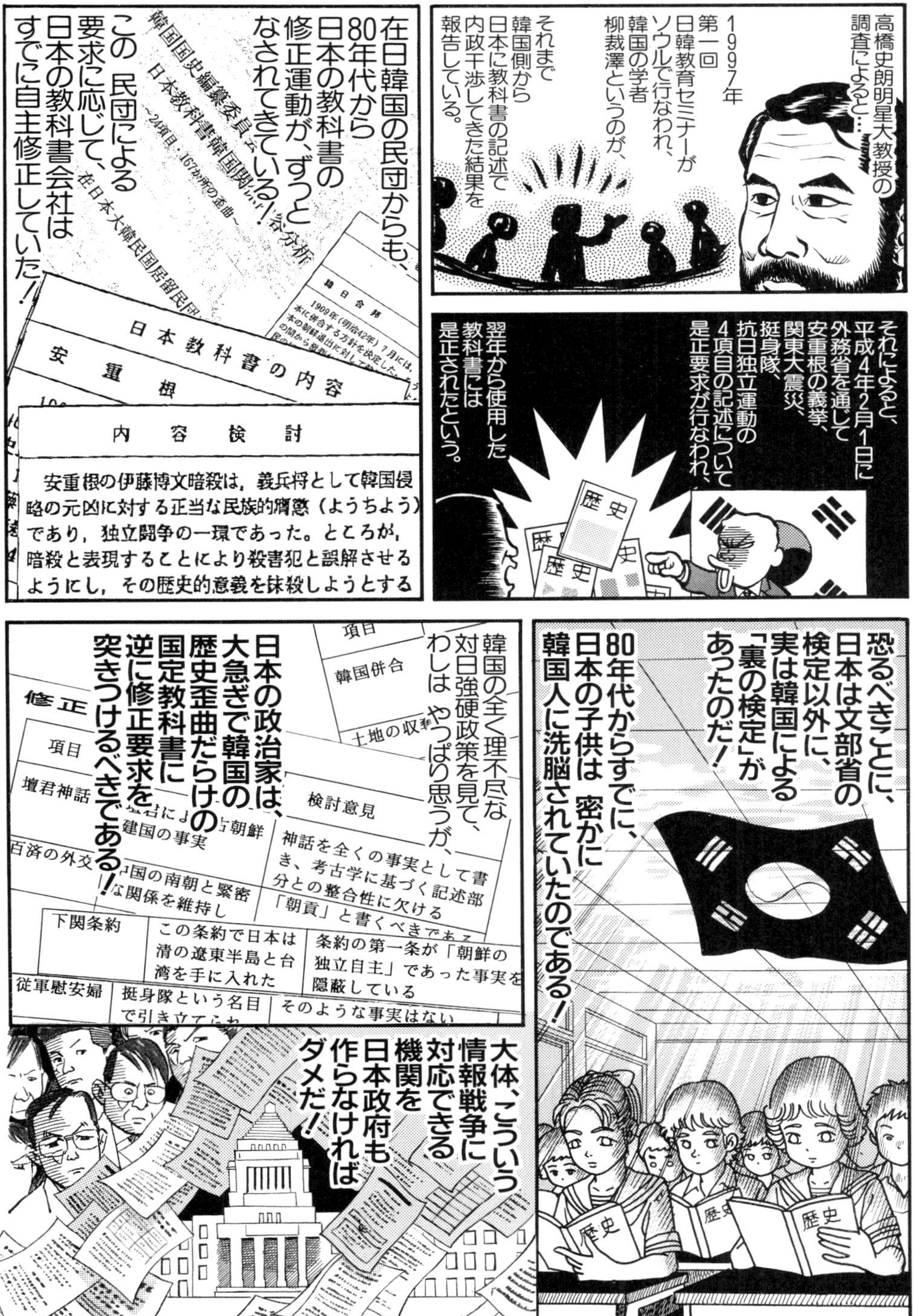

高橋史朗明星大教授の調査によると…
1997年第一回日韓教育セミナーがソウルで行なわれ、韓国の学者柳裁澤というのが、
それまで韓国側から日本に教科書の記述で内政干渉してきた結果を報告している。
それによると、平成4年2月1日に外務省を通じて安重根の義挙、関東大震災、挺身隊、抗日独立運動の4項目の記述について是正要求が行なわれ、
翌年から使用した教科書には是正されたという。
歴史
史
歴史
在日韓国の民団からも、80年代から日本の教科書の修正運動が、ずっとなされてきている！
韓国国史編纂委員会
日本教科書韓国関連記述分析
～24項目・167か所の歪曲～
在日本大韓民国居留民団
この民団による要求に応じて、日本の教科書会社はすでに自主修正していた！
韓日合邦
1909年（明治42年）7月には、本に併合する方針を決定した。本の朝鮮進出に対して
日本教科書の内容
安重根
内容検討
安重根の伊藤博文暗殺は，義兵将として韓国侵略の元凶に対する正当な民族的膺懲（ようちよう）であり，独立闘争の一環であった。ところが，暗殺と表現することにより殺害犯と誤解させるようにし，その歴史的意義を抹殺しようとする
恐るべきことに、日本は文部省の検定以外に、実は韓国による「裏の検定」があったのだ！
80年代からすでに、日本の子供は密かに韓国人に洗脳されていたのである！
歴史
歴史
歴史
韓国の全く理不尽な対日強硬政策を見て、わしはやっぱり思うが、
日本の政治家は、大急ぎで韓国の歴史歪曲だらけの国定教科書に逆に修正要求を突きつけるべきである！
項目
韓国併合
土地の収奪
修正
項目
壇君神話
検討意見
建国の事実
神話を全くの事実として書き、考古学に基づく記述部分との整合性に欠ける
百済の外交
国の南朝と緊密な関係を維持し
「朝貢」と書くべきである
下関条約
この条約で日本は清の遼東半島と台湾を手に入れた
条約の第一条が「朝鮮の独立自主」であった事実を隠蔽している
従軍慰安婦
挺身隊という名目で引き立てられ
そのような事実はない
大体、こういう情報戦争に対応できる機関を日本政府も作らなければダメだ！

知識人の中には、「歴史教科書はいらない 歴史教育はいらない」という暴言がある。
歴史
「一国平和主義」に脳の芯まで冒された馬鹿知識人どもは、「歴史事実 歴史解釈 過去の戦争をめぐる評価」が、国益を左右する武器になり得る時代に突入したということがわからない。
朝鮮半島と中国は、この先も「反日」を手離すことなしに、アイデンティティーを束ねられないだろう。
歴史
歴史
歴史
歴史を全く知らない日本人が、もう政治家にも、しかも自民党の中にも そして官僚にも及んでいる。
菅直人 鳩山由紀夫を見よ！
田中真紀子を見よ！
山崎拓 加藤紘一を見よ！
我々は子孫の代を守れるのか？
ごーまんかましてよかですか？
現在、日韓歴史共同研究などというムダなことをやっている。
「歴史を建て直す」という言葉を持ち、都合の悪い歴史は改竄するのが当然というのが韓国の歴史観だ。
日本人は日本人の歴史を大切にせよ。外国と共通の歴史なんかいらない！

攘韓篇
新ゴーマニズム宣言
SPECIAL
「従軍慰安婦」の真実

テレビで慰安婦問題について報道する時、結論はもう決まっている。
ここがヘンだよ日本人
日本大使館前で元従軍慰安婦の女性たちが抗議デモを行なっていた!
私は19歳で学校を卒業する25日前に日本軍に引っぱり出され仕方なく慰安所に行ったんだ!
日本人に便所と言われもうこれ以上我慢できない。
やっぱりあの時死んどきゃよかったんだ!
これ以上生きててもしょうがない。
もう死んでやる殺してくれ!

(TBS「ここがヘンだよ日本人」2001年5月17日)

彼女は60年間 胸の内に秘めていた 恨みを激しく語った。
もう死んでやる 殺してくれ
なんだ この人 黄錦周(ファン・クムジュ)じゃないか! 証言が ころころ変わる ので有名な人だ。
しかも、また 言うことが変わって いるじゃないか!
…まあ後で 説明しよう。
ところで 韓国の教科書では 従軍慰安婦について どう書かれて いるのだろうか。
慰安婦という言葉は 日本帝国の 民族抹殺政策という 項目に出てくる。
女性たちも 挺身隊という名で 戦地に連れていかれ、 日本軍の慰安婦と して犠牲になった。※
※1997年版中学国定歴史教科書の記述
完全な間違い…というか でたらめである! 日本が「民族抹殺政策」 なんて、やるわけない。 「挺身隊」というのは 日本でも戦時体制で 女性たちが 軍需工場などへ 勤労動員されていた ことではないか! 慰安婦とは関係ない!
韓国の子供たちは 日本の教科書問題について どう考えているのか?
歴史を 歪曲した ことは 大きな 過ちです。
日本は過去に 大きな過ちを 犯しました。
それを否定する ことには 憤りを感じます。
韓国の 慰安婦老人ホーム 「ナヌムの家」
福祉施設ナヌムの家
彼女たちに 「従軍慰安婦には 証拠がない」 という発言について どう思うのかを 聞いてみた。

証拠がないわけないだろう、私がいるじゃないの！
これ以上どんな証拠を出せというの！
「従軍慰安婦には証拠がない」発言について…
証拠がない訳ないだろう 私がいるじゃないの
確かにな…ここがヘンだよ日本人か…
テレビの作り手の頭がヘンだよ日本人！
なんとこの番組はこのシーンで突然終了した
テレビで慰安婦問題について報道する時、結論はもう決まっている。
おばあさんが被害者だと言って泣いているからいまわしい性犯罪があったのであり
加害者は旧・日本軍だ。
なにしろ旧・日本軍といえばこれは悪なのであり
そうでないなどと言ったら右翼なのだから。
従って日本は反省し、謝罪し賠償すべきで
子々孫々まで罪悪感を植えつけておくべきなのだ。
この決めつけ！異論を許さぬ空気のこわばり！
それは、まるで戦時中に「日本は敗ける」と言えない空気のこわばりがあったのとほとんど同じである！

王様は裸だ!
…と言った子供は…
右翼!
…と冷たい目で見られる。
わしのところには今でも市民団体やキリスト教の団体などから抗議文書が来る。
「論戦」でなく団体名での「抗議」という圧力のかけ方オウムと同じだ。
このような抑圧に堪えられる強い「個」をきみは持っているか!?
いつの時代も雰囲気だけで煽動《せんどう》されやすい大衆のほうが多いのは仕方がない。
ならば せめて国のエリート層だけでもしっかりしていればいい。」
ところが日本の場合、政府のトップが大衆以下の頭カラッポだったりする。
平成4(1992)年当時の首相宮沢喜一が韓国を訪問すると、
そこは轟然たる反日デモの嵐が吹きまくっていた。
宮澤謝罪せよ!
보상하라
일본
日本政府は慰安婦に謝罪しろ!
天皇の人形が焼かれ元慰安婦が座り込んで泣き叫んだ。

宮沢はその猛烈な「雰囲気」にすっかり飲まれた。
そして首脳会談で8回も謝罪と反省を繰り返した。
反省
謝罪
謝罪
謝罪
謝罪
謝罪
反省
謝罪
月刊『現代コリア』の西岡力《つとむ》氏が外務省の担当官に宮沢は慰安婦の「何に対して」謝罪したのかを問い質した。
すると驚いたことにこんな答えが返ってきた。
これから調査する。
さらに担当官はこんなことも言った。
あの人たちがひどい目にあったのは事実だから。
何が悪いのかもわからないまま、ただかわいそうな人がいる、怒っている人がいる、
それだけで謝罪6回反省2回
首相も外務省もガキの使い以下の頭カラッポだった。
それにしてもなぜ韓国人はこんな激烈な反日デモで宮沢を迎えたのか?
私の戦争犯罪
吉田清治
朝鮮人強制連行
その発端は吉田清治という老人の1冊の本だった。
私は昭和18年軍から「女子挺身隊二百名」を集めよとの命令を受け
歩兵10人と韓国の済州島で「アフリカの黒人奴隷狩りと同様の狩り立て」をした。
泣き叫ぶ若い女性や赤ん坊を抱いた母親に銃剣を突きつけて路地に引きずり出しトラックに乗せて連れ去り
そして慰安婦にした…
吉田は自ら韓国に出かけて「謝罪の碑」まで建てその本は韓国語に訳された。
나는 조선사람을 이렇게 잡아갔다

ところが「慰安婦奴隷狩り」をしたとされる済州島の住民はこれを読んで口を揃えた。
デタラメだ！
済州島
村の老人たちは…
私たちの村でそんなことが1人でもあれば私の耳に入っているはずだ。
そんなことは絶対なかった。
地元の郷土史家は…
この本は日本人の悪徳ぶりを示す軽薄な商魂の産物と思われる。
世の中には真顔で涙まで流して全くウソの話をしゃべれる人種がいることをオウム事件で知った人は多いだろう。
吉田清治もそんな「詐話師」の1人だった！
だが済州島の声は韓国全土には伝わらなかった。
韓国には「日本が悪い」という話なら何でも飛びつく人がいるからだ。
特に「女子挺身隊を集めよと命令された」というウソは巧妙に韓国人の心をつかんだ。
「挺身隊」は軍需工場などへの勤労動員であり慰安婦とは何の関係もないのは前述したとおりだが、
「挺身隊」は日本政府による動員だから、もしその名目で募集して慰安婦にしたら日本政府が騙したということで大問題になる。
だがそんな事実は一切ないのだ！
ただ戦時中に、反日運動家が「挺身隊という名で慰安婦にとられる」というデマを流しており多くの人がそれを漠然と覚えていたため、
このウソ話で「やっぱり、あの話は本当だったのか」…と思ってしまった。

日本にも「日本が悪い」という話なら何でも飛びつく人がいる。
朝日新聞はウラも取らず吉田清治を頭から信じ込んで記事にした。
国会では社会党の議員が吉田証言を信じきって居丈高に政府を責め立てた。
だが政府には何の危機感もなく、吉田証言の真偽を確かめようともせず加藤紘一官房長官（当時）はこんなあいまいな答弁でお茶を濁した。
軍は関与していなかった。
日本の運動家はわざわざ韓国で「被害者募集」をして東京地裁で「慰安婦裁判」を始め、
その訴状に「吉田証言」を重用した。
裁判所
そして宮沢首相の訪韓5日前、朝日新聞1面トップにこんな見出しが躍った。
朝日新聞
1992年（平成4年）1月11日 土曜日
慰安所 軍関与示す資料
防衛庁図書館に旧日本軍の通達・日誌
部隊に設置指示
募集含め統制・監督
参謀長名で、次官印も
「民間任せ」政府見解揺らぐ
当然、これで誰もが「慰安婦奴隷狩りに軍が関与した証拠が見つかった！」と思った。
かくして宮沢を反日デモが大歓迎したのである。
日本政府は慰安婦に謝罪しろ！
訪韓5日前というタイミングを狙いすましたこの記事は朝日・反日謀略結社の最高傑作だった！

◀平成4（1992）年1月11日付

なにしろ、この記事の「軍関与示す資料」とは
◀『従軍慰安婦資料集』吉見義明編・大月書店P107
副官ヨリ北支方面軍及中支派遣軍
参謀長宛通牒案
ケル慰安所設置ノ為内地ニ於テ
募集スルニ當リ故ラニ軍部諒解
用シ為ニ軍ノ威信ヲ傷ツケ且ツ一
解ヲ招ク虞アルモノ或ハ従軍記者、慰
シテ不統制ニ募集シ社會問題ヲ
虞アルモノ或ハ募集ニ任ズル者ノ人選適
募集ノ方法誘拐ニ類シ警察當局
ニ検挙取調ヲ受クルモノアル等注意ヲ要スルモノ
少カラザルニ就テハ将来是等ノ募集等ニ當リテハ
派遣軍ニ於テ統制シ之ニ任ズル人物ノ選定ヲ
周到適切ニシ其實施ニ當リテハ関係地方ノ憲
兵及警察當局トノ連繋ヲ密ニシ次テ軍ノ威信
保持上並ニ社會問題上遺漏ナキ様配慮
なんと実は「慰安婦を斡旋する業者が人さらいまがいの募集をやっているようだが、軍の威信に関わるから厳しく取り締まれ」という内容だったのである！
「強制連行が起こらないように軍が関与した」という資料だったのである！
それを「強制連行に軍が関与した」と、180度ひっくり返してみせたのである！
なんという謀略の朝日新聞！
宮沢には「国を守る」という意識が全くない。
もし、それがあればどんなに相手が怒ろうと事情がわからなければ「速やかに調査する」だけで通しただろう。
8回も謝罪と反省を表明しておいて、あとで
あれは詐話師のウソ話だったからあの時の謝罪ナシね♡
なんてことが国際社会で通用するわけがない。
これで事実上、政府は「日本軍は朝鮮半島の女性を『挺身隊』の名目で奴隷狩りして慰安婦にした」と認めたことになった！

「国を守る」意識が
カケラもないのは
外務省も同じだった。
西岡力氏が
担当官に
吉田証言についての
見解を尋ねると
こんな答えが
返ってきたという。
本人が
言っているのだから
ウソではない
のではないか。
宮沢は「真相解明」を
約束して帰国したが、
いくら調べても
「強制連行」の証拠は
出てこなかった。
当たり前だ。
では、現実の
慰安婦とは
どういうもの
だったの
だろうか？
日本には昭和33（1958）年まで
公娼制度
…つまり「公認の売春」
という制度があった。
それまでは
売春は
合法だった。
そしてその頃までは
日本は貧しかった。
戦前は
凶作が続けば
娘の「身売り」が
問題となった。
テレビドラマ
「おしん」でも
主人公は山形の
小作農家の娘で、
貧困のため
小学校にも
行けず、
コメ一俵で
子守に出された。

おしんは紙一重の差でまぬがれたが、
子守から女給
あるいは女工
仲居などを経て…
娼婦へと身を沈める者は多かった。
朝鮮半島は日本本土よりさらに貧しく
同様に娘の身売りが行なわれた。
朝鮮では身売りされた娘は業者の「養女」となり…
キーセンの修業をするという形式が多かった。
「キーセン」とは日本の芸者のようなものだが
大部分は半芸半娼といった存在だった。
「人権」の観念も「フェミニズム」の観念もない貧困の時代、
体を売り家族を支えた多くの女性たちがいたのである。
一方、「軍隊と性」は古今東西切っても切れないリアルな問題である。
正史に出て来る話ではないがちょっと裏面史をひもとけば、
いつの時代も駐屯軍には周辺の売春宿、
遠征軍には同行する娘子軍《じょうしぐん》のエピソードに事欠かない。

元陸軍大尉・中村八朗氏の『シンガポール収容所』には、こうある。
女がいないと血気盛んな男達は多かれ少なかれおかしくなるのだ。軍隊ではそれがこわいから、占領地には必ず慰安所というものを作って金で買える女性を置いた。（中略）内地には公娼というものがあって、困った男達を金でひきうけていてくれるのだから、戦場で兵隊相手の女性達の家を作っても不思議はなかった。外国軍隊は文明の名においてそれをやらないから、占領国の婦女子が暴行されたり、強引に恋人にされて堕落させられたりしていた。そんなことを、私達は敗戦後のスマトラやマレーで見て来た。
ドイツも慰安所を作っていたし「文明国」のアメリカも兵隊の間に性病が蔓延したのに懲りて、ベトナム戦争の時は日本と似たシステムの軍が関与する売春宿を作った。
慰安所は占領地の性犯罪や性病を減らすためには確実に有効であったのだ。
それでもあちこちで日本兵は強姦してたじゃないか！
…などとサヨクは言っているがそれは…
警察がいても犯罪が起こるじゃないか！
…と言ってるようなもの。
この平和時の日本でも警察も風俗業も一切なくなったらどうなるか考えろ。
何の犯罪だって完全に根絶はできない。
少しでも抑止力のある方法を採るしかないのだ！
当時、慰安婦は戦場には貴重な存在だったから慰安所の設営や管理には当然、軍が関与した。
悪質な業者に搾取されないよう配慮し、性病の蔓延を防ぐため衛生面にも気を配った。

ではここで終戦当時の資料に記された慰安婦の生活実態を見てみよう。
旧日本軍、元慰安婦、どちらの当事者側の立場でもない、中立的資料がある。
従軍慰安婦資料集
「アメリカ戦時情報局心理作戦班 日本人捕虜尋問報告 第四九号」
第一三部 連合国軍による調査報告・指令
一 ビルマ
アメリカ戦時情報局心理作戦班
日本人捕虜尋問報告
ビルマを占領したアメリカ軍が慰安婦を尋問し、まとめた報告書である。
第三者むしろ敵である連合国軍の報告書だ。
客観性真ぴょう性は充分！
まずは尋問した慰安婦の「性向」ってのを見てみよう。
尋問により判明したところでは、平均的な朝鮮人慰安婦は二五歳ぐらいで、無教育、幼稚、気まぐれ、そしてわがままである。慰安婦は、日本人的基準からいっても白人的基準からいっても、美人ではない。とかく自己中心的で、自分のことばかり話したがる。見知らぬ人の前では、もの静かでとりすました態度を見せるが、「女の手練手管を心得ている」。自分の「職業」が嫌いだといっており、仕事のことについても家族のことについても話したがらない。捕虜としてミッチナやレドのアメリカ兵士から親切な扱いを受けたために、アメリカ兵の方が日本兵よりも人情深いと感じている。慰安婦は中国兵とインド兵を怖がっている。
▷ビルマの捕虜収容所でカール・ヨネダ軍曹の尋問を受ける慰安婦
んー
なるほどねー…
じゃ、次は兵士の態度。「性奴隷」として扱ってたのか？
慰安婦の一人によれば、平均的な日本軍人は「慰安所」にいるところを見られるのをきまり悪がり、彼女が言うには「慰安所が大入り満員で、並んで順番を待たなければならない場合には、たいてい恥ずかしがる」そうである。
なんだかわかるなーそれ…
しかし結婚申し込みの事例はたくさんあり、実際に結婚が成立した例もいくつかあった。
え？結婚？
「性奴隷」と結婚なんてありうる？

すべての慰安婦の一致した意見では、彼女たちのところへやって来る将校と兵士の中で最も始末が悪いのは、酒に酔っていて、しかも、翌日戦線に向かうことになっている連中であった。
これもわかるなー。
最後の夜かもしれないんだもんな…
しかし同様に彼女たちが口をそろえて言うには、日本の軍人は、たとえどんなに酔っていても、彼女たちを相手にして軍事にかかわる事柄や秘密について話すことは決してなかった。
それなりに節度をもって慰安婦と接してたんだな。
日本の軍人たち…
どうも「性奴隷」といった様子は見えないが…
他のとこも読んでみよう。
さらにまた、尋問が明らかにしているところによれば、これらの慰安婦の健康状態は良好であった。彼女たちはあらゆるタイプの避妊具を十分に支給されており、また、兵士たちも、軍から支給された避妊具を自分のほうから持って来る場合が多かった。慰安婦は衛生に関して、彼女たち自身についても客についても気配りするように十分な訓練を受けていた。
軍による慰安婦のための「よい関与」が実際実行されていたのが見てとれる。
一九四三年の後期に、軍は借金を返済し終わった特定の慰安婦には帰国を認める旨の指示を出した。その結果、一部の慰安婦は朝鮮に帰ることを許された。
あり?
サヨクは廃業・帰国の自由がなかったって言ってたけど…
慰安婦は接客を断る権利を認められていた。接客拒否は客が泥酔している場合にしばしば起こることであった。
ありり?
客は拒めなかったとも言ってたけど…
ちゃんと第一次史料を読んでいるのか?
この調査書、当時アメリカ軍では争ってまわし読みされたんだそうだ。
やっぱ記述がリアルでおもしろいもんな。
このレポートに「生活および労働の状況」という項目があり、実にくわしく生活状況が書いてある。
さあ「慰安婦」が置かれた境遇とはホントに「性奴隷」だったのか?
米軍が調査した慰安婦の生活とはこうだ!!

生活および労働の状況

ミッチナでは慰安婦たちは、通常、個室のある二階建ての大規模家屋（普通は学校の校舎）に宿泊していた。それぞれの慰安婦は、そこで寝起きし、業を営んだ。彼女たちは、日本軍から一定の食糧を配給されていなかったので、ミッチナでは「慰安所の楼主」から、彼が調達した食料を買っていた。ビルマでの彼女たちの暮らしぶりは、他の場所と比べれば贅沢ともいえるほどであった。この点はビルマ生活二年目についてとくにいえることであった。食糧・物資の配給量は多くなかったが、欲しい物品を購入するお金はたっぷりもらっていたので、彼女たちの暮らし向きはよかった。彼女たちは故郷から慰問袋をもらった兵士がくれるいろいろな贈り物に加えて、それを補う衣類、靴、紙巻きタバコ、化粧品を買うことができた。

彼女たちはビルマ滞在中、将兵と一緒にスポーツ行事に参加して過ごし、また、ピクニック、演芸会、夕食会に出席した。彼女たちは蓄音機をもっていたし、都会では買い物に出かけることが許された。

TVの討論番組でゴー宣に抗議してきた市民団体にこの資料を読んで聞かせると全員意外そうな顔して黙りこんでしまった。
それでも「性奴隷派」の最高権威・吉見義明中央大教授はこの資料についてこう言う。
この記録は女性たちの奴隷状態をつかめなかったことを示すものだ。
この記述が意味しているのは、「許しがなければ外出できなかった」ということだ。
なんだこりゃ?「ホントは性奴隷だったのに米軍が実態をつかめなかったことを示す資料だ」と言いたいらしいが……
そう判断できる根拠はどこにあるんだ!?
誰が見たってこれだけ待遇よけりゃ奴隷状態なんて思いようがないだけだ!!
吉見氏と共闘する女性ライターは
この資料、もっと悪いように悪いように取らなきゃいけないの?
と聞くと、
はい
と言い切った。
吉見氏は歴史学者のくせに歴史資料をねじ曲げてでも日本を悪者にしたがる…
その熱意がわしには理解できん。
「運動家」がそれをするのはわかるが「学者」がそれやっていいのか!?
吉見氏は慰安婦の徴募について、
まだよくわかっていない。
政府資料が公開されていない。
と、いまだに「強制連行」に含みを残している。
「終戦時に資料は焼かれた」なんて言う者もいるが、
慰安婦は数万人もいたんだ
「強行連行」の資料を一枚のこらず焼却するなんてことができるわけがない。
最近じゃこんなことまで吉見氏は言い出す始末だ。
「いい仕事がある」と騙されて北朝鮮に拉致された人もいる。
「いい仕事がある」と騙されて慰安婦にさせられた人もいる。
だから北朝鮮拉致と慰安婦は同じ。慰安婦に謝罪せよ。
北朝鮮拉致は国家犯罪!
しかし慰安婦はちが〜うっ!!
ふー!
ふー…
ふー
ガキ以下のヘリクツをへーきで言うからなァ…
つかれるわ…

すでに、貧困から娼婦の世界に身を沈めていた者にとっては、稼ぎ先が国内の遊廓だろうが戦地の慰安所だろうが大差ない。
むしろ国内で悪質な業者に引っ掛かるよりは軍が手厚く関与してくれる慰安所のほうがよかった。
戦地だから危険もあるが
その分、収入は多い。
当時の大卒者の10倍
兵隊の100倍の収入を
得ていた者も多く
2～3年で
故郷に家が建った。
貧困のために身を売るしかなかった境遇は悲劇ではあるがそんな中でも人は案外、強く生きていく。
サヨクは暗黒・悲惨の一色に染めたがるが人間そんなに単純じゃない。
軍性奴隷
例えば慰安所の前に列をなした兵隊の姿に「なんて非人道的な！」とサヨクは顔をしかめるが、元軍医・鈴木俊雄氏の『回想のフィリピン戦線』ではその列の先にこんな光景が描かれている。
電話ボックスぐらいの切符売り場があって、兵隊十七、八人列を作っている。（中略）一つをのぞくと、女は顔を横に向け、寝たままでラーメンをすすり、股をひろげている。兵隊は、ほんの五、六秒ですませ次の番、いかにもすさまじい風景を〈巡察〉した。巡察衛生将校は、兵隊にゴムを使うよう強調するのも任務の一つであった。

主導権は慰安婦にあり、むしろ兵隊のほうがなけなしの金でみじめな性を買っていたことが多かった。
昔も今もスケベだから買う男がいて、高収入だから売る女がいる。
貧困ゆえに売らなければならない女もいる。
戦争やってる最中にわざわざ兵隊を動かして「奴隷狩り強制連行」をする必要などなかったのだ。
よく言われる「慰安婦の大半が戦争に巻き込まれたり置き去りにされて死亡」というのもウソで95%が生還している。
慰安婦と戦場の性
秦郁彦
引き揚げのどさくさに稼ぎを業者に持ち逃げされたり軍票で持っていて無一文になった者もいるが、ゴールドに換えて故郷に持ち帰った者もいる。
ただ、そういう人はテレビに出てこない。
貧困の時代があった！
それをなかったことにしてしまっては歴史の真実は見えてこない！
日本軍がいてもいなくても貧困の時代はあった。
親は娘を業者に売って売られたことの意味を娘も知らず客をとらされた時に自分の不幸な運命を知った。
そんな、悲しい時代があったのだ。

朝鮮半島では戦後もずっと貧困が続いた。
韓国が高度経済成長を遂げたのはほんの25年前のことである。
経済発展には外貨獲得が必要だが観光資源も乏しい。
そこで韓国は80年代まで世界にも例を見ない政府の行政機関が体系的に監督する組織的な売春観光…「キーセン観光」を奨励した！
臨戦体制下のキーセン・パーティ
そこでは著名人や教授たちが、こう説いた。
外貨獲得という聖戦のためにはどんな犠牲も甘受しなければならない！これは売春ではなく愛国行為の発露だ！
キーセン（といってもほとんどが芸のできない専業の娼婦）たちは、政府の行政機関が協賛する教養講座の受講を義務づけられた。
わしが子供の頃、近所のおっさんたちが下品な笑みを浮かべてささやいていたものだ。
韓国に行ってきたバイ。
またねアンタ…
情が厚かもんなァあっちの女はへっへっへ…
大人の世界は汚いなァなどと思って軽蔑してたものだが…
途上国では仕方のないことでこのスケベな大人たちがいなければ困る人たちも多くいたのだ。
日本にも戦後すぐの頃はパンパンという、GHQにぶら下がる女たちがいた。

韓国のキーセン旅行の実態など、当時の大人向けの雑誌を開いてみれば、いくらでも出てくる。
わし自身もいろんな話を聞いて知っている。
酒池肉林の妓生パーティ
韓国人の好色の旅
韓国の代表的総合誌もついに
妓生パーティ「好色動物団」
しかし、韓国でこのことを大っぴらに言う人はいない。当然である。
貧困のために自国の女性が身を売ったことなど普通は隠すものだ。
慰安婦も同じで、単に貧困のために身を売ったという話なのだから、本来、韓国の人たちもわざわざ言い立てたりしたくなかっただろう。
それを騒がねばならなくなったのは吉田清治のウソ話「〈挺身隊〉の名目で奴隷狩り」のせいにほかならない！
宮沢謝罪の半年後日本政府は「第一次調査結果」で、
強制連行を裏づける資料は見つからなかった。
誠心誠意、探して見つからなかった。
…と発表した。
それに対して韓国政府は「中間報告書」を発表。
アフリカでの黒人奴隷狩りに似た手法で慰安婦を集めた。
と断じた。
その根拠は例によって唯一！「吉田証言」だった。
韓国政府は未だ「最終報告」を出していないしこの報告書の訂正もしていない！
現在も「吉田証言」による「慰安婦奴隷狩り」が正式見解である！
私の戦争犯罪
吉田清治

冒頭に出てきたテレビ番組では'01年の検定で日本の中学教科書から慰安婦の記述が消えたことをさもひどいことのように印象づけていたが…
ここがヘンだよ日本人
実は韓国の教科書に慰安婦が載ったのは1997年。
국사
日本のほうが早い！
中学社会
慰安婦問題はあくまでも日本発だということを如実に表している。
女性たちも挺身隊という名で戦地に連れて行かれ、日本軍の慰安婦として犠牲になった。
見事に吉田証言に沿ったウソ記述だ。
日本では吉田証言がウソだとバレて以降、それまで吉田清治を信じきっていた左翼運動家は全員ヌケヌケと
「吉田証言なんか問題の本質ではない」
と声を揃え、
「問題は広義の強制性」と
論点をスライドさせてごまかそうとしている。
韓国の教科書にどう書かれていたか、もう一度見てみよう。
위안부
だったらそれを韓国で言って納得させてこい！
テレビなどでもよく言われる。
慰安婦の大半は朝鮮女性。
というのも全くのウソで、最も多かったのは日本内地の女性で
朝鮮人はその半分くらいしかいなかったのだ！

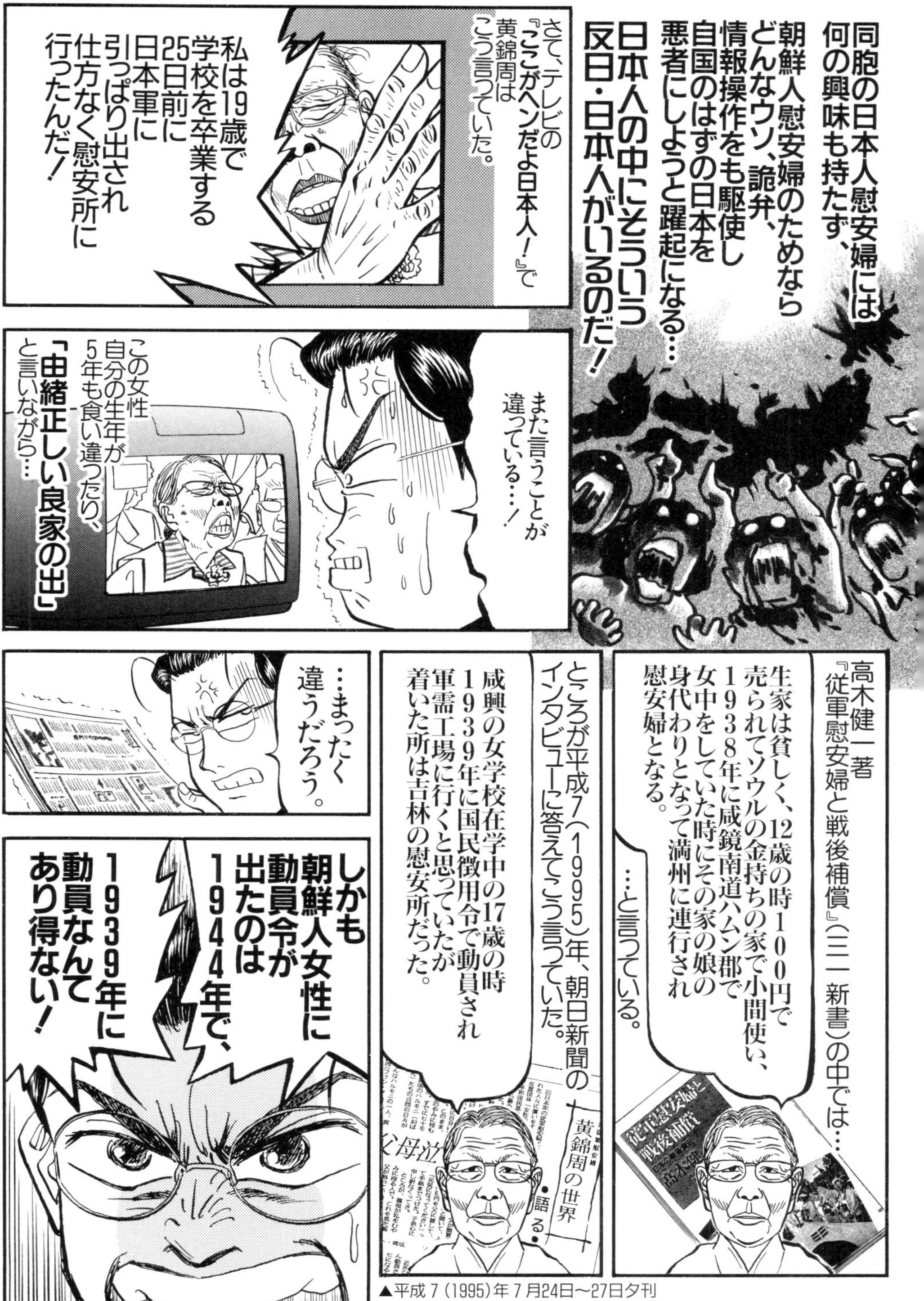
同胞の日本人慰安婦には何の興味も持たず、朝鮮人慰安婦のためならどんなウソ、詭弁、情報操作をも駆使し自国のはずの日本を悪者にしようと躍起になる…
日本人の中にそういう反日・日本人がいるのだ！
さて、テレビの『ここがヘンだよ日本人！』で黄錦周はこう言っていた。
私は19歳で学校を卒業する25日前に日本軍に引っぱり出され仕方なく慰安所に行ったんだ！
また言うことが違っている…！
この女性自分の生年が5年も食い違ったり、「由緒正しい良家の出」と言いながら…
高木健一著『従軍慰安婦と戦後補償』（三一新書）の中では…
生家は貧しく、12歳の時100円で売られてソウルの金持ちの家で小間使い、1938年に咸鏡南道ハムン郡で女中をしていた時にその家の娘の身代わりとなって満州に連行され慰安婦となる。
…と言っている。
従軍慰安婦と戦後補償
ところが平成7（1995）年、朝日新聞のインタビューに答えてこう言っていた。
咸興の女学校在学中の17歳の時1939年に国民徴用令で動員され軍需工場に行くと思っていたが着いた所は吉林の慰安所だった。
黄錦周の世界
●語る●
…まったく違うだろう。
しかも朝鮮人女性に動員令が出たのは1944年で、1939年に動員なんてあり得ない！

▲平成7（1995）年7月24日～27日夕刊

黄錦周は朝日新聞のインタビューでこう証言した。
ラッパの音で目が覚め将校の部屋に連れて行かれ銃剣でチマを切り裂かれた。最初の一年はその将校専属で昼間は兵卒の看病もした。三年目からは部隊内の慰安所で兵卒の相手。クリスマスには特に相手が多かった。カネは受け取っていない。そのまま部隊で終戦を迎えた日本兵は軍服を脱ぎ捨てて逃げて行った。
これについて元軍人のじっちゃんから「100%嘘」と断言する手紙をもらった。
そもそも黄錦周がいたという「吉林」には軍の慰安所は一カ所もなかったのだ!
吉林は満州の五大都市の一つで戦場でも何でもない!!
歓楽街があり日本と同様 公娼制度が導入され朝鮮人経営の妓楼《ぎろう》だけでも5軒が営業していた。
そんな街に駐屯する軍が部隊内に慰安婦を閉じ込めておくなどあり得ると思えるほうがどうかしている。
銃剣は突き刺すことしかできない。
キュー
キュッ
チマを「切り裂く」のは不可能。
軍医も衛生兵もいる部隊で、慰安婦が兵卒の看病などするはずがない。

クリスマスに客が増えた？
日本軍にクリスマスなんかあるか！
日本兵は軍服を脱ぎ捨てて逃げた？
何を着て逃げたんだ？
日本軍には私服の用意はない！
こうなると、この人物本当に日本軍の慰安婦だったのかさえ怪しくなる。
「部隊内に慰安所」
「慰安婦が兵卒の看病」
「兵隊が軍服脱ぎ捨てて逃げた」
これすべて、中国軍ならあり得た話じゃないか！
そんな話を朝日新聞は疑いもなく載せこんなことまで書いた。
あそこをなめろと命令されたこともあった。「クソを食ったほうがましだ」っていったら、殴られて無理やりさせられた。
…で、これが学校で授業に使われるのだ。
中2の時に夏休みの課題でこれを読んだという『ゴー宣』読者の女子高生は手紙にこう書いてきた。
私はこの時、初めてフェ〇チオという言葉を知りました。日がたつごとに位の低い軍人に相手が変わったとか…もうその内容はレイプポルノ小説と思うほどで、それを読んで泣き出してしまう子もいました。
他にも朝日は「ここまでやるか？」と思うほどの記事で、私は悲しくなりました。

そして慰安婦問題なんか調べてみる気もないテレビは、口からデマカセを叫び「私が証拠だ!」と言い張る黄錦周を絶対の正義にして放映する。
この前はCBSニュースにも映っていた。
こんなのを根拠に日本は世界中に「性犯罪国家」としてひたすら宣伝されていくのである。
嗚呼《ああ》・・・
ごーまんかましてよかですか?
慰安婦は性奴隷ではない。「世界最古の職業」の話でしかない。
60年以上も前の日本軍に関わるそれだけを「人権問題」にフレーム・アップしてるヒマがあったら、
今現在、世界中で行われている売春を問題にしたらどうだ?

攘韓篇
新ゴーマニズム宣言
SPECIAL
「河野談話」はこうして作られた

韓国の公式見解にまで採用された証言者吉田清治はマスコミにしばしば登場して「強制連行の非道な体験」を語り、
吉田清治さんの誠実な告白は
の人々の胸を打った
Participants were touched by the honest confession of Mr. Seiji Yoshida.
産経新聞の報道でウソが暴かれた後も悪びれることなく、
同行取材したテレビ局に旅費の一部を出させた。
今こそ自ら謝りたい
連行の証言者、7日
慰安婦問題
吉田清治さん
…と言って韓国へ謝罪行脚に出かけ…
元慰安婦は次々来日してはテレビ・雑誌・講演会で
私はこうして日本軍に強制連行された!
強制連行された
…と証言する。
こうして日韓両国において、
日本軍は慰安婦奴隷狩りをやった
…が一般常識として固定されていく…

韓国では慰安婦奴隷狩りを「実録ドラマ」と称してテレビ放映、
大多数の国民にそのイメージが徹底して刷り込まれた。
当時を知っている老人や誠実に史料に当たった知識人からは、それは事実じゃないという声も上がった。
するとたちまち罵声が飛んだ。
親日派!!
はっきり認識しておいたほうがいい。
韓国で「親日派」という言葉は「売国奴」「裏切り者」を意味する!
このレッテルを貼られたら社会的地位はおしまいという言葉なのである。
中国でも同じで台湾の外省人（在台中国人）は金美齢《きんびれい》氏にまるで鬼の首でも取ったかのように言った。
あんた親日なんだろ?
こんな意識でいる人を相手に「日韓友好」だの「日中友好」だのが本気で成り立つと思っている人は本当におめでたい。
日中友好
日韓友好

この騒動をどう収めるか、
平成5(1993)年日韓の密室外交が始まった!
この時には韓国政府もさすがに「強制連行は虚構」とわかっていた。
だが、あまりにも熱狂的に盛り上がってしまった韓国内の世論の手前、それを認めるわけにはいかない。
もし、認めたら「対日外交に敗北!」「弱腰外交!」
轟々《ごうごう》たる非難を浴び発足間もない金泳三政権が揺らぐおそれすらあった。
そこで韓国側は、補償は一切求めないから「強制連行」だけは認めてくれと遠回しに打診してきた。
そもそも、この問題は韓国人が始めたわけじゃない。
従軍慰安婦に謝罪せよ!
日本人が火をつけ…
朝日新聞
日本の新聞が油を注ぎ…
日本の首相が謝ったのだ。
譲歩すべきは日本のほうだろう…と
日本政府は「補償を求めない」という申し入れに渡りに船と飛びついた。
金さえ出さずに済むならば、頭はいくら下げても減らないと言わんばかりの卑屈さ。
やってもいない犯罪を国家の名で認めてしまったらどうなるか、
そんなことは誰も考えなかった。

交渉に当たった当時の官房副長官石原信男は後に言った。
それを日本政府が認めることでおさまるとそういう感じでした。いかなる意味でも金銭的な要求は韓国側は考えていないと言っていましたから。
こうして真実とは全く別に「河野官房長官談話」の作成が始まった。
政治的取引の産物とはいえ表向きは証拠に基づいたように見せかけなければならない。
でも証拠なんかどこにもない。
そこで体裁を整えるため、日本政府は韓国人慰安婦証言のヒアリングを行なった。
一行は支援団体やマスコミにもみくちゃにされ怒号の中で屈辱のヒアリングをした。
まず謝罪しろ!
宮沢はヒアリングの報告書が出来ると、
読みたくない!
…この男は、自分の責任から逃げ続けた。
真相解明のためではない。
あくまでも政治的セレモニーである。
元慰安婦が何を言おうがどんなに発言が矛盾しようが何一つ問い質さない。
ただただ聞くだけ!

このヒアリングと、韓国の慰安婦支援団体が出版した「証言集」。
その2つだけが「河野談話」の謝罪の「証拠」ということになった。
ただしヒアリングは未だ公開されていない。
当時の外政審議室長は言った。
余りにもオドロオドロしいので出しませんでした。
そのまま信ずるか否かと言われれば疑問はあります。
証拠能力がないのがバレバレで出すに出せないと白状しているようなものだ。
一方の支援団体が作った「証言集」も事情はそう大差はない。
例えば「慰安婦裁判」原告第一号・金学順（キム・ハクスン）の身の上話は、以前に作られた訴状などではこうなっている。
貧困のため40円で売られて養女となり、キーセン修業。「金儲けができる」と養父に連れられ中国へ行き養父と別れて慰安所に入れられた。
これを聞いて、韓国人はあっけにとられた。
なんでこの人が日本を相手に訴訟やってるの？
そりゃそうだろう。誰でも知ってる典型的な娼婦の身売り話なのだから。
これは「慰安婦強制連行」を隠蔽《いんぺい》するための日本の内閣調査室の陰謀か？
…とまで言われる始末だった。

すると、後になって出たこの「証言集」で突然こんな身の上話が「追加」された。
北京の食堂で日本の将校にスパイと疑われ強制連行された。
…こんなのが日本政府が謝罪する「証拠」にされたのである。
朝日新聞は金学順がキーセン出身なのを隠蔽し、
それどころか「女子挺身隊の名目で戦場に連行された」と全くのデマを載せた。
思い出すと今も涙
韓国の団体聞き取
◀平成3年8月11日
驚いてはいけない。その記事を書いた植村隆記者は、金学順らの裁判を支援する団体の幹部の娘婿である。
親戚の運動のために新聞でデマを書いたのだった。
慰安婦がよくテレビで泣き叫んでいる。
私は騙されて慰安婦にさせられた——っ
強制連行されて監禁されて慰安婦にさせられた——っ
かわいそうにとは思う。
しかし騙したのは誰か?
強制連行したのは誰か?
それは本当に日本軍だったのか?

「日帝」時代から34年後、キーセン観光が盛んだった1979年、麗水市がキーセン250人に行なったアンケート結果がある。
それによるとこの世界に足を踏み入れた動機は…
「友人に誘われて」「虚栄心から」が共に20％
「金を稼ぐため」が18％
「恋人に裏切られて」が15％
そして…「よい職場があると騙されて」というのが25％
25％！
一番多いのである！
韓国では1979年のキーセン観光時代でも甘言を弄する「女子従業員募集」のニセ広告で女性をおびきよせて売り飛ばす密売組織は釜山だけで10を数えた！
売り飛ばされた少女は監禁生活を強いられる。
「夜一時になると出入口を閉めて、鍵を警備員が持って行ってしまう。昼間は案内員が出入口の前を見張って外出を監視する。窓は鉄格子がはめられていて逃げ出すことはできなかった。風呂に行くときは見張りをつける」。なにも知らず臆病な幼い少女たちは、この程度の締めつけで簡単におじけづいてしまう。こんな監禁生活をひと月ぐらいさせ、無理に売春行為を続けさせると、大部分の少女たちは自暴自棄になりプロの売春婦になってしまうのである。
（『キーセン観光 実態報告書』）
アジア問題シリーズ②
キーセン観光
実態報告書
韓国教会女性連合会編
山口明子訳
기생관광

韓国では1990年代でも年間400人以上の女性が失踪し私娼街に売り飛ばされていた。
まして戦時中はどれだけ悪質なブローカーが暗躍したかわかったものではない。
日本軍はなるべく悪徳業者を排除しようとしていたのだが。
泣き叫ぶ元慰安婦はおそらく悪質な業者に引っ掛かって悲惨な目にあったのだろう。
それは韓国では戦後も延々繰り返された悲劇なのだ。
そういうおばあさんにはせめて心安らかな老後を過ごしてもらうべきじゃないのか?
そんな不幸なおばあさんに近寄り、その不幸の原因をすべて日本に転嫁するように仕向けテレビでさらし者にして、
自分たちの反日活動の道具にしている市民団体は、
自分たちのやっていることがどれだけ残酷なことなのか少しは自覚したらどうなのか!?
日本政府は
元従軍慰安婦に
日本は国家補償を
「河野談話」に話を戻そう。
日韓政府間の密約でとにかく証拠なんかどうでもいい。
なんでもいいから謝罪すると決まっていた。
あとは文面の「落とし所」を探る駆け引きが続いた。
強制連行…認めていそうでなさそうで…
どーーとでもとれるできる限り玉虫色の表現が練られた。

「強制連行」という言葉は一度も使わずこんな文章が盛り込まれた。
本人たちの意思に反して集められた事例が数多くあり
これは韓国側から見れば「奴隷狩り強制連行」
だけど日本側から見れば「本人はイヤだった」
好きこのんで娼婦になる人はそんなにいなかった…と言っただけ。
…いかにも官僚が思いつきそうな小細工だった。
双方それぞれの解釈でいいでしょ？
外
もう二度と外交問題にしないでねこれで一件落着っ♡
…そんな甘い判断が通用するはずなかった。
しかもこの「本人たちの意志に反し…」の続きには絶対に書いてはならない文言があった。
更に、官憲等が直接これに加担したこともあった
当然、これを韓国側は「日本政府・軍が直接奴隷狩りをやった」と解釈した。
日本の左翼学者ですら「日本政府・軍による強制連行はない」と言わざるを得ないほど全く何の根拠もないにもかかわらず、
「日本軍が慰安婦奴隷狩り強制連行をした」という吉田証言を日本政府が全面的に認めたことになってしまった！
私の戦争犯罪
韓国では、そのイメージはもはや拭い去ることは不可能なまでに一般常識として定着した。

「河野談話」は、「一度認めてくれれば収まる」という韓国政府の「甘言」に乗せられた宮沢内閣が、38年ぶりの政権交代による退陣の5日前「どさくさ紛れ」に発表した。
それからどうなったかはみんな知ってのとおりだ。
「本人はイヤだった」と言っただけ…なんて日本側の解釈は一切通用せず、
韓国側の解釈だけが全世界に広がった。
「これで収まる」どころか世界中に
『慰安婦・奴隷狩りをやった世界に類を見ない性犯罪国家・日本』のイメージが作られ今も増殖中だ。
さすがに韓国政府は「密約」を守って補償の要求はしなかったが…
……
韓国の慰安婦支援団体は国家補償を要求する声を高め、
例によって、それに日本のサヨク市民や朝日新聞が呼応していった。
歴史教科書の記述では左右の綱引きが続き、国家補償でも盧武鉉大統領が言及するなど、情勢は全く予断を許さない。

2006年9月、米下院で日本軍慰安婦を「性奴隷」として非難する決議案が提出された。
「慰安婦」きしむ日米
下院決議案 広がる賛同
首相の訪問控え危機感
提唱者のマイク・ホンダは中国系反日団体から突出した政治献金を受け、過去4回も同様の決議案を提出、すべて否決されていた。
しかし今回は民主党の「リベラル人権派」が議会を押さえたため採択される公算が高まり、公聴会が行われた。
公聴会で証言した「元慰安婦」はオランダ人一名、韓国人二名。
オランダ人女性は1944年インドネシア・スマランに抑留中、軍人らに強制連行され、慰安所で働くよう強要されたたという。
たしかに一部の軍人が軍規を無視して暴走した事件はあった。絶対に許されないことだが、
それは決して日本軍の意志ではなかった！
強制売春の事情を知った軍司令部の対応は…
ただちに命令を発しこの慰安所は2か月足らずで閉鎖された！
閉鎖
戦後この事件は軍事法廷で裁かれ9人が有罪。
死刑
「婦女強姦」 禁固一〇年
「強制売春のための婦女子誘拐」「売春強要」 禁固七年
被告5 「俘虜虐待」 禁固一六年
被告6 「俘虜虐待」「婦女強姦」 禁固二年
被告7 「強制売春のための婦女子誘拐」 禁固二〇年
被告9 「売春強要」 禁固一〇年
禁固一五年
禁固七年
無罪
うち1人は死刑になった。「死刑」である！
この事件に関しては、すでに10年以上前オランダ政府が実態調査を行なった。
日本軍がインドネシアを占領してから慰安所を開くまでの経過はこう報告している。
当地の軍政責任者は、慰安所の設置には免許が必要だと決定した。免許はある一定の条件、例えば定期的な性病検診とか支払いについての条件などが満たされてはじめて得られるとされ、さらに、そこで働く女性たちが自主的に働いているということも前提条件であった。
規則によると、そこで働く女性たちが自発的に性的サービスを提供しますという趣旨の陳述書に署名した場合にのみ、免許が交付された。
オランダによる調査でも売春強要は日本軍の方針ではなかった。
違反者は死刑まで含む厳罰で法的にも決着しているのだ。

一方、韓国人元慰安婦李容洙は公聴会でこんな証言をした。
16歳の時、川辺で30代の日本人に誘われた。
その時は走って逃げたが、数日後友人に誘われ、母に黙って抜け出した。
なんだこりゃ? ただの「家出」じゃないか。
そう言われたからか、公聴会のわずか一週間後、マスコミにはこう言った。
14歳で日本兵に首をつかまれ、家から引きずり出された!!
年齢も状況も豹変だ。
ちなみにこの人は15年前、初めて証言した時はこう言っている。
国民服と戦闘帽の男から赤いワンピースと革靴をもらい、嬉しかった。即座についていった。
やっぱり家出じゃないか。
ところがアメリカではこんな「証言」をもとに、「知日派」とされる者までが…
問題は慰安婦たちが悲惨な目にあったということだ!
河野談話を修正すれば破壊的な結果が起きる!
安倍首相は早々と戦いを放棄、「河野談話の継承」を繰り返し、慰安婦を「性奴隷」として非難する決議案を黙認してしまった。
SEX SLAVE!
だがしかし、河野談話にすら「性奴隷」なんて言葉はない。
「性奴隷」という非難を黙認するのは、河野談話の踏襲ではなく、逸脱である!
河野談話に「安倍解釈」として、「慰安婦とは、性奴隷だった」という認識を追加したことになるのだ!!
SEX SLAVE
安倍晋三は河野洋平に輪をかけた国賊である。

2007年4月訪米した安倍首相は日米共同会見でこう言った。
（慰安婦の方々に）人間として、また首相として心から同情致しておりますし、
そういう状況に置かれていた事に対して申し訳ない思いでございます。
「責任」も「謝罪」も明確にしない「玉虫色の表現」でごまかそうという「河野談話」と全く同じ発想の発言だ。
そんなもんが通用するはずがなく、ブッシュ大統領がその場で**「首相の謝罪を受け入れる」**と言い、世界中がこれを**「謝罪」**と認定した。
Friday, April 27, 2007
Abe's apology to comfort wo
Bush satisfied with Abe's 'apology' over comf
women
米下院決議を待つこともなく、安倍晋三は自ら事実上の「性奴隷国家宣言」をしたのだ!!
「従軍慰安婦問題」はたった一人の詐話師のウソを、宮沢喜一・河野洋平を始めとしてマスコミ・弁護士・学者・左翼運動家多くの日本人が寄ってたかって世界最大の汚点にまで育て上げ、自ら、自国を世界一の非道徳国家に仕立て上げたという、人類史上に類を見ない珍事である。
私の戦争犯罪
そしてこれだけの名誉毀損《きそん》をやっても誰一人罰せられることはない。

それどころか この不祥事の 最大の責任者 2人はその後再び 大臣になり、 うち1人は今も 衆議院議長だ!!
「日本国」ほど 無抵抗で ないがしろにされる 存在はない。
わしは 「日本国」に 同情する。
ごーまんかまして よかですか?
「国家侮辱罪」を 制定して 国と国民を 侮辱した者らを 処刑せよ!
外務省

攘韓篇

今年（二〇〇七年）十二月、韓国は大統領選挙を迎える。現在の盧武鉉《ノ・ムヒョン》政権の韓国内の支持率の低さから、盧武鉉氏が進めてきた反米、親北朝鮮路線を支持する後継者に勝ち目はなく、米韓同盟を優先させる保守勢力が巻き返すという見方もあるが、わしは、誰が大統領になっても、韓国の「反日」という〝国是〟は変わらないと思う。戦後の日韓関係を眺めれば、そうとしか考えられない。

　そもそも韓国の歴代大統領は何を語ってきたか。その対日姿勢に関わる発言を少し拾ってみよう。

　韓国内の感情的な反対世論を抑えて日韓基本条約を結び、その後の韓国の発展の基礎を築いた朴正熙《パク・チョンヒ》大統領（在任一九六三～七九年）は、戦前日本の陸軍士官学校で学んだ経歴を持つ。日本の朝鮮統治を実際に経験した人物である。大統領としては日本を公式に訪問したことはなかったが、クーデターで政権を握った直後、国家再建最高会議議長として訪日し、わが国の要人たちに「自分は幕末、維新の吉田松陰、高杉晋作の気持ちでやっている」と語り、率直に韓国の発展に日本の〝協力〟を要請している。

　余談ながら、石原慎太郎都知事が、国会議員だった時代に朴大統領を囲む日韓要人の宴席があり、酒に酔った韓国の高官たちが日本の統治時代を非難し始めると、朴大統領は、「日本の朝鮮統治がよかったとは言えないが、英米の植民地と比べれば、日本人はかなり公平にやった」という意味の発言をして、むしろ韓国側の発言を抑えたという話を明らかにしている。わが国の政治家が「日本は朝鮮統治でいいこともした」と口にしただけで大非難を浴びせられる今では考えられないが、日韓ともに戦前の実際を知っている人間が各界の指導層に健在だった時代には、こんなエピソードがあり得たということは覚えておくべきだろう。

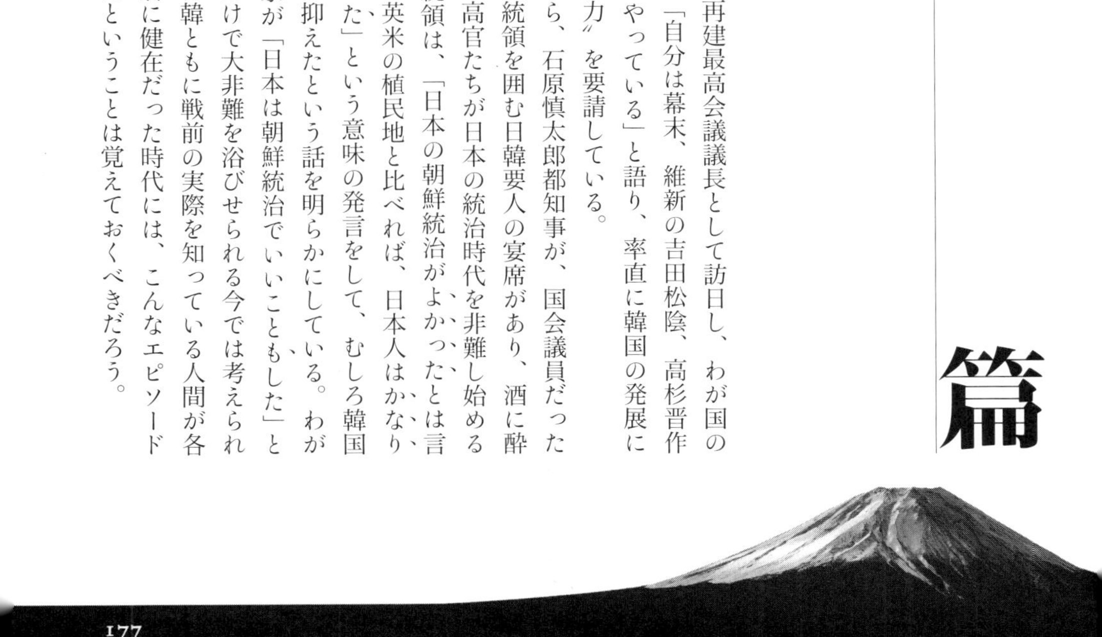

韓国の大統領として初めて日本を公式訪問したのは全斗煥《チョン・ドゥファン》大統領（在任一九八〇〜八八年）だ。一九八四年、全大統領を迎えた昭和天皇は、「両国の間に不幸な過去が存在したことは誠に遺憾」と表明され、さらに古代史などに触れられ、「わが国は貴国との交流で多くのことを学びました」と述べられた。

全大統領は訪日以前の一九八一年、「八・一五光復節記念演説」で過去に触れ、「（日韓併合などの問題を）日本帝国主義だけのせいにするのでなく、われわれひとりひとりのせいでもある」と語り、日本の支配からの解放は外部の要因によってもたらされたことを指摘したうえで、「過去を真実以上に美化し空虚な自尊妄大に陥ってはならない」と述べている。かなり冷静で自省的な見解である。しかし、こうした客観的な歴史認識は韓国では長続きしない。

一九九〇年五月の盧泰愚《ノ・テウ》大統領（在任一九八八〜九三年）の訪日では、韓国側の要求もあって、天皇陛下の過去についてのお言葉は、「痛惜の念」という表現がとられ、その表現と中身をめぐって内外で議論が起った。だが、海部俊樹首相（当時）の「お詫《わ》び」と合わせ、盧大統領は記者会見で「両国関係を発展させるのに障害となってきた過去の陰」について「一応決着した」と答えている。

金泳三《キム・ヨンサム》大統領（在任一九九三〜九八年）の訪日（九四年三月）では、天皇陛下のお言葉にさらに心情的な「深い悲しみ」という表現がとられた。日本側は、大統領の訪日の度に譲歩の度合いを深めて応接してきたのである。にもかかわらず、金泳三氏は一九九五年十一月、韓国を初訪問した当時の江沢民中国国家主席と一緒に青瓦台（大統領府）で会見し、日本の歴史認識について「ポルジャンモリ（でたらめ根性）を直してやる」と傲岸《ごうがん》に言い放った。逆戻りである。

しかも翌九六年には、わが国固有の領土である竹島（韓国名・独島）の領有権をめぐって、竹島近海での軍事演習を行い、島駐在の警備隊に激励の電話をするなど、緊張感を高めることで韓国民の「反日」「愛国主義」を煽《あお》った。ちなみに、この金泳三氏に〝臣下の礼〟（握手や乾杯の際に、左手を自分の右腕に添えながら手を差し出すなどの仕草。儒教では目下の者が目上の者にする礼儀作法とされる）をとったのが橋本龍太郎氏（当時首相）だ。

金泳三氏の後を受けた金大中《キム・デジュン》大統領（在任一九九八〜二〇〇三年）は、当初、未来志向の日韓関係の構築を掲げ、九八年十月の訪日で小渕恵三首相（当時）と「日韓共同宣言」を発表し、その後「自分の訪日で過去は清算された」と繰り返し発言したが、この金大中氏の姿勢も、常に「過去」を持ち出す韓国世論（マスコミ）の対日感情論や、自身の功名心などから最終的には「反日」に転じた。予想どおりというべきか、「未来志向」は反故《ほご》にされたのである。

　現在の盧武鉉《ノ・ムヒョン》大統領は一九四六年生まれで、日本統治時代を知らない「解放後世代」初の大統領ということで、就任当初は、「過去」に引きずられない新世代の大統領に期待する向きも日本国内にはあったが、これも見事に裏切られた。盧武鉉氏は、韓国の歴代大統領の中でも突出した対日強硬姿勢の持ち主である。

1997年1月25日、昼食会で金泳三大統領(当時)と“臣下の礼”式に握手する橋本龍太郎首相(当時)(写真提供／共同通信社)

　盧武鉉大統領は二〇〇五年四月、ドイツ紙のインタビューに答えて、日本は過去の植民地支配や侵略戦争を「歪曲《わいきょく》、美化し正当化しようとしている」と非難し、「歴史問題を解決して隣国との関係を改善したドイツ」を見習うべきだと語った。さらに、「侵略と加害の過去を栄光と考える人たちと生きるのは全世界にとって大きな不幸」とまで述べ、「日本の態度は人類社会が追求しなければならない普遍的価値に合わない」と日本非難を重ねたが、これは日本の自虐的サヨクが語るのとまったく同じ認識である。戦後韓国の「反日」「克日」の刷り込みが徹底された世代の代表が盧武鉉大統領なのだ。

　盧大統領は昨年（二〇〇六年）の「三・一独立運動記念日」演説で竹島問題に触れ、「（日本は）侵略戦争によって独島（竹島）を強占した」と述べた。馬鹿も休み休み言え、である。後述するが、竹島は江戸時代から伯耆《ほうき》藩の漁民が幕府から拝領し、実効支配してきた。日本政府が竹島を島根県に正式編入したのは日露戦争中の一九〇五（明治三十八）年で、日露戦争を韓国への侵略戦争と規定でもしないかぎり、「日本の侵略戦争によって竹島は奪われた」などという認識は成り立たない。

　さすがにこんなデタラメな認識を披瀝《ひれき》した政権はこれまでなかったが、盧大統領は本当にそう思っているらしいから呆れ果てる。しかも盧大統領は、いわゆる従軍慰安婦問題などと絡めて、「日本は賠償すべきは賠償しなければならない」などと発言している。慰安婦問題に関する歴史的無知は言わずもがな、これは日本と韓国の基本的関係を規定した日韓基本条約をまったく無視した発言である。

　歴代大統領の発言を少し拾っただけでも、結局、韓国は日本がどんな譲歩をしても、いくら謝罪と反省を繰り返し表明しても、それを受け入れて「決着」させることはなく、最終的に「反日」に戻っていくという空しい循環がわかる。彼らにとっては、過去の日本を糾弾し続けることは気分のよいことであり、その糾弾の前提になるべきはずの歴史的事実はどうでもよいのである。そして日本側も、韓国を宥《なだ》めるために「歴史的事実」をどうでもよいこととして安易な謝罪を繰り返してきたことが、真に対等互恵の日韓友好の機会を喪失させてきたとも言える。

　逆説的に聞こえるだろうが、日本人が本当に日韓友好を求めるならば、韓国の無茶な謝罪要求や補償要求に対し、安易に譲歩や妥協をせず、毅然《きぜん》とした態度をとることが重要なのである。事実に基づかない発言には堂々と反論し、理不尽な要求は拒まねばならない。

　なぜそうなのか。『親日派のための弁明』（草思社）を著した金完燮《キム・ワンソプ》氏は、呉善花《オ・ソンファ》氏（評論家・拓殖大学教授）との対談でこう語っている。金氏の本を読んだという韓国人の女の子から、「韓国政府が捏造《ねつぞう》した反日の歴史を韓国国内で教えていて、自分たちの学んだ歴史がみんな嘘《うそ》だとしたら、日本はどうしてそれを黙っているのか。……韓国政府に抗議してくるはずで、抗議してこないということは日本も侵略を認めているということではないか」と問われ、「この女の子の反応は至極まとも」であり、だからこそ「日本のほうが先に歴史認識を変える必要がある。（一時しのぎをせずに）…はっきりと事実を主張」すれば「韓国との問題は自《おの》ずと解決」に向かうという。そして、いま日本政府のやっていることは、「問題の永遠の先送り」だというのである。

　呉善花氏も、「日本人が事実を重要視せず」、「安易に謝罪すれば謝罪するほど、誤った歴史を日本が肯定することになり、周囲の不信を呼び込むことになる」とし、「日本人が本当に、韓国と北朝鮮との良好な関係を築きたいと考えるなら、……真の友情を欲しているのなら、歴史に関わる誤解は解かなくてはならない。そう努めることが相手を認めた誠意ある態度」であり、「韓国を対等の存在と認めるのなら、問題を先送りするだけの謝罪ではなく、自らの主張をきちんと投げかけるべき」だと語っている（『別冊正論』第二号「日韓・日朝歴史の真実」）。

　サヨクがどんなレッテルをわしに貼ろうとも、わしは、ことさらに嫌韓・反韓感情を煽る者ではない。韓国人が日本を非難、糾弾したいのならば「事実に基づいてやれ」と言いたいだけである。そして日本人もまた、韓国に謝罪し、反省を表明し、補償をしたいのならば、これまた「事実に基づいてやれ」と言っているにすぎない。金完燮氏と呉善花氏の指摘は、日韓両国民にとって実に貴重なものだ。

戦後、韓国は立国の柱に「反日」「克日」を据えた。わしは、そうせざるを得なかった韓国の事情を汲《く》むことにやぶさかではない。たとえばそこに、韓国は一九一九年三月一日の「三・一独立運動」によって大韓民国として独立したが、「日帝」の弾圧のために海外に亡命政権をつくり、亡命政権は独自に軍隊を組織して、第二次大戦が始まると日帝に宣戦布告、韓国は日帝との「独立戦争」を戦って独立を勝ち得たというフィクションが必要だったということも、心情的には理解できないことはない。

だが、韓国が本当に日本と戦って戦勝国となったのなら、韓国はサンフランシスコ講和条約の当事国の一つでなければならないし、戦後、「戦勝国の国民、敗戦国の国民、そのどちらにも属さない第三国人」という呼称がGHQによって行政用語として設けられた事実も否定しなければならない。そうなると、「在日は三国人として差別された」などという抗議も自ら取り下げなくてはならない。このように、歴史の事実に照らせば、彼らの日本非難は無理を重ねたものでしかない。

韓国人がどのような〝歴史の虹〟を見ようとも、またそれを自国民に見せようと教育するのも自由である。ただ、それを日本国民に押し付け、感情のうえでも共有を迫ることが問題なのだ。背負っている歴史が異なる日本人と韓国人が、同じ歴史の虹を見られるわけがないではないか。これは日韓という二国間にかぎらない。世界中どの国においても同じだ。わしはこの当然のことを語っているにすぎない。綺麗事《きれいごと》で「日韓友好」を言うのは簡単だ。それを口にする人ほど、わしのこうした物言いは許しがたく映るだろう。朝鮮半島が戦前日本の支配下にあったのは確かなのだから、細かい事実などどうでもいいではないか。彼らの苦しみや悲しみを感じることこそが大事だと彼らは言う。

だが、帝国主義という苛烈《かれつ》な時代の荒波に放り出されたのは日本も韓国も同じである。その中で日韓は不幸な出会いをした。辛《つら》い思い、苦しい思いを彼らがしたこと、それに対する同情心をわしは否定しているのではない。しかし、同情心から国と国との取り決めを反故にしてよいということにはならないのである。「人権尊重」とか、「ひとにやさしい」とかいうフレーズは世論の受けがいい。政治家がそれに流されて判断を誤っては、国家というものは立ち行かない。同情心や私情を、国家運営の基本原理にしてはならないので

ある。今の日本の危機はここにある。

「河野談話」の実態については漫画で描いたとおりである。慰安婦問題で歴史の事実を無視してまで韓国政府に譲歩し、「人道問題」として扱ったことが結果的にどんな事態を招いたか。北朝鮮への度重なるコメ支援もそうだが、人道的な外交というのは往々、国家観と国益観をないがしろにしたまま、ただ単に強硬な態度をもって日本に迫ってくる国に対し譲歩を重ねるだけのものになる。「情」と「理」をわきまえた態度こそが、今の我々には必要なのだ。

戦後の韓国が「反日」「克日」によって若い世代を教育したのと貼り合わせのごとく、日本では、GHQによる日本弱体化のための戦争犯罪の刷り込み計画（ウォー・ギルト・インフォメーション・プログラム）が徹底され、日本を取り巻く「諸国」への「謝罪」「反省」が〝国是〟として教育された。戦前の実相を知らない日韓両国のそうした世代が、戦前の世代の後退にともなって各界の指導層に就くようになってから――盧武鉉大統領の言動を見てもわかるように――、歴史の事実が次第にないがしろにされ、政治的な嘘がまかり通るようになっていったのである。

では、日本国民にとっての「攘韓論」はどうあるべきか。一つのエピソードでそれを示しておく。かつて自民党総務会で、権勢盛んだった頃の野中広務氏が、「創氏改名は朝鮮人が望んだ」と発言した麻生太郎氏を吊《つ》るし上げたことがある。そのとき奥野誠亮《せいすけ》氏が、「野中くん、きみは若いから知らないかもしれないが、麻生くんが言うことは一〇〇%正解だよ。朝鮮名だと商売がやりにくかった。そういう訴えが多かったので、創氏改名に踏み切った。判子をついたのは内務官僚、この私なんだ」と発言したところ、野中氏は中座して出て行ってしまったという（『別冊正論』第一号「軍拡中国との対決」）。

奥野氏は一九一三（大正二）年生まれ。田中角栄内閣で文相を務めて日教組との対決姿勢を強く示したほか、竹下登内閣では国土庁長官を務め、一九八八（昭和六十三）年四月には靖国神社への公式参拝などに絡んで「鄧小平氏の発言に振り回されている」と政界の媚中《びちゅう》姿勢を指摘したほか、日中戦争をめぐる〝舌禍《ぜっか》〟などを追及されて、同年五月に閣僚辞任に追い込まれたが、辞職後も、「他国に曲げられた史実がまかり通っている」と持説を通した硬骨漢のじいちゃんだ。こんなじいちゃんがたくさん健在だった時代だから、冒頭に触れた朴正熙大統領のような対日姿勢が韓国でもあり得たのである。

自身も戦前の体験を語ってコワモテで鳴らした野中氏を沈黙させたのは、同じく戦前を知る奥野氏の、事実を踏まえた毅然とした発言だった。我々が取り戻すべき姿勢がここにある。大切なのは歴史の事実をしっかり認識したうえで、恐れず、おもねらず、安易な情に流されないことなのだ。真の日韓友好を望むならば、事実に基づかない日本非難を受け入れてはならない。そうすることで〝いい人〟になってはならない。その同情心、良心は心地よいだろうが、決して彼らを対等に遇したことにはならない。我々は、「攘韓」の知的備えこそが、彼らを華夷秩序（小中華主義）から解放し、真に対等な「友好」を日本との間にもたらし得るカギだと知る必要がある。その意味で、わしは〝いい人〟になる気はまったくない。日本の朝鮮半島統治の実相、慰安婦問題以外にも「攘韓」の手がかりとして知っておくべきことを以下に端的に記しておく。

個人への補償は韓国政府の義務

二〇〇五年一月、韓国政府は一九六五（昭和四十）年の日韓基本条約の締結交渉に関する外交文書の一部を一般公開した。そもそも日本と韓国は大東亜戦争の交戦国ではないから、戦後処理について連合国相手と同じ措置はできず――日韓基本条約は韓国に対する補償・賠償を目的とした条約ではない――、戦後の日韓両国の外交関係を議定するために結ばれたもので、日本は韓国に対し総額八億ドル（政府無償贈与三億ドル、海外経済協力基金による政府借款二億ドル、民間借款三億ドル）の供与をしている。

文書の中で、韓国政府が協定締結により個人の対日請求権が消滅することを確認したこと、個人補償に関し、「（韓国）政府が個人請求権保持者への補償義務を負う」と明確にしていたことがわかったが、それ以前、対日個人請求権に関しては、日本が無償三億ドルと有償二億ドルの経済支援を行うことで請求権問題を決着させた一九六二年の金鍾泌《キム・ジョンピル》・中央情報部長と大平正芳外相の会談で、「（条約で）請求権問題が決着すれば（韓国）政府は個人請求権保有者に補償義務を負うことになった」（一九六四年五月十一日付、韓国外務省が経済企画院の質問に答えた文書）と確認されている。

さらにこの請求権問題については、日韓基本条約の付属文書である「財産及び請求権協定」の中で、「請求権に関する問題が（中略）完全かつ最終的に解決されることを確認する」とあり、議事録にも「（韓国側が）いかなる主張もなし得ないこととなることが確認された」とある。日韓間の補償問題は条約上このように明確に決着しているのである。

当初、韓国政府は、日本に徴用された人数を生存者、負傷者、死亡者を合計百三万人と算定し、賠償金三億六千四百万ドルと、日本が支払った総額よりもかなり

少ない要求だったことも判明しているが、韓国政府は経済協力資金の獲得を優先した。条約締結後に死亡者遺族八千五百五十二人のみに一人当たり三十万ウォンの補償を行ったが、大半を国家全体の発展のためインフラ（社会基盤）整備に回し、他の個人補償はほとんど行わなかった。文書公開を受けて韓国の「太平洋戦争犠牲者遺族会」は、日本政府に損害賠償請求訴訟を、韓国政府には未払い賃金請求訴訟、補償請求訴訟などを起こす方針を明らかにしたが、いずれにせよ「日本は何も補償していない」と彼らから非難される謂《いわ》れはないし、個人への補償は、韓国政府が「個人請求権保有者に補償義務を負う」ことになっている以上、明らかに韓国内の問題なのである。

　こうした経緯があるにもかかわらず、慰安婦問題が日韓交渉で話題にならなかったことが確認されたとして（なぜ問題にならなかったかは、本書の「従軍慰安婦の真実」を読めばわかる）、盧武鉉大統領が二〇〇五年三月初めに「日本は賠償すべきは賠償しなければならない」と発言したことは、慰安婦の強制連行を認めた平成五年の「河野談話」などがその背景にある。ここでも日本側の態度が問題なのだ。河野談話の作成に関わった当時の官房副長官・石原信雄氏は、「われわれはいかなる意味でも、日本政府の指揮命令の下に強制したことを認めたわけではない」と主張し、このところの韓国政府の姿勢について、「日本政府として強制したことを認めたとか、誇大に宣伝して使われるのはあまりにもひどい。韓国政府関係者の言い分は（当時と）全然違った形になっている」と述べたが（産経新聞二〇〇五年八月二十七日付）、事態はこの石原氏の悔恨発言のときよりもさらに悪く

朝日新聞

日本に歴史清算迫る韓国大統領

高まる不満 演説に反映

「反省」急きょ追加

時時刻刻

大統領演説要旨

「解決済み」日本は冷静

2005年3月2日付朝日新聞／
盧武鉉大統領が日本に歴史の精算や謝罪を求める

なっている。誤りに基づく歴史認識が問題を一層複雑にし、歪《ゆが》めてしまっていることにわれわれはいいかげん気づかねばならない。我々に同情心が足りないから、日韓関係に摩擦が生じているのではない。

日本は北朝鮮に莫大な資産を置いてきた

北朝鮮の歴史歪曲については言うまでもない。日本人拉致《らち》が北朝鮮の国家犯罪だったことを金正日《キム・ジョンイル》総書記が認めて以来、さすがに北朝鮮に対する安易な譲歩はよくないという雰囲気が日本国民の間に形成されたが、ここで北朝鮮の対日補償要求についても事実を記しておこう。日韓交渉の時点では、日韓の請求権問題解決が北朝鮮地域に及ぶかどうかについて、「協定文に明文化せず、両政府が適切な説明で自国民を納得させる」(一九六四年三月十一日付韓国外務省文書)と明文化を避けていたが、小泉総理の訪朝(平成十四年九月)による「日朝平壌宣言」では、日本の過去の植民地支配に対する痛切な「反省」と「お詫び」が盛り込まれ、北朝鮮に対する経済援助を協議することになった。それは「無償資金協力、低金利の長期借款供与及び国際機関を通じた人道主義的支援等の経済協力を実施」し、さらに「国際協力銀行等による融資、信用供与等が実施される」と具体的なものだ。これでは拉致問題の全面解決を棚上げしたのも同然である。その後北朝鮮が拉致問題の〝放置〟だけでなく、恫喝《どうかつ》的に核実験を実施するなど、日本との〝約束〟を誠実に履行する姿勢を見せていないことから、日本国内での対北宥和《ゆうわ》派は勢いを得ていないが、そもそも北朝鮮の対日補償要求について、日本としてどのような主張があるべきかを知っておく必要がある。

大東亜戦争終戦当時、日本が朝鮮半島の北朝鮮地域に残した資産総額は、現在の価格に換算して約八兆七千八百億円に上る。GHQや日本銀行、旧大蔵・外務両省の調査(試算)によれば、戦前に日本が朝鮮半島に残した総資産は、昭和二十年八月十五日時点で総資産八百九十一億二千万円(一ドル=十五円)で、総合卸売物価指数(一九〇)をもとに現在の価格に換算すると十六兆九千三百億円に相当するという(産経新聞二〇〇二年九月十三日付)。

このうち、政府、個人資産と港湾など軍関連施設以外の資産は、鴨緑江《おうりょくこう》の水豊ダムなど北朝鮮に残したものが当時の価格で四百四十五億七千万円。軍関連資産は十六億五千万円となり、非軍事と軍事の両方で四百六十二億二千万円。現在価格で八兆七千八百億円相当となる。

逆に北朝鮮の日本に対する財産請求額を推定する材料として、韓国政府が一九四九年三月に米国務省に提出した「対日賠償要求調書」がある。それによると、金や美術品など現物返還要求分を除き、要求総額は三百十四億円（一ドル＝十五円）となり、現在に換算して五兆九千六百億円。これは北朝鮮地域の財産も一部含めた額と見られる。このため、サンフランシスコ講和条約に基づいた場合の北朝鮮の国際法上の請求額はこれをさらに下回り、日本政府関係者も「日本との差額は五兆〜六兆円になると推定される」という（同）。

北朝鮮側は、一九九一年に始まった日朝国交正常化交渉から、日本政府に対し、数千億円から約一兆円に上る「補償」を要求してきたとされるが、ここでも我々は事実に基づいて彼らの要求が妥当なものかどうかを判断しなければならない。

付け足しておくと、韓国は日韓基本条約以前に日本から事実上の賠償を手に入れているのである。敗戦後、日本の在外資産はすべて連合国に没収され、これが実質的な賠償支払いとして、朝鮮半島南部にあった資産は米軍に使用する施設を除いて、韓国政府にすべて引き渡されたからだ。国際ジャーナリストの富山泰氏によれば、「米軍が朝鮮半島南部で没収した日本の資産は、四八年の米韓譲渡協定により、米軍が使用に供するもの以外はすべて韓国側に移管」され、「非軍事試算二十二億八千万ドルの大半が韓国政府に渡されたとすると、六五年の日韓国交正常化で合意した合計五億ドルの経済協力資金の四・五倍に相当する実質的な戦争賠償を、それより二十年近く前に韓国は手にしていたことになる」という（『韓国・北朝鮮の嘘を見破る』文春新書）。

いずれにせよ、韓国との間の請求権問題は、「完全かつ最終的」に解決されたことが日韓基本条約によって確認されている。韓国側がいくら「個人請求権の問題や賠償問題は残っている」として、日本政府や企業に補償や損害賠償を求めてきても、それに応じなければならない義務は日本側にはない。韓国政府が日韓基本条約を否定するのなら、我々もサンフランシスコ講和条約で認められている「財産請求権」を行使すればよい。困るのは一体どちらか。

「強制連行数百万人」のウソ

現在、日本に戦前から継続して在留し続けている在日韓国・朝鮮人（子孫をふくむ）で、いまだに外国籍を維持したままの者は約四十五万人いる（二〇〇五年末）。彼らの在留資格は「特別永住者」で、特別永住者以外の在日韓国・朝鮮人はいわゆる戦後入国者である。この特別永住者という資格は、他の外国人にはない特別に優遇した法的地位で、彼らは日本国内での就労活動、結社、集会、デモ、陳情などの政治活動を含むまったく制限のない在留資格を無期限で保証されているのである。健康保険、年金、生活保護をはじめとする各種社会保障制度も、昭和五十七年から日本人とまったく同じ扱いがされ、その地位は子々孫々まで保障されている（西岡力氏『正論』二〇〇〇年十二月号「同情ではなく事実の直視を」）。

　西岡氏によれば、「朝鮮人労働者の内地動員により渡日した者とその子孫は現在の在日の中にほとんどいない」という。法務省に奉職し、政府の内部文書を含む関係資料を研究した故森田芳夫氏の研究によれば、終戦時の在日人口二百万のうち、「動員計画による労働者で終戦時現場にいたのは三十二万」に過ぎず、しかも占領軍の命令によって日本政府は引き揚げ船を準備し運賃無料で帰国させ、一九四六（昭和二十一）年末までには約百四十万が朝鮮半島に帰っていき、自分の意思で残留を希望した約六十万が日本にとどまったというのが実相である。「引き揚げにあたっては移送計画により渡日した労働者が優先」とされたため、結果として「三十二万の『連行者』はほとんどこのとき帰国」しているのだ。

　北朝鮮は数百万人が「強制連行」されたなどと主張している。日本の教科書にも「金大植さんは1943年2月、家で寝ているところを警察官と役場の職員に徴用令状をつきつけられ、集結地まで手錠をかけられたまま、125名の朝鮮同胞とともに日本に連行されてきた」などというまことしやかな記述が載っていたが（教育出版）、朝鮮総督府の幹部だった大師堂経慰《つねやす》氏によれば、朝鮮人の渡日は、最初は募集、昭和十七年三月から官斡旋《あっせん》、十九年に入ってから徴用で、「1943年」は昭和十八年だから、そもそも徴用は実施されていないという。「徴用令状をつきつける」ことなどあり得ないのである。なぜこんな嘘の記述が文部省の検定に合格するのか。ここでも父祖の歴史を正しく守ろうとする意識の希薄さが日本を蝕《むしば》んでいることがわかる。

　もう一つ触れておこう。盧武鉉が「自国領土」と強弁した竹島は、先述したように日本固有の領土である。一九五二（昭和二十七）年、韓国の李承晩《イ・スンマン》政権は竹島を韓国領とする「李ライン」を一方的に設定し、その後不法占拠を続けているが、日本固有の領土である事実を覆すような歴史的根拠は彼らにはない。日本は何度も抗議し、一九五四（昭和二十九）年、国際司法裁判所に提訴することを提案したが、韓国はこれを拒否し続けている。日韓基本条約では、交換公文により、竹島問題を両国間で解決できない場合は「調停によって解決を図る」とされている。「調停」は国際司法裁判所の判決を意味するが、韓国は決して日本の提案に応じようとしない。日本側の姿勢は「国際司法裁判所で

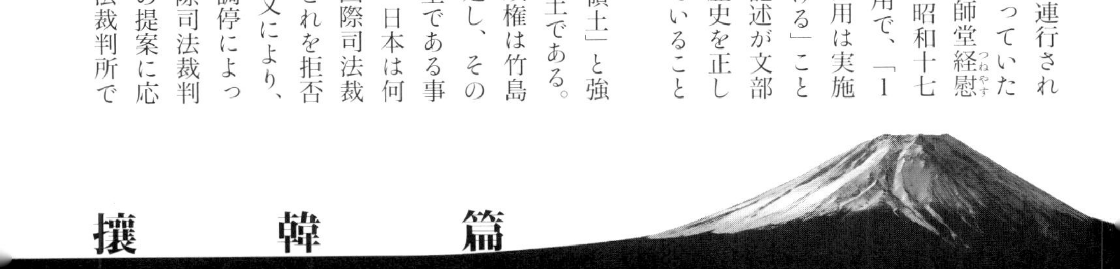

11 オピニオン 14版 2005年(平成17年)3月27日 日曜日 朝日

風考計

opinion ◎ news project

若宮 啓文（論説主幹）

これを「友情島」に…の夢想

竹島と独島

写真＝AP

column@asahi.com

2005年3月27日付朝日新聞

敗訴したら結果に従う」（一九六二［昭和三十七］年の衆院外務委員会での小坂善太郎外相答弁）のだから、韓国も自国の主張に自信があるのなら、感情的に日本非難を繰り返すだけでなく、逃げないで国際司法裁判所の判断を仰げばよい。

この竹島を「いっそのこと（韓国に）譲ってしまったら」と書くのが朝日新聞だ（二〇〇五年三月二十七日付、若宮啓文《ひろふみ》論説主幹のコラム「風考計」）。若宮氏は、「日本にはいまも植民地時代の反省を忘れた議論が横行する。それが韓国を刺激し、竹島条例への誤解まであおるという不幸な構図だ。……日本は周辺国と摩擦ばかり抱えている。中国との間では首相の靖国神社参拝がノドに刺さったトゲだし、尖閣諸島や排他的経済水域の争いも厄介だ」と、ここでも責任は日本にあるという立場だ。いやはや、「そこで思うのは、せめて日韓関係をがっちり固められないか」ということであり、そのために韓国に竹島を「譲ってしまったら」と「夢想する」という。

こうした姿勢がいかに日韓関係を将来にわたって歪めるかを若宮氏は想像できないようだ。〝いい人〟なのだろう。

ゴーマンかましてよかですか？

日本人よ、偽善的な〝いい人〟をやめよ！「攘韓」の構えを持つことが、韓国との真の友好につながり得るという逆説を今こそ理解せよ！

攘米篇
新ゴーマニズム宣言SPECIAL
人工国家アメリカの正体
2003年、イラクでは露骨な「侵略戦争」が行なわれた。
「大量破壊兵器」は、ついに存在しなかった！
イラク大量破壊兵器問題
日米首脳、揺れる「大義」
首相、「国連」前面
調査団長「大量破壊兵器ない」
日本、必死の「大義」防衛
首相なお「断定できぬ」
フセイン政権がアメリカにとって、「差し迫った脅威」であったはずは断固としてない。
「予防的先制攻撃」の正当性は一切なかったのだ。
米英は「民族自決」、「内政不干渉」の国際法の原則を踏みにじり、「推定有罪」で、他国を攻撃して政府を倒し、占領してしまった。
その上、次はイランだとアメリカでは言っている！

それにしても
アメリカとは、
一体、
何なのか？
なぜ延々と
戦争
してるのか？
アメリカは移民による人工的な理念によって作られた国家である。
歴史がないから移民が単なる烏合《うごう》の衆とならぬよう、国民としての団結を保つために、外に敵を求めて戦争をしてでもアイデンティティーを維持せねばならない。
アメリカ人の戦争の時の熱狂は、国民全部が「極右」であるからだ。
渡部昇一氏はわしとの対談で、こう語った。
アメリカは、戦争になればホームレスみたいな者までが立ち上がって叫び、マフィアの息子でも軍隊に志願するのです。
確かに、アメリカの掲げる正義は幼稚性、独善性をともなうが、それは、アメリカの構造・生理として認識しておくしかない。
岸田秀氏は次のようにアメリカの精神分析をしている。（「SAPIO」2002年6月12日号）
インディアンを虐殺して国家を作ったアメリカの成立事情そのものがアメリカの最大のトラウマとなり、
それをごまかすためにアメリカは、「自分たちは神の使命をおびて理想の国家を作るために大陸に渡った」と信じ込む「正義病」に罹った。
その自己欺瞞には、根本には疑いがあるため、自分たちが正義であることを、何度も繰り返して証明しなければならない。
「反復強迫」の正義である。
アメリカは、敵を徹底的に追いつめて虐殺して叩きのめさなければ気が済まない。
日本に無条件降伏を迫り、原爆を落として一般市民を虐殺して、恥じる様子もない。

広島に原爆を投下したB29爆撃機エノラ・ゲイの機体が完全復元され、米ワシントン郊外のダレス国際空港近くのスミソニアン航空宇宙博物館新館で、公開された。
展示の説明書には原爆投下による死者数や損害への言及はない。
犠牲者の遺品展示などは米議会や退役軍人の強い反発を受けて見送られた。
博物館は「原爆投下が日本の即時降伏につながり、本土決戦を不要にして、日米両軍の犠牲者を減らした」と、原爆投下を正当化している。
ENOLA GAY
中国が「南京大屠殺紀念館」を作って、「30万人」という、絶対あり得ない人数を旧・日本軍が虐殺したと主張し、向井・野田少尉の百人斬りを始めとする大ウソを展示していることに、日本の保守派は怒る。
これは、わかる。
百人斬
百人斬り大接戦
勇壮！向井、野田両少尉
VICTIMS 300000
韓国が「独立記念館（別名・日帝侵略館）」を作り、日本兵が朝鮮人をリンチしている場面をろう人形で作って展示し、反日教育を行なっていることに、日本の保守派は怒る。
これも、わかる。
アメリカが日本の一般市民を、確実に大虐殺した原爆。それを投下したエノラ・ゲイを復元して、誇らしく展示し、その被害は隠し、原爆投下を正当化していることに、日本の保守派は怒らない。
これが全然、わからない！
ENOLA GAY

マッカーサーは日本本土への原爆投下を
「まったく不必要だ」と考えていた。
もはや日本の降伏はだれの目にも明らかという認識で、当時、軍事面の指導者として尊敬を集めていたアイゼンハワー、レーヒらも、原爆投下を不必要と見ていた。
原爆投下の目的はソ連への威嚇と人種偏見をてこにした人体実験である！
エノラ・ゲイからの原爆投下によって、広島の人口35万のうち、7万人は即死した。
11月までに6万人。昭和25年までに7万人が死亡した。
平成2年、厚生省の実態調査結果では20万1990人となっている。
20万人以上の大虐殺を実行したエノラ・ゲイを、アメリカ人は復元し、誇らしげに展示している。
左翼は「広島平和記念公園」の慰霊碑に、
「過ちは繰り返しませぬ」と書いた。
主語がない。
アメリカ人はそんな反省はしていない。
主語は日本人なのだろう。
広島の国立平和祈念館には「誤った国策により…」と書いてある。
やっぱり、日本が悪くて原爆を落とされたと言っているのだ。
左翼はアメリカに対して怒らない。
アメリカの原爆投下を許してしまっている。
そして親米保守派も怒らない！
エノラ・ゲイの展示に対して何の反応も示さない。外務省も抗議しない。日本政府も抗議しない。
爆弾によって亡くなった人々を心から追悼
誤った国策により犠牲となった多くの人々
ながら、その惨禍を二度と
語り継ぎ、広く内外へ伝
な世界を築くことを
安らかに眠って下さい 過ちは 繰返しませぬから
親米保守派は、結局、「過ちは繰り返しません」を認めているのである。
誇らしげなエノラ・ゲイの展示も「親しいアメリカ」がやることならば怒る気もしないのである。
左翼も親米保守も似たようなものだ。
あやまちは
くりかえし
ませーん

アメリカは、追いつめられた側の
メンタリティに、無神経、無理解である。
追いつめられた側を
理解し、共感したら、
インディアン虐殺での
建国の正当性が疑われる。
アメリカは
理念だけで成り立つ
国であり、
アメリカ民族も
いなければ
伝統文化もない。
建国の正当性を
失ったら
アメリカ人は
人格崩壊を起こす。
かくしてアメリカは
「正義」を証明するために、
永遠に「敵」を
作り続けることになる。
アメリカは
戦争をすることによってしか
存続できない国なのだ！
その上、90年代からアメリカは
中産階級が崩壊し、
1％の富裕層と
その他の貧困層に
社会が二極分化している。
投機経済
市場万能の
資本原理主義の社会である。
ビル・ゲイツ一人の資産が
アメリカ人全体の60％の年収に
匹敵するのは有名な話だが、
大衆は教育レベルが低く、
アメリカン・ドリームがあると
信じ込んでいる。

アメリカが民主主義というのも
大ウソで、業界からの
政治献金なしでは、
絶対、選挙は戦えず、
圧力団体の支援なしでは
当選しない。
軍需産業の支援を受けた
ブッシュが戦争するのも
当然のことだ。
マスコミが、1%の富裕層の側について
大衆を洗脳しているから、
いまだに「アメリカは、自由と
民主とチャンスの国」などという
幻想が、はびこっているが、
もしアメリカの大衆が、
我と我が身を、じっくり見つめて
考え出したら、
革命を起こすかもしれない。
だからこそアメリカは、
外に敵を作り、愛国心で一体化し、
国内の惨状から目を背け、
戦争をし続けるしかなくなっているのだ。
CHANGE
アメリカの
人工国家ゆえの
ナショナリズムの実態、
中国の
人工国家ゆえの
ナショナリズムの実態、
それらと、日本の、
歴史が継続する中で
育まれた伝統や慣習への感謝
から生まれる自然な愛国心
とは質が違うはずだ。
燃えさかる大国の
敵を必要とする
ナショナリズムは
放っておいて、
サヨクは、相変わらず
日本のナショナリズムの
批判をやっている。
解体を狙っている。
自滅への道…
いや、ひょっとして彼らは
アメリカか中国の
工作員なのだろうか？
君が代反対
国境反対
ポチ・ホシュとて、
アメリカに好ましい日本は、
「戦前＝悪」「戦後＝善」の
歴史断絶型の歴史観であることが
察知できないのだろうか？
日本のアイデンティティーを
失ったままで
有事法制を成立させても、
アメリカの戦争に、地の果てまで
付いていく国しか作ることはできまい。
キャン
キャン
ワウ

アメリカに対する「反」の気概のなさが、今日の日本の閉塞感を作り上げている。
もう、日本の自称・保守派の知識人も、アメリカに対して批判も思いつかなくなってしまい、「友人、友人」と繰り返している。
友人 friend
友人 friend
彼らは、もっともらしく「くそリアリズム」を語っているだけだ。
とにかくアメリカは強いんだ、と。
軍事的に強大すぎて日本の言い分なんか何も通らん、と。
とにかく言われるままにしておけば、いざという時に悪いようにはされんはずだ、と。
日米同盟だけが友人の証しで、いざという時に助けてくれるはずだ、と。
先生は「反中」「反韓」で「反米」なんですね？
そう。「反露」でもある。戦勝国の全てに「反」の感覚を持っている。
日本を敗戦国のままにしておこうとするアメリカ・中国・ロシアを信じない。
自ら日本との併合を了承し、共に白人と戦ったくせに、負けたらとたんに態度をひょう変させた韓国には哀れみを覚える。
アメリカが嫌いなのはやつらが強欲でバカだからだ。
力で破壊し、復興と称して利権を独占する。
だが、ぶっ壊すのは簡単だが、歴史的に形成されていたものを人工的に作り上げるのは大変だ。
結局、無秩序の中からテロリストを増産していく。
もともと生きがいの少ない民に、生きがいも死にがいも与えている。
アメリカは強欲で単純でバカである。

『戦争論3』の読者からこんな手紙をもらった。
第8章の自由の謳歌報道の批判は痛烈でした。私も「民主主義」や「自由」に疑いを持っていましたが、抑圧されるよりはましと何となく思っていて、まだまだ洗脳は解けていないと感じました。
私の頭の中では未だに戦前と戦後が切り離されています。
今の社会は戦争を体験していない世代にも敗戦のトラウマを植えつけているような気がします。
(29歳・事務職員・女)
その通り!
アメリカの掲げる価値、「自由」「民主」「平等」、これが日本をぐちゃぐちゃにしているのだ!
売春年齢が小学生にまで下がったのも「自由・平等・民主」の価値の浸透のせいだろう!
さっさと気づけ!
「アメリカも日本も民主主義の国だから連帯だ」なんて言ってる連中は、「保守」でも何でもない!
少女の援助交際を叱る資格のないアメリカと援助交際してるオヤジなんだよ!
「反共」「反左翼」だけでは「保守」たりえない。
これは常識である。
例えば左翼が学校教育の中で日本の伝統や慣習を破壊しようとする時、使われる言葉は何か?
「自由」であり、「平等」であり、「民主」あるいは「権利」「人権」すべてアメリカの言葉である。
「こいのぼり」は父親が一番上で父権主義だからダメ。
今、学校ではそのように指導する所がある。
「節分」は、宗教的な儀式で信教の自由に抵触するからダメ。
クリスマスは問題ない。
「ひなまつり」は身分の上下や男女差別があるからダメ。
運動会のかけっこは、横一列手をつないでゴール。
騎馬戦は男女混合ならOK。

朝礼の並びは背の順は差別。50音順にすべし。
男女別名簿はダメ。50音順にすべし。
通知表は相対評価はダメ。他人をけおとす他人と比較して優劣つけるのはダメ。
絶対評価にすべし。自分の中だけで目標に近づくべし。
日の丸・君が代はダメ。思想・信条の自由に抵触する。
教壇なんかあっちゃダメ。民主的でない。平等にすべし。
トイレに行くのに許可を求める必要はない。自由に行くべし。
女の子はピルを使えと性教育で教える。
その方が女の権利を守れる。
このような教育の現場からの日本の国柄の破壊作業は、「自由」「平等」「民主」「権利」「人権」という、アメリカ的な価値を掲げて進められている。
これらの価値に今時の大人やマスコミが反対できないのは、これらが、戦後日本が信奉してきたアメリカの価値だからだ。
なぜ、日本的なるもの、日本の伝統を破壊するのに、アメリカの言葉が有効なのか？
実は、ソ連・中国の共産主義も、アメリカの資本主義・民主主義も、どちらも同じ「近代合理主義」の産物だからだ。

ある地域・土地の習慣(ルール)で生活している人間をその土地から、ひっぺがして「自由」にする。「平等」にする。
この、自由になった人間を神も恐くない、伝統も、地域の習慣も恐くない存在にする。「民主」にする!
歴史から切り離されたこのイデオロギーだけで作られた実験国家・人工国家が、ソ連・中国・北朝鮮…
…そしてアメリカなのだ!
アメリカも左翼国家なのである。
中国もアメリカも歴史の蓄積としてのルールがない人工国家である。
従って、自然な愛国心がないから、外に敵を作って団結するしかない。
日本の歴史の連続性は、むしろヨーロッパに近い。
日本は、アメリカや中国とは全然、違う国なのだ。
その辺のところが、日本のサヨクも、そして「親米保守派」にも、全然わかっていない。驚いたことに「新しい歴史教科書をつくる会」の連中まで、このことがわかってなくて、「開かれた社会・民主主義を守るため」とか、アメリカの言い方もマネながら単なる反共集団になったので、わしは脱会したのである。

中国にもロシアにも
そしてアメリカにも「反」！
日本の不文のルール、公を守るためには、「反米」は精神的な心構えである。
わしは「日本の伝統・文化を守るための反米」
今、現在のアメリカとの外交問題を勝ちぬくための「気概としての反米」が必要であると主張しておく。
それにしても最近、わしは思う。
共産主義者にとっては、今のアメリカと日本の流れは、思うツボというか、わくわくする状態だろうな。
資本の暴走が1％の金持ちと、その他の貧乏人に二極分化するアメリカの構造を産んだが、これは階級社会ではないのか？
戦争することによってしか、ごまかせなくなった社会の数々の矛盾を、歴史は止揚（アウフヘーベン）して革命が起こる、というのが、マルクス主義の考え方だ。
だから本来ならば、資本主義が、とことん進んだ国の方が、共産主義革命の条件が整っている、ということになる。
まだ発展途上の国ばかりで共産主義に移行したことの方が、歴史の進歩史観から見れば、無理があったという見方をマルクス主義者はするだろう。

たしかにアメリカはある意味、マルクスの予言通りに矛盾を拡大している。
アメリカの、あの資本主義の矛盾の「外部」への先送りを加速度的に進めているヒステリックなやり方の先には、一体、何があるのか!?
おそらく、世界の野蛮化だろう。
歴史は進歩しない。
むしろ、後退して、野蛮化する。
だから日本に真の保守派がいるのならば、アメリカをこそ警戒せねばならぬのだが……だめなんだ。
彼らは地政学に縛られて、中国への警戒しか眼中にない。
なにしろアメリカの子分になるならいい、としか考えてないような、ほとんど脳天パーの学者が保守ってことになってるんだから、この国は…。
ごーまんかましてよかですか?
近代主義に対する批判が出て来ぬようなバカな知識人は見捨ててしまえ!
わしが、日本を守る本当の戦い方を見せてやる!

攘米篇
新ゴーマニズム宣言
SPECIAL
日米同盟の信義とは何か？

なんだか産経新聞と親米・保守言論人が、やけにあせっている。
主張
「原点」を踏まえ直そう
筋違いな反米論調の台頭
日本の国柄を破壊しかねない「グローバリズム」や「自由」や「民主主義」に対する洞察や懐疑もないままに、「日本人の誇り」や「日本の歴史への愛情」を謳ってきたツケが回ってきたのだ。
アフガニスタンの女性がブルカを脱いだのが空爆のもたらした「自由」のおかげ…
…とまで書いて究極のバカをさらした「産経抄」などは、
米国批判をする保守勢力をいやらしい邪推でもって切り捨てるしかなくなっている。
中国という「大国」をいくら非難しても「単なる反抗心」と邪推されることはなかったが、
アメリカとなると非難が許されないらしい。
かつて「日中友好の敵」と言って保守言論を抹殺してきた朝日新聞と全く同じ体質が、産経新聞に浮かび上がってきた！
彼らは東京裁判が「文明の裁き」として行なわれたことを、全く失念してしまっている。
産

▶2002年1月12日

▲2002年1月11日主張（社説）

わしの元に届く手紙では、80代の戦中派のじい様まで産経のアメリカべったりに違和感を覚える人がいたり、何度も抗議してる人もいて、産経も、むきになるしかないところに追いこまれているのだろう。
テロについて随想
アメリカの独善と犯罪
はっきり言っておくがわしの立場は…
日本を日本の国柄のままに守る!
…これしかない。
とにかく民衆がこの列島に生き残ってさえいればよい…
…という朝日や産経とは、その点が決定的に違う。
戦争をして死んでいっても悔いのない国…今の日本が果たしてそうか、大いに疑問が残る。
産経新聞にとって、今回のテロ戦争の「原点」は2001年9月11日の同時多発テロである。
歴史はそこから始まったとする。
だが、真珠湾攻撃にしても同時多発テロにしても、(両者が違うものであれ)
歴史は奇襲から始まったりはしない!
日本人ならば、この歴史認識は絶対、持っていなければならない!
産経新聞にとってテロは絶対悪で批判さえすればよく、テロの原因など追求すべきではないということらしい。
テロは「開かれた社会への挑戦」だそうだ。
何だそれは?「アメリカへの挑戦」じゃないのか?
誤爆による民間人の虐殺は、理由をのべてかんべんしてもらえばよいそうだ。
アメリカ人の命に比べて、アジア人やアラブ人の命はやけに軽いんだな。
"It's no use. I'm stuck"
日本への空襲・原爆で完成した、アメリカによる戦争のテロリズム化には寛容で、
グローバリズムという経済のテロリズム化にも寛容で、
アルカイダによるテロリズムの戦争化だけには厳しいというのは、どういう了見だ?

ましてや、わしはアフガン爆撃では「日米同盟に従って参戦もやむをえず！ただし、集団的自衛権の行使を明言せよ！」とまで言っているにも拘らず、アメリカ批判は許されないとは気でも違ったか!?
日米同盟しか選択肢ない現実を見よ！
こんな時に米国批判なんて奇怪な！
同盟国として誠実に振る舞えずに国際社会で生きられるか！
同盟国の「信義」を示せ！
第二次大戦中、日本は同盟国ナチス・ドイツの批判を一切しなかったか?
とんでもない！
当時の外相松岡洋右は、こう言ったのだ…
いかにも私はヒトラーと条約を締結した。
しかし私は反ユダヤになるとは、約束しなかった。
これは私一人の考えではない。
日本帝国全体の原則である。
同盟国でも批判すべきはする。
軍事同盟は精神の同盟ではないのである！
「人種差別反対」という日本の原則は守る。
その精神があったからこそ、関東軍の樋口季一郎は、満州で多数のユダヤ人を救った。
外交官の杉原千畝は、ヴィザ取得の条件を満たさぬ1万人に近いユダヤ難民にヴィザを与えた。
同盟国への「信義」を重んじるなら、発給しない方がよかったろう。
日本外務省は「ユダヤ人を差別はしないが、優遇もしない。ヴィザ発給の条件は厳守する」という方針だった。
だが杉原はヴィザを発給し…
日本の入国管理官も、杉原が乱発した不備だらけのヴィザを見て見ぬふりで通し…
神戸の人々もみな親切にユダヤ人を守った。

同盟国との「信義」にはもとるかもしれない。
しかし当時、多くの日本人が、自分の心の中の神への「信義」まで捨てはしなかったのだ。
かつての日本は「軍事同盟を結んだからには精神まで同一化せよ」とは、言わなかった！
しかし今、産経新聞と一部 保守系言論人は、
同盟国を批判するなかれ！
ひたすらアメリカの犠牲者のみに同情せよ！
アメリカの正義を妄信せよ！
…と主張している。
気味の悪いやつらだ。国家と自分とが完全に重なっている。
産経新聞
国家と自分が完全に重なっている上に、他者であるアメリカとまで完全に自分を重ねることができるのだろうか？
では、ソマリアもイエメンもシリアもそしてイランも空爆だとなった時も、躊躇なく 日米同盟に従って参戦するのか？
自衛隊を前方展開できるならば、イラン軍と戦って血を流せと言えるか？
産経新聞
実を言うと、わしにはアメリカ人の友人がいる。
彼は平気で「ブッシュはバカだから軍需産業から金もらってるから今はもうアメリカのマスコミは何も言えない」と批判していた。
アメリカ人だって本音では自国の政府を批判する者もいるのだ。日本人のわしが批判できなくてどうする!?
わしにはイスラム原理主義がテロを起こす心情の一端は理解できる。
伊勢神宮にアメリカ軍が駐留して、女兵士が半裸で歩いてガム吐いてたら、テロもやりたくなる。
アメリカがサウジでやってることはそういうことだ。
強圧的で傲慢な文化破壊である。
櫻田淳氏はあきれたことにこう言う。
米国は建国の当初から「強圧」「傲慢」といった性格を持つ国家ではない。
十九世紀中葉フロンティアが消滅し、
南北戦争以後、百五十年間米国は国土を外敵に蹂躙されなかったから、無邪気に自らの「正義」を外に対して表明できた。
これは一体…歴史を知らないのだろうか？

アメリカは本当に建国の当初から「強圧」「傲慢」ではなかっただろうか?
十九世紀中葉でアメリカのフロンティアは消滅したのだろうか?
ここに「独立宣言」の原文を入手した。
アメリカの
そこにはこんなとんでもない一文がある。
HE has excited domestic Insurrections amongst us, and has endeavoured to bring on the Inhabitants of our Frontiers, the merciless Indian Savages, whose known Rule of Warfare, is an undistinguished Destruction, of all Ages, Sexes and Conditions.
長谷川三千子氏の『民主主義とは何なのか』によれば、この「独立宣言」の約三分の二は、当時の英国王ジョージ三世に対する告発・悪罵によって占められている。
上記の一文の訳は、こうである。
「イギリス国王は、フロンティアの住民に対して、老若男女、状況にかかわらず、無差別の破壊しか知らぬ残忍無比の野蛮なインディアンをさし向けて攻撃させた」
THE DECLARATION OF INDEPENDENCE
WHEN in the Course of human Events,
こうしてアメリカ人は先住民の虐殺を正当化し、
さらに土地を奪うことを「マニフェスト・ディスティニー(明白なる天意)」とまで信じ込んだのだ!
何たる強圧!何たる傲慢!
そして虐殺と領土拡張が西海岸に到達しても、アメリカ人の「フロンティア」は消滅などしなかった。
海を越え、悪辣な手段でハワイを併合し、
フィリピン人を虐殺し、
シナ大陸の利権を狙い日本と激突した。
ミッドウェー 1867領有
ウェーク 1899領有
グアム 1898領有
ハワイ 1898領有
フィリピン 1898領有
サモア 1878領有
アメリカは、自分にだけ都合のいい基準を勝手に「世界基準」として、
日本に「門戸開放」「機会均等」を要求し…
それがうまくいかないと、あらゆる手段を講じ、
ついに日米戦争へと追い込んだのだ!
石油の全面禁輸

そして今もまだアメリカの「フロンティア」は消滅していない。
覇権拡大を「マニフェスト・ディスティニー」と信じるアメリカ帝国主義は、何一つ変わらず、
「自由」「民主主義」「市場開放」「規制緩和」など、アメリカの価値観を世界中に押しつけている。
バクチ経済で東南アジアがハゲタカ・ファンドに食い荒らされ、経済危機に陥ったのは、つい最近のことだ。
今どきアメリカの本性が「強圧」「傲慢」だと思わない知識人がいるか!
いくらポチ・ホシュが「王様は正義と道徳の衣を着ておられる」と主張しようと、
わしは「アメリカなんか裸の番長です」と言うしかない!
さて、日米同盟の「信義」について、もう一度考えよう。
「産経抄」はこう言う。
「厳しい苦言や忠告は友人の立場で行われなくてはならない。米国は日本にとってかけがえのない同盟国なのである。」
問題やイスラム観の
そうだが、厳しい苦言や忠告は友人の立場で行われなくてはならない。米国は日本にとってかけがえのない同盟国なのである。
あーのさぁーパレスチナの事なんだけど
イスラムってさし
なんでそこまで一方的にすり寄れるのかさっぱりわからない!
アメリカ人にケツの穴でも掘られたのだろうか?
どうぞ勝手に友人として忠告してやってちょーだい。
聞くわきゃねーよ、徹底した国家エゴでやってんだから。
いざとなりゃ言論の自由もない国家利益のみの世界にすぎんのだ。
テロにあった理由を、子供たちはみんなこう教えられている。
しっとよ
ジェラシー
世界一自由だからねたんでるの
わしは、日本人に、アメリカこそが戦中、無差別空爆と原爆でテロをやったこと。アメリカこそが占領政策で、神道指令、憲法、教育、検閲、東京裁判など、あらゆる分野で史上最大の文化テロをやったことを言い続けねばならない。
友人の真の姿を知らせてやる!

だが、アメリカは、本当に、同盟国の「信義」を重んじ、日本を守ってくれるかけがえのない国なのか?
01年11月10日 国連総会で パキスタンの ムシャラフ大統領 は、言った…
パキスタン国民はいまなお、（アメリカに）裏切られ見捨てられたという苦い思いを引きずっている。前線国家の代償として われわれが得たのは、300万の難民、破綻した経済に麻薬、そしてカラシニコフ文化だった。
ソ連がアフガンに侵攻した際、アメリカはイスラム兵を支援し、パキスタンは前線国家としてアメリカに協力した。
ところが ソ連が撤退すると、アメリカは パキスタンを 「使い捨て」にした。
そのため パキスタンは、アフガンから 流入する難民、麻薬、カラシニコフ銃により、「カラシニコフ文化」と呼ばれる荒廃状態となったのだ。
今回のテロ戦争でも、恫喝まがいの外交攻勢のため、パキスタンはアメリカに協力した。
だがその結果、インドとの勢力均衡のために支援してきた親パキスタンのタリバン政権は崩壊。
パキスタンは、今度は新たな印パ緊張を抱え込むことになった。
そんなアメリカが日本に対してだけは絶対「信義」を尽くしてくれるなどとなぜ信じられる?
以前、取材に来たCNNの記者に質問したことがある。
いざという時本当にアメリカの若者は日本を守るために血を流してくれますか?
すると記者は答えたものだ。
NO!NO!そんなバカなことありえない!

イラク、ビンラディン、パキスタン…。協力国を利用できるだけ利用し、いざとなれば「信義」などポイ捨てしてきた国との同盟に、日本は依存しきっている。
己れの足で立つしかないのだよ、日本人は！
そのためには長谷川三千子氏が言っている通り、「アメリカを処罰する」心構えを、日本人が持つしかないのだ！
最後に「産経抄」に教えといてやろう。
カブールの女性の80％が、未だにブルカを脱がないのはなぜか、わかったか？
パキスタンで、今からアフガンに帰る難民に、ブルカがとぶように売れているのはなぜだかわかるか？
それはブルカがアフガンの村々の「伝統」だからだよ！
産経のようなアメリカかぶれのポチ・ホシュにとっては、ブルカという「伝統」を脱ぎ捨てねばアフガンに「自由」は来ないらしい。
ごーまんかましてよかですか？
「伝統」をないがしろにして、見せかけの「自由」との信義を重んずるアメリカ・ホシュ！
守るべきものは日本という国柄であり、単なる列島に生きるヒト科ではない！

攘米篇
新ゴーマニズム宣言
SPECIAL
戦後生まれがアメリカに受けた屈辱
わしの小学校6年間の給食は、パンとミルクとおかず。
毎日、毎日、コッペパンか食パン3枚に、バターかジャムが付いていた。
ミルクと言われてたが、店で買って飲む牛乳とは明らかに違っていた。
それは「脱脂粉乳《だっしふんにゅう》」というものだった！
それはそれはとてつもなく、まずかった。
表面に膜が張って、ホコリが浮いていた。
この膜をはがして…
鼻をつまんで一気に飲むのだ。

わしはこれを飲むことができなかった。
「給食を残してはいけない」という担任の先生の言に従い、毎日、何人かの生徒が昼休み時間もこの、まずいミルクと格闘していた。
おえっ
一気にノドに流しこんだ日もあったが、どうしても飲めない日もあった。
ある時はとことん水で薄めたら飲めるんじゃないかと考えたが、腹がふくれてだめだった。
教室から、一人減り、二人減り、とうとう、わし一人が残ってしまった。
貴重な昼休みが終わるチャイムが鳴り、教室にみなが戻ってくる。
あっ、小林まだ飲んでねーの？
ノドかわいたオレ飲んでやる。
運がいい時は貧乏人の子があっさり飲みほした。
あ…ありがとー
だれも飲んでくれない時は5時限目の授業に先生が出てくる前に死ぬ気で飲むしかなかった。
今でも、世界一まずいものは何かと聞かれたら、まず「脱脂粉乳」と答える。
あの「脱脂粉乳」とは何だったのか？
調べてみたら、戦後20年間、昭和40年くらいまで日本の学校給食には「脱脂粉乳」が使われていたらしい。
ちょうど、わしが小学6年生までだ。
わしが中学になったら、普通のびん入りの牛乳になったということになる。
MILK

しかし、わしのスタッフの時浦は、昭和40年生まれなのに、小2まで「脱脂粉乳」を飲んでいたと言う。
時々、今日の牛乳はくさってますので飲まないでくださいと言われました。
北海道なのになんで…!?
所長
小3から雪印牛乳になりましたね。
なぜそんなにまずかったのか?
「脱脂粉乳」とは牛乳からバターとクリームを分離させたその残りカスなのである。
脱脂粉乳は湿気を帯びやすく、在庫品は著しく品質が落ち、普通は家畜のエサにしかならない。
ブギー
ブギブギ
ブギ
ブギブギ
しかも当時、学校給食で出されていたのは、
アメリカの「余剰農産物」
つまり、長く売れ残った在庫品だったのだ!
実際、基準値以上の細菌が検出されて問題になるケースは跡を絶たなかった。
当時の日本の子供は、「アメリカで売れ残った家畜のエサ」で育てられていたのである!
わしが小学生の時、何で給食にはごはんが出ないのか?何でパンとミルクなのか?不思議だった。
しかし、それにはカラクリがあったのだ。
アメリカは戦前から導入された大型機械と化学農薬・肥料多投の大規模農法で小麦の生産量を飛躍的に伸ばし、
大戦中や終戦直後には、世界各国への食糧援助で大きな役割を果たした。
だが各国が復興して食糧増産を始めると、膨大な余剰農産物を抱え込むことになった。

そこでアメリカは、日本をこの在庫品のはけ口にしようと考えたのである。
敗戦後の食糧難の時代には、この「援助」が救いになった面もある。
ただしマッカーサーが本国に、「食糧が占領目的のため必要だ」と報告していたように、これは飢餓で政情不安になれば占領目的が達成できないという計算に基づく「援助」である。
なのに多くの日本人がそれにまんまと「マッカーサー様、ありがとう」と乗っかってしまったことは、決して忘れてはならない。
敗けてしまった国民は、情けなく卑屈で、愚かになる。
戦勝国による侮辱さえありがたがる。
かくして、家畜のエサにしかならないはずだったアメリカの在庫品、脱脂粉乳と、小麦＝パンによる学校給食は、占領政策の一環として始められた。
昭和26（1951）年、サンフランシスコ講和条約が調印、翌年発効で、日本はアメリカの占領から独立した…はずだった。
だが、「日本を在庫品のはけ口にする」というアメリカの方針は何ら変わらず、むしろ強化されていった。
日本「独立」の翌年、アイゼンハワー政権が発足するや、ただちに「公法480号」の法案が公表された。
これは「農業貿易促進援助法」が、正式名称だが、この名で呼ばれることはほとんどなく、
露骨に、「余剰農産物処理法」と呼ばれていた。

アメリカで「余剰農産物処理法」が成立するや、
日本では、ただちに「学校給食法」が成立！
その施行規則には、「完全給食とは給食内容がパン（これに準ずる小麦粉食品等を含む）ミルク及びおかずである給食をいう」と明記された。
日本の伝統である米食は完全に無視された！
アメリカは、余剰農産物の代金を日本国内に積み立て、
これを投融資の形で日本の「経済復興資金」と在日米軍の住宅建設などに充てた。
OFF LIMITS
許可なき者
アメリカ当局者は「腐敗しやすい余剰商品を海外の腐敗性のない戦略物資と交換する」と述べた。
つまり、在庫処理で得た日本の金を、在日米軍の経費に充て、さらに「経済復興資金」で日本の軍備を増強させて「共産圏封じ込め」の世界戦略を進める、一石で二鳥にも三鳥にもなる作戦だった。
そして日本政府は「経済復興資金」欲しさに、アメリカの戦略に乗った。
後々の影響を考えず、「今はアメリカを利用する時なんだ」とでも思っていたのだろう。
「経済復興資金」の一部で「キッチン・カー」が作られ、全国津々浦々を回って「栄養指導」を繰り広げた。
それは、パン、スパゲティ、ラーメンといった小麦食の宣伝に終始していた。
実はこれはアメリカ西部小麦連合会長と、日本の厚生省栄養課長が相談して始めたものだった。

当時、大脳生理学の権威と言われた日本人学者は、
米を食べるとバカになる
米を食べると短命になる
という珍妙な「学説」を喧伝。
一部の「栄養学者」は、パン・肉・乳製品の「優秀さ」を言い立て、
マスコミもそれに飛びついて日本人を「啓蒙」した。
日本人の早老短命は白米偏重が原因
水田が発す
メタンガス
環境を汚染する
一連の計画の責任者だったG・マクガバンは、ケネディ大統領に、報告した。
「学童昼食計画」ほど、少ない金で多くの純益をあげることのできる対外援助計画は他にない。
その通り、学校給食でパンになじんだ子供は、成長してからもパン食を続ける。
そして、インスタント・ラーメンとファストフードの爆発的普及で、アメリカの小麦戦略は完成の域に達した。
ドド
ラーメン
キッチン・カー作戦を始めたアメリカ西部小麦連合会長、リチャード・バウムは次のように言った。
今になって日本では「米を見直す」キャンペーンを始めていることは承知しています。しかし、すでに小麦は日本人、特に若い層の胃袋に確実に定着したものと私たちは理解しています。今後も消費は増えることはあっても減ることはないでしょう。……日本のケースは私たちに大きな確信をあたえてくれました。それは、米食民族の食習慣を米から小麦に変えてゆくことは可能なのだということです。
日本人一人当たりの米消費量は1970年からの30年間で30%も減った。
民族の主食がこれほど変化した例は世界中にも他にない。

日本政府はアメリカの手先となって
減反政策を進め、
さらに「麦作転換政策」で
国産麦作を放棄、
輸入に切り替え、
食糧自給率は
下降の一途をたどる。
現在、日本の小麦の自給率は、9%しかない！
麦で完全勝利を収めた
アメリカは、
次にコメを狙っている。
アメリカが
日本市場を占領し、
日本から田んぼが
消えるまで、
アメリカは攻撃を
やめないだろう。
日本の重要な
食糧自給の一つとして、
海の資源もあるが、
アメリカは
「動物愛護団体」を
利用して、
クジラを禁漁に
追い込み、
次にはマグロを
狙っている。
SAVE THE WHALE
日本の食糧自給率を
限りなくゼロに
近づけたいのだ。
すでに今、
海外からの食糧輸入が
途絶えたら、
日本の食糧事情は、
終戦直後を
はるかにしのぐ飢餓に陥る。
アメリカの
バッツ農務長官は
食糧は
武器であり、
国際交渉の
有力な道具だ。
と公言しており、
CIAの内部文書にも、
アメリカ政府は
食糧難に悩む
大衆に対し、
生殺与奪の
権利を握れよう。
とあったという。
実際、アメリカは
一発の銃弾も使わずに
日本の生殺与奪の権を
握りつつ、都合のよい
「在庫品のはけ口」を
確保し続けている。
この状態を
永遠に保つため、
アメリカはどこまでも
日本の食文化と農・漁業を
破壊していくのだろう。

12年前（1995年頃）わしは薬害エイズ運動を支援した。
あの時、マスコミは厚生省のみを追及していたが、あのエイズウイルス入りの血液製剤だって、アメリカの側が「在庫品のはけ口」として日本を利用したのである。
RETURNED
不思議なことに日本では、サヨクもホシュもアメリカの責任を追及したり、アメリカを批判したりすることができない。
サヨクもホシュも、**恐米病**なのである。
戦後生まれのわしが、アメリカに受けた屈辱の原点は、小学校で無理矢理飲まされた「脱脂粉乳」というアメリカの家畜のエサ。
ぐびっ
ぐえっ・・
韓国人のように恨みを相手国に延々と言い続けることは、日本人の美徳ではないが、
心中深く、忘れてはならぬことはある。
ごーまんかましてよかですか？
1965年前後まで小学校の給食で育った世代は、アメリカの「家畜」あつかいされて何とも思わないか？
今後もアメリカの家畜として生き、アメリカの汚物か毒物の「はけ口」として待機しているか？

攘米篇
新ゴーマニズム宣言SPECIAL
「子供部屋の平和」に感謝する日本人

「愛国心」をテーマにした「朝まで生テレビ」に出た。
その時、思ったとおり金美齢さんがこう発言した。
日本は今までアメリカにお世話になってきたのだから、イラク攻撃を支持するしかなかった。
金美齢さんの場合は、「親米ポチ」ではない。
台湾人はこう考えるだろうなあと、予測していた。
ここが日本人と台湾人の分岐点だろう。
台湾独立派の人々にとって、アメリカを批判するなど、あり得るわけがない。
アメリカなしでは、中国に飲み込まれてしまうこと、必定《ひつじょう》なのだから。

台湾にとってはアメリカは命の綱である。
台湾人はアメリカの大学で博士号を取った者がエリートである。
なにしろ台湾人は英語名をもっているくらいなのだ。
ANTHONY鄭
CATHERINE周
RAYMOND戴
『戦争論3』の第3章で描いたように、アメリカに嫌われ、日米同盟にひびが入ったら、日本は滅ぶと考えているのが親米保守派なのだ。
アメリカなしでは、日本は主体性をいっさい発揮できないというのが、親米保守派の考え方である。
のおおおおおおおお…
日米同盟がなくなった日
アメリカに土下座外交
親米保守派の連中も英語名を付ければいいのに。
THOMAS・タクボ
TIMMY・オガザキ
LASSIE・コモリ
もっとも、日本でも親米保守派という連中は、台湾人とほとんど同じくらいアメリカに依存している。
だが、わしはあえて言っておく。
台湾と、二千年の歴史の蓄積のある日本を、一緒にしてほしくはない！
そう考えるのが日本男児、
武士道精神というものである。
もちろん、台湾にとって今の日本なんか、頼りにもならない存在だろう。
間違いなくアメリカの方が台湾にとっての命運を握っている存在である。
では、一体なぜ、台湾にとって日本が頼りになる国にならないのか？
簡単な話だ。日本がアメリカに依存している国に過ぎないからである！

日本は今まで
アメリカにお世話に
なってきたのだから、
イラク攻撃を
支持するしかなかった。
情けないことだが、
今の日本人の多くが、
金さんの、この意見に
同意するだろう。
つまりそれは
こう言っている
子供に等しい。
ぼくは今まで
お父さんに過保護に
お世話になってきた
のだから、
お父さんの「強盗」を
支持するしか
なかったんだ！
「お父さんの強盗を支持する」
こんなことを言う
子供がいたら
やはり親が親なら
子も子だという
レベルの話でしかない。
正義も道徳も無視して、
「親の強盗を支持する
子供でいい」という考えが
「現実主義」だと言う
知識人は、今後、
教育について語る
資格がない。
さらに
気になったのは、
司会の
田原総一朗氏の
弁だ。
冷戦構造の時代の
日本は、何も考えなくて
良かった。
経済成長を遂げて
豊かになれて良かった。
アメリカの核と
軍事基地に守られて、
国の自立を先送りにしていた
だけの無責任な大人が、
子や孫の世代に恥ずかしいと
思わないのだろうか？
田原氏と金さん、
両者に共通する感覚がある。
戦後民主主義の
肯定である
アメリカに守られて、
戦うこととなくして
豊かになったことを
幸運だと思い、
アメリカに感謝しているのだ。

「戦後民主主義の肯定」
情けないことに、これは親米保守派から進歩派サヨクまでの、ほとんど日本人全体の感覚である。
だから親米保守派は「国益」とは何か？と聞かれて、こう答える…
「国民の生命と財産」だと。
命と金が一番大事なんだと。
国の歴史から遊離してしまった人間は命と金が一番大事になる。
一部の華僑やユダヤ人は、それゆえ「拝金主義」となる。
「命と金」が国益ならば、何度も言うが、アメリカの51番目の州になるのが一番確実だ。
元々、日本に軍備を持たせないようにしたのはアメリカである。
東京裁判で日本人を洗脳し、愛国心を奪い、
自主防衛に踏み切れないひ弱な根性にしたのもアメリカである。
親米保守派は戦後、冷戦構造が始まり、日本はアメリカの核の傘下で、軍事に金を使うこともなく、高度経済成長を遂げ、平和を享受できたことをありがたいと思え、という。
わしに言わせればそんなものは「子供部屋の平和」だ！
自立心も責任感も育てられず、「子供部屋」の中でふんだんにおもちゃを与えられて、世界の厳しさも知らず、無邪気に戯《たわむ》れていたガキどもが、戦後日本人の姿である。

戦後の繁栄を、豊かさをたっぷり享受してきたわしが、断言してやるが、アメリカに恩など感じない。
『戦争論』を描いてから、やっと自覚した情けない自分ではあるが、アメリカと戦って死んだ祖父の世代の若者たちに罪悪感を覚える。
心の中に、恥ずかしい、みっともない、という感情があり、だが居直って生きている。
きっと親米保守派はこう言うだろう。「ソ連に占領されるよりは良かったはずだ」と。
さすが子供部屋の大人だ。「過保護な親の方が強権的な親よりもいい」とか、「小便、飲まされる方が、大便、食わされるよりもいい」とか、あきれるほど未熟な論議をしている…！
アメリカは強引に日本人を子供扱いして、子供部屋に閉じ込め、依頼心だけ植えつけた馬鹿親である。
もし我々が子供部屋から出るチャンスがあるならば、そのチャンスは親から与えてもらうべきで、歩行器を使って歩き出すものだ！
親の顔色を窺《うかが》ってばかりいる優等生の子供はそう主張する。
だが実は、「自力で子供部屋を出るか否か？」が大人になるための条件なのだ！
長い間、「子供部屋の平和」に甘んじたおかげで、日本人にはとうとう大人がいなくなってしまった。

渋谷や池袋で
自分の娘と同年齢くらいの
小・中学生の少女に、
1万か2万で援助交際
しないか?
下着を売ってくれないか?
ホテルで売春してくれないか?と、
声をかけている男たち…
それは子供部屋で育った
大人になれなかった日本人の
象徴的な姿である。
田原総一朗氏によると、
戦後の政治家たちは、
アメリカに
「弱者の恫喝《どうかつ》」を
していたそうである。
このままじゃ
日本は
赤化するぞ!
…と脅しながら、
講和条約を結んで
軍隊なしの独立を
果たし、
安保条約の
改定をしたり、
沖縄を復帰させたり
したのだという。
だが、そんなものは
親に向かって
保護してくれなきゃ
不良になるぞ!
と、駄々こねて
要求を通した
だけではないか。
ぼくたちを
子供部屋から
出すつもりか?
それが「弱者の恫喝」
なわけですか?
もちろん、
敗戦国・日本が、
占領統治から
脱するために、
苦労をしただろう
ことは認めてもいい。
だが、それは未だ
達成されていないし、
どうやら
占領統治されたままの方が、安楽でいいと、
日本人自身が
ひき籠もってしまった
らしい。
日本人は
アメリカの核と
軍事基地に守られた
「子供部屋」で
育てられたことを
感謝している。
右から左まで
み――んな
「子供部屋」が
本当は好きだった。
子供部屋で
お世話になった
アメリカ様に、
ついて行きさえ
すれば、
間違いない!
親米保守派は
そう絶叫しながら、
「誇り」と
「道徳」を
捨て去った。

一方、サヨクは、
次のような戯言《たわごと》を
繰り返すばかりである……
子供部屋で
お世話になってきたことは
大変良かったけれど、
これからはアメリカ様に
少しだけ距離を置いて
生きる方法はないかしら？
子供部屋から
出ることなく…
自由
親米保守派もサヨクも
「自由」と「民主」が
大好きだが、
もっと上位の価値は
「独立」である！
子供部屋に
「自由」などなく、
独立すれば危険を伴う。
親にくっついて
安全を担保する精神は
「独立心」ではない！
最近、やけに年配者から
声をかけられる。
某ホテルの
エスカレーターで
すれ違いざま
会釈をされ
ガッツポーズ
されてしまった。
街を歩いてると
車から降りてきた男性に
「小林さんですね」
と声をかけられ…
朝ナマ
見ましたよ。
本も読んで
ますから。
あ…
ありがとう
ございます。
若者や女性から
声をかけられることは
結構あったが、
最近、50代、60代の人からも
ひんぱんに
声をかけられる。
応援して
ますから。
一体何が
起こってるん
だろう？
どうやら作品やテレビで
アメリカの単独行動主義を
批判し、
警告を発していた
わしの一貫性が
認められてきた
ようなのだ。
反米という作法
小林よしのり
戦争論
3

お父さん（アメリカ）がやったことが、「強盗」に過ぎなかったこと、「侵略」に過ぎなかったことは、もう証明された。
大量破壊兵器もなかったし、フセイン独裁もイラク国内の秩序を保つ必要悪だったことが証明された。
アメリカが石油と復興ビジネスの利権を独占したがっているのも明白になった。イラク国内はスンニ派もシーア派も米軍を憎んでいる。
国連を無視して侵略し、占領したアメリカが、ついに自らの責任では統治できず、国連の多国籍軍を要請する決議を採択してもらおうと動き出した。
アメリカは帝国にはなれなかった。
圧倒的な軍事力だけでは他国を統治する「権威」が発生しなかった。
アメリカの評価はもっと落ちる。アメリカ国内でも反省・見直しが始まるだろう。
『戦争論3』が、リスクを背負って描き上げた予告の書だったことが今後、明らかになっていく。
ごーまんかましてよかですか？
アメリカなんか頼りにならん。
日本は「子供部屋の平和」に見切りをつけて、独自の外交を始めねばならない。
そのためには瞬時に物事の正邪を見抜く洞察力と、道徳的な行為への希求と、正義を実行に移す瞬発力と、リスクを背負う覚悟が必要なのだが、果たして今の日本に、その器量はあるか？
ABCDEFG

攘米篇

日本はいつまでアメリカ頼みでやっていくのか。二〇〇七年四月に安倍晋三首相が訪米し、ブッシュ大統領と首脳会談を行った。この会談について産経新聞は、〈「かけがいのない同盟関係」を再確認し、北朝鮮の核、拉致《らち》問題でも共通認識を持つ好機になった〉とし、〈両首脳が「シンゾー」「ジョージ」と呼び合うことに始まる個人的な信頼関係を深め、政策面でのズレについても基本的な調整がつけられた会談になった〉と社説（「主張」）で評価したが（二〇〇七年四月二十九日付）、わしにはとてもそうは思えなかった。北朝鮮の核問題も、拉致問題も、安倍首相とブッシュ大統領の間に一体どのような共通認識が持たれたというのか。いいかげん日本国民は、日米同盟を「かけがえのない」ものと思い込む能天気から脱却すべきである。アメリカに頼らなくても大丈夫な日本をなぜ構想しないのか。

ここでいう「政策面のズレ」というのは、一つは、アメリカが北朝鮮のテロ支援国家指定を解除するにあたって、日本の拉致問題をどの程度考慮するかという点だ。この二月に北朝鮮の核問題をめぐる六カ国協議が合意に達したが、合意文書には重大な欠陥があり、その内容は日本国民を失望させるに十分だった。北朝鮮の核施設の停止・封印は要求しても、すでに保有している核兵器に関する記述は一切なかった。北の核放棄を求める日本にとって決して納得できるものではなかったはずだが、アメリカは北朝鮮に対する「テロ支援国家指定を解除する作業を開始する」ことを合意文書に盛り込んだ。イランの核開発阻止が第一のアメリカは、自己都合を優先させ、日本を置き去りにして北朝鮮に譲歩したのである。

首脳会談でブッシュ大統領は、テロ国家の指定解除には「日本の拉致問題も考慮に入れる」と安倍首相に

明言したというが、その一方で同席したライス国務長官は、「テロ支援国家指定は基本的に米国に対するテロを念頭に置いたもので、国内法に照らせば、拉致問題の解決は指定解除の条件にはなっていない」と指摘した。ライス長官の発言は、北朝鮮情勢の説明を求められた中での発言だといい、日本側は「国内法について技術的に説明しただけ」（外務省幹部）との見方をとっているが（産経新聞二〇〇七年五月二十日付）、さて、大統領と国務長官の一体どっちがアメリカ政府の本音を明かしているだろうか。

　在米の国際政治アナリスト伊藤貫氏は、二月の六カ国協議の合意について、「北朝鮮の核問題に関してワシントンの内情が正確に日本に伝わっているように見えない」としてこう語った。

「北に対して強い姿勢をとるべきだと考えている国防総省とCIA（米中央情報局）は、いまのブッシュ政権の政策決定からは外され」、「昨年十月の核実験の時点で、ブッシュ大統領は北朝鮮の核武装を放棄させることは無理だとギブアップした。トゥーレイト（遅すぎる）だと。国務省のアジア局はもっと早く二〇〇三年頃からそういう判断をしていた」（『正論』二〇〇七年五月号「名誉ある独立のために当然の国防論議」）。

　さらに、「このままだとイラク、イラン、北朝鮮という『悪の三枢軸（axis of evil）』に対するブッシュ外交が全部失敗だったという結果になりかねないから、何か北朝鮮政策で進捗《しんちょく》があったように見せてくれというブッシュの要求にライス国務長官が応《こた》える形で、国防総省とCIAを外して〝独走〟して決めたのが、今回の六カ国協議でのアメリカの譲歩の真相」（同）なのだという。

　首脳会談後の共同記者会見で、両首脳は、北朝鮮が核施設の稼働停止などの「初期段階の措置」を速やかに実施し、六カ国協議の合意を守らなければ追加制裁を行う考えを強調したが、現実はこれまでと同じ、アメリカの自己都合に日本が組み込まれる形で動いていくに違いない。

　もう一つのズレは、いわゆる従軍慰安婦問題についての日米間の認識の差だ。慰安婦問題の真相は「攘韓篇」で描いたとおりだが、アメリカ人の多くはまったくそれを知らない。安倍首相は、ブッシュ大統領との会談で、「慰安婦の方々に、人間として、また首相として心から同情しているし、そういう状況に置かれたことに対して申し訳ない思いだ」「二十世紀は、人権があらゆる地域で侵害もされた時代でもあった。二十一世紀を人権侵害のない、より良い世紀になるよう日本としても大きな貢献をしたい」と語った。これに対しブッシュ大統領は、「首相の謝罪を受け入れる。大変思いやりのある率直な声明だ。過去からの教訓を得て国を導くのがわれわれの仕事だ」と応じたという。
しかし、ブッシュ大統領は慰安婦問題の「真相」を知って、それについて理解したのではない。安倍首相の「謝罪」を受け入れただけなのである。

安倍首相は米議会幹部との会談でも同じ言い回しを使ったそうだ。これまで国会答弁などで、「意に反して慰安婦とされた『広義の強制性』はあったが、官憲による慰安婦狩りなどを示す『狭義の強制性』はなかった」と強制連行を否定したことが——この事実認識はまったく正しいにもかかわらず——、海外メディアから人権意識の欠如のように報道されたことに対する〝弁明〟は当然としても、結果的には謝罪を繰り返しただけで、その意図はアメリカ国民にはまったく伝わらなかった。むしろ彼らは、慰安婦の強制連行を既成事実として改めて認識したはずだ。

慰安婦問題がどのような経緯からアメリカで論議を招くことになったかは「攘韓篇」でも描いた。米国議会下院に慰安婦問題で日本を糾弾する決議案がマイク・ホンダ議員らによって二〇〇六年九月、〇七年二月と続けて提出され、その決議案を審議するための公聴会が開かれたことが発端だ。同決議案は、「若い女性を日本帝国の軍隊が強制的に性的奴隷にした」と明記したうえで、日本軍が組織的に女性を強制連行したと決め付け、日本政府がその歴史的責任を公式に認め、謝罪すべきだと求めている。

安倍首相がなすべきことは、この一方的な日本糾弾に対して、根拠のないプロパガンダであることを明らかにすることだったが、安倍首相がしたのは謝罪の繰り返しであり、〝安倍たたき〟を続ける偏向マスコミと戦うことではなかった。もともと慰安婦問題に関するアメリカのマスコミや識者たちの報道・論評姿勢はデタラメなのだから、「謝罪」は逆効果でしかない。彼らは韓国や中国の運動家、マスコミの喧伝《けんでん》を鵜呑《うの》みにするだけで、日本を批判する前提となるはずの事実の提示もなければ、具体的な論拠もない。「歴史家たちは女性二十万人もが拘束され、日本軍将兵がその拘束に参加した、と述べている」というワシントン・ポストの記事など、半世紀以上も前の勝者の裁きに立った日本断罪の驕《おご》りと、悪意以外のなにものでもない。一時摩擦が大きくなっても、事実を示して果敢に彼らを論破すべきだった。「戦後レジームからの脱却」を掲げる安倍首相であればなおさらではないか。

シーファー駐日大使は、「日本が河野談話から後退していると米国内で受け止められると破壊的な影響力がある」と述べた。シーファー大使はこれまで、横田めぐみさんら拉致家族に深い同情を示し、ブッシュ大統領ら米政府首脳に働きかけて北朝鮮との協議で拉致問題解決を優先する日本政府を支持するよう説得して

きた人物だ。その「知日派」が、慰安婦問題ではまったくの無知を露呈し、河野談話をもとに日本の責任を追及する側に回る。ここに安倍首相が決断し、打開すべき根本問題が示されている。

なぜ安倍首相は就任早々河野談話を踏襲したのか。わしは、「攘韓篇」で、安倍首相が『性奴隷』という非難を黙認するのは、河野談話の踏襲ではなく、逸脱である！」と訴えた。「このままでは安倍晋三は河野洋平に輪をかけた国賊である」とも。日米同盟はかけがえがないから日米間の摩擦を少しでも抑えるために、河野談話を認めろとアメリカに要求されたら安倍首相はそれを受け入れるのか。それは歴史を政治に売り渡す行為だ。韓国相手にそれを行ったことがどんな事態を招いたかを安倍首相は熟知していたはずではないか。

わしは、アメリカに対し「正論」を言えない日本国家を哀れむ。同情する。そして英霊たちに済まないと思う。こんな国にするために、彼らは命を投げ出してくれたのではないだろうに。

一体アメリカは日本占領時に何をしたか。彼らがすっかり忘れているならわしが思い出させてやる。敗戦を受け入れ、一九四五（昭和二十）年八月十七日に発足した東久邇宮《ひがしくにのみや》内閣の初仕事は、米軍の要求を入れてアメリカ兵のための慰安施設を設置することだった。

「外国駐留軍施設等整備」の名のもと一億円が投じられ、「特殊慰安施設協会」（ＲＡＡ）が設けられた。四六（昭和二十一）年にマッカーサー指令が出され、日本におけるすべての施設が閉鎖されるまで、各地に米兵相手の慰安所があったのである。

この問題について渡部昇一氏はこう語っている（『日本を貶める人々』ＰＨＰ研究所）。

「アメリカと日本のどちらが人道的だったか。……アメリカ軍は、自国の兵隊が被占領国の女性を強姦《ごうかん》し、性病に罹《かか》ったりすることを防ぐために、被占領国の女性を集めて対応した。日本は日清戦争以来、そういう体験があるから、被占領国の女性を使わず、営業権を与えた日本人（当時はコリア人も含まれている）に営業をさせた。……即物的な表現になってしまいますが、被占領国の女性ではなく、自分たちの国の女性に集まってもらったのです。そして兵隊が強姦事件を起こさないように、性病に罹らないように管理した。

どちらのほうが人道的に水準が高かったかと言えば、私は日本人のほうが高かったと思います。勝利した軍隊が敗れた国の女性を〝性の道具〟にしなかったことは歴史上なかったことです」

売春が合法だった時代の話である。国家や軍隊の生理という問題はどの国にもあったことで、その複雑性を無視し、事実関係の論議を捨象して、一方的に道義や人権の問題として日本を追及するアメリカに正義はあるのか。人道主義を掲げて六十年前の日本を断罪する前に自ら省みることはないのか。広島、長崎への原爆投下はどうなのだ。チベットやウイグルでの中国の少数民族弾圧はどうなのだ。イラク戦争時の捕虜虐待はどうなのだ。……アメリカのダブル・スタンダードに我々が沈黙せざるを得ないとしたら、親米保守派がなんと言おうと、日本はアメリカの属国でしかない。宗主国には逆らえないというわけだ。

かりに冷戦以後のアメリカが他国に対して圧倒的に優位な立場あると考えたとしても――わしは同意しないが――、たとえば岡崎久彦氏の言うように、「いまは〝アメリカ帝国〟に乗っかっていれば」よく、〈9・11テロ〉とその後のアメリカの行動についても、「おせっかいな是非善悪の論をいっても、何の影響もないし、日本国民のために得になることは何もないから、余計なことはしない」としか結論づけられないとすれば、そこには日本の独立した姿はまったく見えない。

日本国首相の靖国神社参拝に対し、かりにアメリカが「すべきではない」と言い出したらどうするか。アメリカの賢明な指導者は日本人にとっての靖国神社の意味をよく知っているはずだから、そんな要求はしてこないだろうという見方もあるが、それになんの保証もないことは今回の慰安婦問題が明らかにした。やっぱり日米同盟は日本の死活問題だから、靖国参拝の自粛はやむを得ないという結論になるのか。「慰安婦決議」のあとに「靖国決議」が持ち出される可能性だってある。それを親米保守派は否定できるのか。

わしは、日米同盟堅持の名のもと、いつしかそれが日本独立の手段ではなく目的化してしまったこと、それを親米保守派がなんとも思わなくなってしまったことに怒りと失望を感じているのだ。そもそも「保守派」とは、日本と日本人の歴史・伝統の上に立ち、それを守る立場のことであって、その目的なしには成り立たないはずではないか。アメリカと価値観を同じくする保守などというものは、本来思想的にはあり得ないのだ。

少なくとも、アメリカが建国以来掲げる「自由」と「民主主義」という価値観にわしは普遍性を認める者ではないし、それが日本人にとって最も大切な価値観だとも思わない。日本人には、長い歴史によって培ってきた日本人の価値観があったはずである。それをわれわれが捨て去ることを日米同盟堅持という目的が要求するならば、日本の「独立」にとって本末転倒ということになる。

何度でも言っておく。わしはその意味で「反米」というレッテルを貼られて一向に構わない。そもそも

「反米」の志なくして、日本の「独立」が達し得るか。さらに言えば、「反米」の気概があってこそ、アメリカは日本を警戒しつつも尊重するようになるのだ。おもねる者は、しょせん相手に敬意を抱かれない。尊重もされない。

中国や韓国による日米離反の陰謀、画策に乗せられるなという警戒論にわしは同意する。しかしそれは、アメリカに事実を認識させるための言論、事実の提示を自粛するものであってはならない。この機会だからこそ挑んでいかなければならないのだ。ポチ・ホシュたちには、この当たり前の論理がまったくわからないらしい。たしかに現状維持がいちばん楽だが、日米同盟堅持のためには「口に出すべきではない」「言うべきではない」とポチ・ホシュたちが釘《くぎ》を刺すような事実をこそ、志ある日本人は知り、語るべきなのである。

慰安婦問題でニューヨーク・タイムズの社説は、「日本の政治家たちは安倍首相をはじめ恥ずべき過去を克服する第一歩はその過去を認めることだと知るべきときだ」と記した。

ではわしも、ここでアメリカ人が思い起こすべき「過去」の一つである原爆投下について記しておく。同時に、戦後の日本人には「悔しさ」とともにしっかと思い起こせと言っておく。事実を知り、足りなすぎる情緒的な怒りを胸に深く刻むために——。

なぜアメリカの原爆投下に抗議できないのか

一九四五（昭和二十）年八月六日、広島にウラン235型爆弾が、九日、長崎にプルトニウム239型爆弾がそれぞれアメリカ軍によって投下された。広島市は市街の六割が壊滅し、同年末までに死者は約十四万人[*1]、長崎市は市街の三分の一が焦土と化し、死者七万四千人[*2]に及んだ。犠牲になったのはいずれの都市も一般市民がほとんどだ。それまで空襲による被害を免れていた無傷の都市と、無辜《むこ》の市民を〝標的〟にしたアメリカの無差別大量殺傷は動かしがたい事実である。

原爆投下を命じたトルーマン米大統領はこう述べた。

「日本は、パールハーバーにおいて空から戦争を開始した。彼らは、何倍もの報復をこうむった。（中略）今やわれわれは、日本のどの都市であれ、地上にある限り、全ての生産企業を、これまでにもまして迅速かつ徹底的に壊滅させる態勢を整えている。われわれは、日本の戦争遂行能力を完全に破壊する。

七月二十六日付最後通告がポツダムで出されたのは、全面的破壊から日本国民を救うためであった。彼らの指導者は、たちどころにその通告を拒否した。も

＊1―広島市が公式発表している数字
＊2―長崎原爆資料館による死者数

し彼らが今われわれの条件を受け容《い》れなければ、空から破滅の弾雨が降り注ぐものと覚悟すべきであり、それは、この地上でかつて経験したことないものとなろう。この空からの攻撃に続いて海軍及び地上軍が、日本の指導者がまだ見たこともないほどの大兵力と、彼らにはすでに十分知られている戦闘技術とをもって進行するであろう」（「八月六日の声明」／山極晃・立花誠逸編『資料マンハッタン計画』）

　戦後、GHQの占領支配を受けた日本には、原爆投下の真実を糊塗《こと》する二つの伝説が流布されるようになるが、いずれもトルーマンの声明にその原点がある。一つは、日本国民を救うためであると同時に本土決戦となった場合、百万に及ぶアメリカ兵の生命を救うために原爆を投下したという伝説だ。戦後、多くのアメリカ人が決まってこれを主張してきた。もう一つは、昭和二十年七月二十八日、首相だった鈴木貫太郎が、ポツダム宣言に対して「黙殺する」と語ったことが原爆投下を招いたのだという伝説である。

　戦後日本を占領したアメリカ軍がどのような情報統制・操作によって日本人をコントロールしたか、その素材の一つにGHQ民間情報教育局によって編纂《へんさん》され、一九四六（昭和二十一）年八月二十五日に発行された『眞相箱』という本がある。当時のラジオ番組『眞相箱』の台本をまとめたもので、その内容は、日本がいかに悪い国で、好戦的かつ愚かで、アメリカの平和への努力を認めないまま戦争に突っ走っていったか。またアメリカがその悪虐な日本軍と日本政府から日本国民を救うためにどれほど努力をしたかを、繰り返しいろいろなバージョンで刷り込もうとしたものだ（『「眞相箱」の呪縛を解く』櫻井よしこ著、小学館文庫より）。

　『眞相箱』より少し前には『眞相はかうだ』というシリーズがあり、『眞相はかうだ』から『眞相箱』、さらに『質問箱』と名称を変えて同種の番組は一九四八（昭和二十三）年八月まで約三年間続けられたが、広島、長崎への原爆投下はその放送でどのように日本国

昭和21年8月25日発行　『眞相箱
太平洋戦争の政治・外交・陸海空戦の眞相』
（連合国最高司令官民間情報教育局編
コズモ出版社）

民に伝えられたか。『眞相はかうだ』では、トルーマンの声明そのままに、原爆投下は日本がポツダム宣言への回答を連合国にしなかったことへの当然の報いであり、しかもポツダム宣言がいかに「人道的で寛大かつ非懲罰的な降伏条件」であったかが強調されている。

番組では、「原子爆弾を広島の軍事施設に投下しました。ダイナマイト二万トンに相当する破壊力を持つこの原子爆弾は兵器廠都市、広島の六割を一掃してしまいました」というナレーションがあり、長崎についても、「長崎軍港の軍事施設と三菱ドックに投下されました」と目標が日本の軍事都市だったように語られている。これは「日本が悪かった」のだから「原爆を投下されても当然」で、目標はすべて軍事都市だったという日本人〝再教育〟だ。

日本国民の多くがGHQのつくりあげた〝伝説〟を信じ、評論家の鳥居民氏が指摘するように、少なからぬ歴史研究者もそれをおうむ返しにしてきた。東京大学教授だった岡義武氏は、終戦時の鈴木貫太郎首相がポツダム宣言を黙殺したことが、広島、長崎への原爆投下につながったと『近衛文麿「運命」の政治家』（岩波書店）に書いている。

教育現場でも「原爆投下は（わが国の）侵略の当然の報い」とする容認論が浸透している。一九九七（平成九）年三月、本島進・元長崎市長が広島平和教育研究所の年報『平和教育研究』に発表した「広島よ、おごるなかれ」という論文では、「広島は戦争の加害者」「第五師団（広島）は凶暴なる殺人軍団」「最重要軍事基地が最大の爆弾攻撃を受けるのは当然」「戦争をしかけたのは日本だよ。悪いのは日本だよ」という主張がなされているし、これとまったく同じ論理で、広島が「軍都だから」原爆を投下されたと結論づけ、「そのような過ちを繰り返さないことが大切」と記した中学校歴史教科書（東京書籍）が文科省の検定を通ってもいる（二〇〇一年）。中国の人民日報が「広島、長崎への原爆投下は日本の侵略行為がもたらしたもので自業自得」という論評を掲載したこともある。

問題なのは、アメリカに対し原爆投下という蛮行、非人道性について抗議する姿勢が親米保守派の中にまったくないことだ。アメリカの原爆投下を容認する姿勢は、サヨクと親米保守に奇妙に共通している。アメリカはなぜ日本に原爆を投下したのか。最新の研究書である鳥居民氏の『原爆を投下するまで日本を降伏させるな』（草思社）を手がかりに考えてみる。

アメリカが原爆投下を正当化する理由のうち、百万人の戦死者云々《うんぬん》についていえば、ルソン島と硫黄島と沖縄戦におけるアメリカ軍の戦死者の総計が二万七千人程度だったことから考えても、トルーマンのいう日本本土上陸作戦で百万人という数字は戦傷者を加えてのことだとしても桁《けた》外れに多い。原爆投下前の四カ月間、本土上陸作戦で予想される犠牲者の数に懸念を表明するアメリカ陸軍の首脳はいなかった。海軍の首脳にもいない。陸軍参謀総長のジョージ・マーシャルも、九州に強襲上陸を予定していたダグラス・マッカーサーもそんな数字を挙げたことはないという。戦死者だけであれば一万人以下という推定であり、考えもしなかった百万人の犠牲者という数字が登場したのは、アメリカの正当性と大統領の名誉を守るため、原爆の開発、製造のすべてに精通していた陸軍長官ヘンリー・スティムソンが、戦後になってからかつての部下の協力を得て創作した〝弁護〟によるものだというのが鳥居氏の結論だ。

では日本側の事情はどうか。昭和二十年六月二十二日、昭和天皇は、鈴木貫太郎首相、東郷茂徳外相、阿《あ》南惟幾《なみこれちか》陸相、米内《よない》光政海相ら最高戦争指導会議の六名を前に、非公式の懇談会ながら「時局収拾」を求めている。内大臣木戸幸一によって根回しされたもので、天皇の態度決定により、政府と統帥部は戦争終結に向かって第一歩を踏み出したと言ってよく、日本はすでに終戦に向け動き出していたのである。

当時、鈴木首相はアメリカ政府が間もなく降伏条件を明示してくるのではないかと予測していたが、アメリカ側に甘く見られ、日本が降伏を求めているのだと思われてはならないと考え、戦い抜くことで政府の意志は統一しているのだと内外に見せるため、六月九日から十三日まで臨時議会を開いた。鈴木首相はアメリカが日本に対する降伏条件を明らかにするのはドイツの降伏のあとだと思っていたが、ドイツ降伏後も、沖縄戦のあとになっても、アメリカは降伏条件を示してこない。それで鈴木首相の「継戦意志」によるポツダム宣言の黙殺（拒否）と、それへの応報としての原爆投下という流れが単純に語られてしまったわけだ。

なぜトルーマンは、当初ポツダム宣言を公表するにあたって、日本がそれを受け入れないように入念な細工をほどこし、スティムソンの原案から天皇の地位保全の条項を削ったのか。鳥居氏は、日本側がその宣言を正式の外交文書だと思わせないようにつくり、最後通告だという認識を持たせないように、日本側が間違いなく黙殺するように仕組んだことに目を向ける必要があると述べる。

日本の歴史研究者の多くが見落としているのは、トルーマンと国務長官ジェームズ・バーンズは都市に原爆を落とす実験を終えるまで、日本を降伏させなかったという単純な事実だけでなく、投下を終えたあとにトルーマンとバーンズが日本に対して行った譲歩は、ポツダム宣言の草案から外した天皇の地位保全条項を

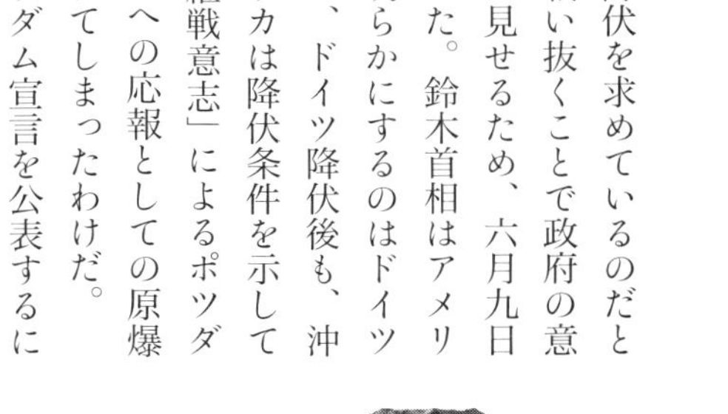

加えただけであるにもかかわらず、そうとは気づかせないように企んだ策略、その巧みな隠蔽《いんぺい》工作についてだという。

それらを踏まえて出てくる鳥居氏の結論は、「アメリカ合衆国大統領ハリー・トルーマンと国務長官ジェームズ・バーンズの二人は、原爆の威力を実証するために手持ちの二発の原爆を日本の二つの都市に投下し終えるまで日本を降伏させなかった」ということに尽きる。ポツダム宣言までに原爆を完成させていたアメリカが、ソ連の対日参戦（満州侵攻）がなくとも日本を制圧できるとして急ぎ原爆を投下したというものだ。

原爆投下準備の完了する八月一日以前にソ連の大規模な機甲部隊が満州に攻め込むことになれば、中立条約を一方的に破っての侵攻に日本のショックは計り知れない。ソ連参戦からほどなく日本は連合国に降伏してしまうかもしれない。そうなったら、トルーマンとバーンズが考えた計画は根本から崩れる。日本が昭和二十年七月のうちに降伏したら原爆は宝の持ち腐れとなり、戦争終結とともに原爆製造のための支出をレスリー・グローブス（原爆開発、製造の最高責任者）管轄下の工兵団の予算の中に隠しておくことができなくなり、議会の承認が必要になる。原爆の完成、使用がないまま戦争が終わってしまえば、どうやってそれまでの巨額な資金の支出と、それが今後も必要なのかを国民と議会に納得させればいいのか。

さらにもう一つの懸案、ソ連の指導者をいかにして恐怖させ、威嚇《いかく》することができるか。一機の爆撃機が積む一発の爆弾が十万人以上の市民を殺傷し、一つの都市を灰燼《かいじん》に帰して見せてこそ、スターリン支配の拡大を阻止できる。このような策謀をめぐらせたトルーマンとバーンズは、ソ連の対日参戦が八月八日だと聞き出すことができたとき、互いに会心の笑みを浮かべたことだろう。

アメリカの原爆投下に関する史料はずいぶん目にしたが、事実経過を丹念に追った上での鳥居氏のこの推論が、いちばんしっくりきた。アメリカは日本が終戦に向けて動き出していたことを知りながら、原爆を投下しなくとも多大な犠牲なしに勝利を得られることを確信していながら、ソ連への威嚇と人種偏見を背景にした新兵器の性能実験、人体実験に日本の都市と日本人の命を供したのである。

性能実験、人体実験という見方をアメリカ人は否定するだろう。だがアメリカ軍の公式資料にも、原爆投下の候補地として「焼夷弾などの爆撃被害が少なく、原爆被害の評価をしやすい」という理由が記され、京都、広島、小倉、新潟などの名があるのだ。しかも広島にウラン２３５、長崎にプルトニウム２３９とタイプの違う原爆を投下したことは、新兵器の効果を試すことが目的だったことを裏付けるものだろう。当時のカナダ首相マッケンジーの日記には、原爆がヨーロッパの白人にではなく日本人に使われることになってよかったと綴《つづ》られていたという。

原爆投下だけではない。東京、千葉、大阪、名古屋、岡山、松山など日本の六十四都市をB29で爆撃し、市街地の平均四三％も焼き払い、三十三万から九十万と見積もられる無抵抗の一般国民を殺害したことはどうなのか。アメリカ軍は大東亜戦争のはるか以前から、関東大震災や東京に支店のあったイギリスの火災保険会社からもデータを集め、日本を焼き払うための油脂焼夷弾の開発をしていた。

ハーグ条約には概略、「無防備の都市、町村、住宅、または建物に対する、いかなる攻撃または爆撃も禁止する」（陸軍規約25条、海軍砲撃条約2条、空戦法規案24条）などとある。『アメリカの日本空襲にモラルはあったか』（ロナルド・シェイファー著、草思社）によれば、アメリカ陸軍航空隊の将軍たちは、欧州戦線では無抵抗の一般市民を殺戮《さつりく》することへの道義的嫌悪感から「無差別爆撃」を回避し、白昼堂々と精密目標を狙《ねら》う「選択的爆撃」にこだわり続けたという。

ところが、この原則は日本攻撃には適用されなかった。日本には無差別に爆撃を加えてよいと彼らは考えたのである。アメリカは原爆投下も、都市を焼き払った空襲も、日本に謝罪したことはない。改めてアメリカに問う。敗戦国だけに戦争犯罪はあり、戦勝国には一切ないのか。そうではあるまい。

アメリカへの「悔しさ」が日本を変える

日本が真の「独立」を果たすためのエネルギーは「悔しさ」である。明治の日本人を支えた精神は「臥薪《がしん》嘗胆《しょうたん》」だった。いまだに日本人の多くはアメリカによる占領政策を「寛大だった」と感謝している。たしかにアメリカの支援なしでは日本の戦後復興はなかったという事実は否定できない。わしは事実は認める。だがこれも無条件に、無制限に感謝するような話ではないのだ。わしが本書の「戦後生まれがアメリカに受けた屈辱」で描いたように、「学校給食」ですらアメリカの自己都合によるものだった。

日下公人氏が「ガリオア・エロア資金」について述べているのを興味深く読んだ（『別冊正論』第六号「日本国憲法の〝正体〟」）。

ガリオア資金は、アメリカの第二次大戦後の「占領地域救済政府資金」で、占領地域の疾病や飢餓による社会不安を防止し、占領行政を円滑に行うことを目的に、西ドイツや日本などに対して米陸軍省がその予算

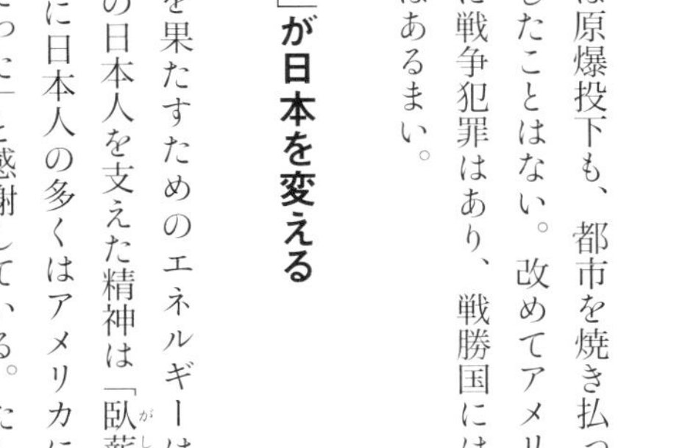

から支出した援助資金のことだ。一九四七（昭和二十二）年から五一（昭和二十六）年まで続けられ、食糧や肥料、医薬品など生活必需品の緊急輸入という形で行われた。

エロア資金は、同じくアメリカの「占領地域経済復興基金」として一九四九（昭和二十四）年の米会計年度から日本や韓国に向けて適用された。経済復興が主目的で日本では原材料の購入に充当され、政府は購入した原材料を国内業者に売却し、その代金はガリオア資金と並んで「対日援助見返り資金特別会計」として蓄積された。この資金は当初日本政府の裁量で運用されていたが、一九四九年からは、財政金融政策の引き締めを決めたドッジ・ラインの枠組みの中で、資金の利用には米国政府の承認が必要とされる「見返り資金」としての計上を義務づけられた。

ガリオア資金と合わせて一九五一年の米会計年度の打ち切りまでの対日援助総額は約十八億ドルとなり、日本はこのアメリカの「援助」に感謝して、国会で「感謝決議」までしたのだが、わしが漫画で描いたように、日本向けに送られた食糧はほとんどが家畜の飼料用だった脱脂粉乳と雑穀類だったのである。

しかもサンフランシスコ講和条約後の一九五三（昭和二十八）年一月、援助開始時には無償とされていたものが、突然「援助」ではなく「債務」であるとして返済要求が突きつけられた。日本政府はどうしたか。感謝決議から一転、「ガリオア・エロア資金は対米債務と考える」という国会決議（一九六一［昭和三十六］年）によってアメリカに返済することを決めたのである。さすがに減額交渉をし、約五億ドルを一九七三（昭和四十八）年までに返済したのだが、事実上アメリカの「家畜」扱いをされながら、その代金を支払わねばならなかった屈辱を、日本人は心中忘れてはならないだろう。餓《う》えるよりはましだったと言うのであれば、もはや戦後の日本人に「武士道」を語る資格はない。

アメリカは世界一の強国なのだから、アメリカに守ってもらっているのだから、いまさら何を言っても仕様がないという諦観《ていかん》に身を浸しているだけでは、日本は永遠に「属国」のままだ。実は、アメリカに対する「悔しさ」は、日本は「ハンディキャップ国家」でよいとする歪《いびつ》な半人前国家肯定論を打ち壊し、日本が「子供部屋の平和」から出て、日米関係を大人の関係にする起爆剤となるものだ。「悔しさ」なき「親米」感情だけでは対等な日米関係は築けない。

戦後の日本は、戦前の教訓として「国際的な孤立はよくない」としてアメリカを国際社会への窓口として付き合ってきた。そのなかで自国の安全保障を忘れ、経済復興に励んできた。資金が必要だと言われれば、いくらでも出してきた。すべては「孤立したくない」

からだ。だが、孤立よりももっと辛《つら》いことがあることをいつしか感じ取れなくなってしまった。それは、屈従や隷従である。身近な人間関係にたとえれば、いじめられたり、無視されたり、おカネを強請《ゆす》りとられたり……ということである。そうした現実から逃れるために、戦後の日本は「国際親善」や「援助」という言葉で自己の弱さを偽ってきた。だが、大人とは孤立に耐えるものなのである。

ゴーマンかましてよかですか？

アメリカに対する「悔しさ」を秘めた日本人だけが、アメリカと対等な関係を築くことができるのだ。アメリカに寄り添うことを「戦略的思考」と錯覚してはならない。アメリカなしでも立っていける日本を構想しろ。

攘独篇
新ゴーマニズム宣言
SPECIAL
ホロコーストの原罪を反日でごまかすドイツ人

「新しい歴史教科書をつくる会」の活動をしていた頃、ニューヨーク・タイムズから取材の依頼が来た。
今度もどうせ「長引く不況の中で自信をなくした日本人の中からナショナリズムが台頭してきた」とかお決まりの記事を書くのだろう。
しかし ひょっとしてアメリカ人の中にもまともなやつが…
あわい期待を抱いて取材を受けてみた。
金美齢さんとの対談本のために幻冬舎がホテルに用意してくれた部屋を対談前に使わせてもらった。
取材は長引き時間通りにやって来た金さんを待たせることになってしまった。ここまでして、取材に協力したわけだが…
ニューヨーク・タイムズ東京支局長「ハワード・フレンチ」はいきなり、こんな質問から入ったのだ。
731部隊をなぜ日本政府は謝罪しないのか？

ようするに「日本は戦争犯罪国家なのだから戦争犯罪だけで歴史を語るべき」と言いに来ただけなのだ。
彼自身がその日本軍の犯罪とされる行為を「一次史料」「二次史料」で検証してみる気はいっさいない。
ただ彼の社の支局が入っているビルが朝日新聞であり、その朝日新聞の論調に合わせているだけに過ぎない。
朝日新聞
アメリカ人が「個人主義」というのも嘘なのだ。
「極右」「歴史修正主義者」…初めから予断と偏見を持って取材してるんだから何を言っても実りはない。時間の無駄だった。
日本の今までの教科書がマルクス主義階級闘争史観で書かれ、自国の戦争犯罪糾弾の記述ばかり増えていくので、近現代ばかりでなく
日本の国の成り立ちがわかるように
日本の歴史全体を最新の学者の研究を踏まえて描き直したら 即「極右」。
中学社会 歴史
わしのように「軍国主義反対」を唱える「極右」ってあるのか？
台湾やチベットの自主を願い、中国からにらまれているわしが「極右」で、
今現在も軍の力で領土拡張を狙っている中国を支持する朝日新聞は じゃ 一体何だ？
そして、朝日新聞の御注進記事に踊らされてしぶしぶやった中国・韓国の外圧をはねのけて、
ついに「つくる会」教科書の検定合格を受け入れる国民の方が多くなってしまったこの日本の現状！
読売新聞も「検定合格支持」を表明し、完全に孤立した朝日新聞の売り上げがますます落ちるこの日本の現状！
これは日本人全体が「極右化」してると説明するのか？

ニューヨーク・タイムズ
ハワード・フレンチよ
「極右」のレッテル貼り
だけで、評論できたと
いうのは、ジャーナリスト
として失格だ！
FAR RIGHT
日本の戦争犯罪がそんなに気になるなら言ってやるが…
米軍が日本の人口の多い順に64の都市をB29で爆撃し「木と紙で出来た」日本家屋を焼夷弾で焼き払い民間人を25万人 大虐殺したことを謝罪したか？
長崎と広島に落とした原爆で30万人以上の民間人を大虐殺したことを謝罪したか？
戦争で殺した日本兵のしゃれこうべを家族へのプレゼントに持って帰っていたその人種差別を反省し謝罪したか？
そしてこれが肝心なことだが、日本人はそれらアメリカの戦争犯罪をいつまでも いつまでも言い立てたか？
敗戦国にだけ戦争犯罪があり戦勝国にはそれがないとでも思っているのか？
ハワード・フレンチはこう書いている。
THE NEW YORK TIMES INTERNATIONAL
Far Right Tinkers With Histor
「だが売れっ子漫画家、小林よしのりの民族主義的な漫画がベストセラーになったことは、日本の極右勢力が表舞台に登場し始めたことを意味している。それは、この国の政治的、経済的衰退に国民の幻滅感が増大し始めたのと時を同じくしている」
この通り「極右」と「不況が原因」のお約束記事恥ずかしくないのかね？

「極右」この言葉があるから 奴らは優越感が持てる。
便利な便利な思考停止の決めゼリフ「極右」!
FAR RIGHT
この言葉なしには奴らは 今後の日本を批評できなくなるだろう。
日本の歴史を勉強してみる気もなく…
日本人を分析するだけの知性を磨く気もない。
FAR RIGHT
ちょっと愛国心のある人物に出くわしたら「極右」!
論理で太刀打ちできない強い奴に出会ったら「極右」!
FAR RIGHT
コンプレックスを刺激するジャップに出会ったら「極右」!
「極右」は、アメリカ人にはいや ヨーロッパ人にとっても手放せない愛しい言葉。
FAR RIGHT
「極右」「極右」口を開けばとにかく「極右」。
FAR RIGHT
おお、魔法の言葉「極右」。
「極右」「極右」、どうしてあなたは「極右」なの?
FAR RIGHT
原水爆以上に便利な言葉、「極右」!
FAR RIGHT
ごーまんかましてよかですか?
極右極右
わしの局部は左寄りじゃ───い!

相手がドイツ人の場合はもっと厄介なことになる。
ドイツ『ツァイト』紙のヘンリク・ボルクという記者の取材を受けた時も…
あなたは、なぜ従軍慰安婦や南京虐殺を認めないのか？なぜ日本は謝罪しないのか？
わしは時間をかけてなるべく丁寧に説明したのだが…
しかし『ツァイト』記事を見てわしは驚愕した。
実はこっちの日本語訳を見て驚いたの
そこでわしは以下のような手紙をボルク記者に送った。
『DIE ZEIT』紙
ヘンリク・ボルク殿
前略
私は日本の漫画家で『戦争論』の著者小林よしのりです。
私は1999年2月13日午後3時あなたの取材を受けました。
多忙のためお断りしている取材も多い中、ドイツから来られたあなたのために特に時間を取ったのです。
あなたの質問には予定時間を大幅に過ぎてもすべて誠実にお答えしたつもりです。
ところが送られてきた『ツァイト』3月11日付の記事を見て、私は驚愕しました。
あれだけ長時間かけてお話しした私の主張が全く掲載されず、代わりに私と私の作品に対する誹謗中傷が書きたてられていたからです。
8 POLITIK
Geschichtsklitterung in Sprechblasen
Ein kriegslüsterner Comic und die Erinnerung an das Massaker von N… lassen die Japaner über die Vergangen… streiten / Von Henrik Bork
フキダシで歴史歪曲
この戦争賛美の駄作
„LASST UNS STOLZ AUF UNSERE GROSSVÄTER SEIN", meint Yoshinori Kobayashi in seinem erfolgreichen Comic
blubb（ブクブク…無意味な音の描写から転じ、無駄なおしゃべりなどを形容するニュアンスもある）
彼のあまり知的とはいえない文章にはそぐわない印象を与える
驚くべきベストセラーになってさえいなければ、ほとんど話題にする価値もないもの
SPECIAL
0130-82 54 05

Kobayashi zeichnet schon an der Fortsetzung
von Senso-ron. In seinem kleinen Büro
彼の小さな仕事場では死者を悼むことのできない日本の無能力が、毎日毎日、新しいフキダシに注ぎこまれている。
このような態度はジャーナリストとして卑怯と言わざるを得ません。
もしあなたにジャーナリストの良心があるならば、あなたが取材した私の主張も掲載していただきたく、手紙を送ることにしました。
そもそもツァイト紙東京支局より私の事務所に届いた取材依頼は「日本のマンガについての状況」について聞きたいというものでした。
ところがあなたの質問はすべて「南京虐殺」にこだわったものでした。
私が「ホロコーストと南京は違う」と言った時からあなたの顔はずっと紅潮しっぱなしで、ますます「南京虐殺」のみにこだわる異常なインタビューが最後まで続いたのです。
これはあくまでも冷静に検証すべき学術的な問題です。「ホロコーストと南京は違う」これは私一人が言っているのではなく世界の歴史学の常識です。
あなた方ドイツ人はユダヤ人と戦争していたのですか？
違うでしょう？
ナチス・ドイツは戦争とは別に「民族浄化」を行なったのです。
ユダヤという一民族の迫害・抹殺を国家の方針として計画し実行したのです。
それに対して日本人が支那人とやっていたのは「戦争」です。当時4億人以上もいた支那人を「民族浄化」しようなど誰も思っていませんし、まして国家方針として計画したことなど一切ありません。
南京であったと言われているのは戦時下における突発的な事件であり「戦争犯罪」です。
「戦争犯罪」は戦争が起こればどの国でも起こします。
日本でもドイツでもアメリカでもイギリスでも中国でも。
捕虜虐待や混乱に乗じた兵隊個人の非行といった戦争犯罪を一切起こさずに戦争を遂行した国など、一国もありません。
それに対してホロコーストは戦争と関係なく計画実行された人類の悪であり狂気の所業であり人道に対する罪です。
これと「戦争犯罪」を同列にしようという企みはユダヤの人々に対してあまりに失礼であり許されることではない。
私はただそれだけの常識的な意見を言ったに過ぎません。

これを言って「極右」と非難されるのであれば、
スタンフォード大学歴史部長のデービッド・ケネディ教授
サンディエゴ州立大学のアルビン・D・クースク日本センター所長
アメリカン大学のリチャード・フィン名誉教授も
「極右」になってしまいます。
さらに言えば、東京裁判では当初 検察側は南京事件をホロコーストと同等の犯罪として立証しようとしましたがそれができず、結局普通の戦争犯罪として審理しています。
あなたは東京裁判の検察団や裁判官も「極右」だとお考えですか？
あなたは私の以上のような意見を一言も記事にしませんでした。
あなたが顔を真っ赤にしていきどおってる様子なので、私はあなた方の同胞のジョン・ラーベの日記の数行を通訳の方に読んでもらいました。
南京の真実
ラーベは「南京虐殺」があったと言われる期間南京に滞在し、難民の保護などを目的に作った「南京安全地帯」の委員長を務めたドイツ人です。
当時 ドイツ国防軍は、支那の国民党政府に40～50人の将校からなる軍事顧問団を派遣し、武器輸出の57・5％が支那向けで、
ドイツ国防軍や外務省はこの頃は圧倒的に親中・反日でした。
ジョン・ラーベは支那に武器を輸出していたジーメンス社の南京支社長で、30年以上 南京に滞在しており、当然その記述は支那に好意的です。
そのラーベは南京を離れた後1938年6月8日付でヒトラーに対して上申書を書いているのですが、そこにはこのようなことが書いてあります。
中国側の申し立てによりますと、10万人の民間人が殺されたとのことですが、これはいくらか多すぎるのではないでしょうか。我々外国人はおよそ5万から6万と見ています。遺体の埋葬をした紅卍字会(こうまんじかい)によりますと、一日200体以上は無理だったそうですが、私が南京を去った2月22日には、3万の死体が埋葬できないまま、郊外の下関(シャーカン)に放置されていたといいます。
これによると「南京虐殺」の犠牲者は5～6万ということになります。
ところが実はこの数字も水増しなのです。
南京の真実
なぜなら下関に放置された3万の死体についてラーベは2月15日の日記でこう書いているからです。
紅卍字会が埋葬していない死体があと3万もあるということだ。いままで毎日200体も埋葬してきたのに。そのほとんどは下関にある。この数は下関に殺到したものの、船がなかったために揚子江を渡れなかった最後の中国軍部隊が全滅したことを物語っている。
下関の3万の死体は兵隊の戦死体だったのです。
ラーベはそれを知りながら民間人の被害者と勘違いする上申書を書いていた。

では5〜6万から
3万を引くと
被害者は2〜3万か？
ところがこの南京戦では、
日本軍が入城した時
数万の国民党軍の兵が
同胞の民間人を襲い、
その衣服をはいで便衣兵と
なり 犯罪を犯してこれを
日本軍の仕業として
ラーベらに報告していたのです。
EX-CHINESE OFFICERS
AMONG U. S. REFUGEES
Colonel and His Aides Admit
Blaming the Japanese for
Crimes in Nanking
Wireless to THE NEW YORK TIMES.
SHANGHAI, Jan. 3.—American professors remaining at Ginling College in Nanking as foreign members of the Refugee Welfare Committee were seriously embarrassed to discover that they had been harboring a deserted Chinese Army colonel and six of his subordinate
from Nanking, were discovered
ニューヨーク・タイムズ
1938年1月4日付・記事
日本軍はその便衣兵らを
摘出して処刑しました。
これは戦時国際法上
合法の行為です。
…そういったことを
私はあなたにお話しした。
するとあなたは
「ラーベは早い時点で
南京を離れたから
大虐殺の全体像は
見ていないはずだ」
と反論しました。
ところがあなたはご自分の記事で
「南京大虐殺 すなわち1937年
12月より6〜8週間続いた
日本兵による大量殺害・暴力行為」
と書いています。
ラーベが南京を去ったのは
上記の上申書にもあるとおり
2月22日 南京陥落から
10週間後です。
しかもあなたは私が提示した
この証拠の一切を無視した上で
私に対する中傷まで
記事に書いています。
『南京』は歴史的事実か
否か？小林はこの問いを
ウナギのようにのらりくらり
とはぐらかす
„Übertreibung“
Ist Nanking nun eine historische Tatsache oder nicht? Da windet sich der echte Kobayashi wie ein Aal: „Da es noch keine Beweise gibt, kann ich weder ja noch nein sagen.“ Was ist mit den zeugenberichten von Vergewaltig Chang zusammengetragen lem diese erschütternd Berichte über d
ドイツではこういうのを
「ジャーナリズム」と
呼ぶのですか？
多分
個人的な
良心の
問題だと
思いますが
私の良心では あなたの文を
「デマゴギー」と呼びます。
この矛盾を
あなたは
どう説明
するつもり
ですか？
Umgang mit den Kriegsverbrechen der Ja
Das Massaker von Nanking, diese sechs bis acht Wochen dauernde gigantische Mord- und Vergewaltigungsorgie japanischer Soldaten im Dezember 1937, wird in dem Comic rela
legt seinen Lesern nahe, es
das Massaker. „Es
私の提示した証拠から
ウナギのように身をよじって
逃げたのは あなたの方じゃ
ないですか！
ヘンリク・
ボルク記者！
「南京」の問題を当事国の
どちらでもない第三国人で
しかも親中派だったドイツ人・
ジョン・ラーベの記述から見ると
南京の真実
アイリス・チャンの
『ザ・レイプ・オブ・ナンキン』に
書かれた「26万から35万人
の民間人虐殺」という
プロパガンダなど、とうくに
崩れているということは
どこの国の歴史学者でも
証明できるのです。
なお、あなたの記事の中に
『ザ・レイプ・オブ・ナンキン』を
支持する日本人が
「学者」と称する人物を含め
数人登場しておりますので、
それに関するわが国の
特殊な事情についても
説明しておきます。
わが国には
冷戦崩壊後もなお
マルクス主義の残党が
数多く存在しています。
彼らは
国家を解体し
共産主義へ移行する
という夢の続きを
まだ見ており、
第一に母国であるはずの
日本を解体しようと、
あらゆる
反日プロパガンダに
荷担しています。
そういうイデオロギーに
捕らわれた人物が
「学者」と称する者の中
にも数多くおります。
あなたの記事に登場している
私以外の日本人は全員、
かつて北朝鮮を賛美し
今も中国共産党を信奉する、
日本でも化石のような者たち
いわば「極左」ではないですか！
die es jemals versucht haben.
„Die Rechten sogar in der Schule nach meinen Kindern gefragt. Wir mußten umziehen“, sagt Katsuichi Honda, Herausgeber der Wochenschrift Shukan Kinyobi und Autor mehrerer über das Massaker. Unvergessen ist der ein Rechtsextremist am 18. Ja- Bürgermeister von N er sich öffentlich Hirohitos

あなたは私に対して「日本の極右グループ」「日本右翼のニュー・ヒーロー」とレッテル貼りをしていますが、それは日本の事情を知らずに「極左」を「真ん中」だと思い込んだため私が「極右」に見えているのです。
そうでなければ「極左」とでも組みたいと思うドイツ人特有の事情があるのではないですか？
Centre
あなたも記事に書かざるを得なかったように アイリス・チャンの『ザ・レイプ・オブ・ナンキン』は極めて誤りの多い書物です。
日本語出版を計画していた柏書房でさえ65か所もの誤りを発見したとのことですが、
それどころか実際には中学生でもわかる初歩的な日本史・中国史・アメリカ史の間違いを含め既に100か所以上の間違いが指摘されています。
にもかかわらずあなたは…
科学的ないし、ジャーナリズム的な記述の中に誤りを見つけ出し、それにより事実関係全体を否認しようとするのは昔から使われてきた戦略である
…と書き あくまでも全体として内容的には事実であるとする主張をしています。
ではぜひお聞きしたい。これだけ多くの間違いが指摘されており しかも私は あなたの国の人物であるジョン・ラーベの日記を根拠に「26万～35万虐殺」といわれる事実関係全体にかかわる事項にも異議を唱えたのですが、
それでも全体には事実であるとあなたが判断する根拠はどこにあるのですか？ ヘンリク・ボルク記者！
私はこの『ザ・レイプ・オブ・ナンキン』という本は あの『シオンのプロトコール』と同列に並ぶべきものであると考えています。
DIE PROTOKOLLE DER WEISEN VON ZION
『シオンのプロトコール』…あなた方ドイツ人にとっては書名を聞くのも嫌な本かも知れませんがユダヤ人がどんなに悪辣なことを考えている民族か という内容が書かれた反ユダヤプロパガンダのための偽書で ナチスのユダヤ人迫害に大きな力を貸した本です。
『ザ・レイプ・オブ・ナンキン』も、誤った記述を根拠に日本人が歴史的に野蛮で残酷な民族であったと外国人に思わせるための反日プロパガンダのための偽書であり、このような本をマスコミが持ち上げるのは非常に危険だと私は忠告します。
RAPE
『シオンのプロトコール』を読んだヒトラーは その怪しげな記述にかかわらず
歴史的に事実かどうかなどはどうでもよい。内容的に事実であれば体裁などは論ずるに足らん。
…と述べたと言われています。
DIE PROTOKOLLE DER
記述に誤りがあっても全体的には否認できないと強弁するあなたの理屈は このヒトラーの発言と極めて類似しています。
あなたが本当にジャーナリストなら この本が全体的に信頼に足るという確たる証拠を提出してください！
THE RAPE OF

なぜこのような杜撰な本を
使ってまでアイリス・チャンは
反日プロパガンダを行なっているのか、
その理由も私はあなたに
お話ししたはずですが、もう一度、
説明しましょう。
それは中国政府が
今現在 チベット、ウイグル、
その他で行なっている侵略、虐殺
民族浄化の犯罪を隠蔽《いんぺい》する
ためです！
支那大陸には
言語も文化も宗教も
歴史も全く異なる
56もの民族が存在して
います。
現在の中華人民共和国は
漢族という民族が
他の55民族に対して圧政を
敷いて支配しています。
チベット ウイグルは歴史的に
漢族の支配下にあったことはなく
独立した地であったのに
中国はこれを武力で侵略し
無理矢理、併合しました。
満州
内モンゴル
ウイグル
チベット
チベットでは
1950年に中国が
侵略して以来、
実に人口の
6分の1に当たる
128万人が
虐殺されました。
ウイグルの土地は
核実験場にされ
死の灰に汚染
されています。
そして現在、中国は
「同化政策」を取り
すべての民族を
漢族と同化させようと、
各民族の
伝統文化すべてを
破壊しようと
している最中で、
これに反発する民族は
徹底的に弾圧し
投獄し 処刑しています。
1996年には
中国当局は
「粛清の100日」と
呼ばれる秘密指令を
出し、ウイグル族の
大弾圧を行ない6万人
逮捕して公開処刑した
と伝えられています。
言論や報道の自由もない
中国から入ってくる
情報は非常に乏しく、
その実態はなかなか明らかに
ならないのが現状です。
ただしはっきり
言える事は、
中国は人権も何もない
前近代的な王朝国家で
近代国民国家を
未だ成立させていない
ということ。
そして漢族は
1966〜76年の
文化大革命の折に
同胞2000〜3000万人を
大虐殺しており
同胞相手でこうなのだから
異民族相手なら躊躇なく
「民族浄化」できるであろう
ということです。
中国政府は
現在自分達が行なっている
民族抑圧・浄化から
世界の目をそらすために
62年も前の日本の戦争を
あげつらっている！
アイリス・チャンは
その先兵の役割を
果たしているのです！
RAPE

私はあなたに言いたい。62年前の日本を責め立てている暇があったら、現在のチベットの民を救いなさい。情報がしゃ断されている中国で今 何が行なわれているのか隠蔽されている事実を暴きなさい。それがジャーナリストの使命じゃないですか。
あなた方ドイツ人は旧日本軍を巨悪に仕立て上げることでホロコーストという大罪を犯した自分達の罪悪感から逃れようとしている！そういう弱い精神力があらわになっている。
だがそれは現在中国が進めている「民族浄化」に協力する行為でしかなく、新たなホロコーストに手を貸すことになりかねないのだということを強く警告します。
私は歴史の中でホロコーストという原罪を背負ってしまったドイツ国民に対して深い同情の念を表する者です。
そして、なぜあの時代ヒトラーが台頭してしまったのか、
そのことも私はあなたに説明したはずです。
第1次大戦後のヴェルサイユ条約あれはイギリス首相がパリ講和会議で「レモンの種が泣くまでドイツを絞れ！」と公言したことに象徴されるように、露骨なドイツへの復讐でした。
ドイツは全ての植民地を放棄した上に１３２０億金マルクという払えるわけのない天文学的賠償を課せられました。ドイツ経済は一挙に破綻、１９１４年には１ドルが４・22マルクだったものが１９２３年末には１ドルが４兆２０００億マルク卵一個が３２００億マルクという破局的なインフレになり紙幣は紙屑と化しました。
絶望的な経済の窮乏とそれに伴う国内の不満はヒステリックなナショナリズムと結びつきヒトラーの台頭へとつながったのです。
いくら戦勝国といえど戦後処理において敗戦国をあまりに追い込み過ぎるとそれはファシズムの温床になるということを覚えておく必要があります。ヒトラー台頭への道を開いたのはフランスでありイギリスであったという側面もあるのです。

また、ナチスは正当な民主主義の手順によって台頭してきたのだということも見逃してはなりません。
世論の動き次第で容易にファシズムを生み出すこともあり得るという、民主主義そのものに内在する危うさも警戒しなければなりません。
ヒトラーの台頭そしてホロコーストへと続くドイツの不幸な歴史は、決してドイツ人の民族性に原因を持つようなものではないと私は信じています。
何時、何処の民族でも起こす危険のあるものであり、だからこそ我々は歴史に学ばなければならない…私はそのようなことをあなたにお話ししたのです。
私は罪を背負ったドイツ国民にまで同情して、もっと根本的な歴史へのアプローチということまで含めて、あなたの取材に誠実に対応致しました。
にもかかわらず、返ってきた仕打ちは、間違いだらけの記述で日本民族を特に残虐性を持った種族として描いたプロパガンダ偽書を持ち上げ、私をひたすら誹謗中傷するという記事でした。
Geschichtsklitterung in Sprechblasen
戦争論
私は失望しました。
私はこれまでドイツというのは ニーチェ、カント、ヘーゲル、ヤスパース、マックス・ウェーバー、フッサール、ハイデッガー、ハンナ・アレントなど多くの哲学者を生んだ思考の鉄人の国と思っていて、ドイツ国民に対して敬意を抱いていました。
ところが、今回この思考のかけらもない、だましうちのような卑怯なふるまいを見せられては…
Geschichtsklitterung in Sprechblasen
もしあなたにジャーナリストの魂が かけらでも存在し、そしてドイツ国民としての真の誇り—他国にも同様の罪があって欲しいと必死に願うような脆弱なものではない誇り—があるのなら、以上のような見解に対して誠意ある対応を見せていただきたい。
そう願って この手紙を終えることとします。
草々
日本とドイツは全く事情が違うのに、ドイツ人は「日本もドイツを見習え」と言いたがる。
完全に「未開の日本人を善導してやる」という人種差別意識に根ざした言葉だが、これに同意する日本人がいるのだから泣けてくる。
例えば未だにヴァイツゼッカーの演説を持ち上げる者がいる。
過去から教訓を学ばぬ者は罰として何度も同じ過ちを繰り返す
だがヴァイツゼッカーは
罪はどこまでも個人のものであって民族全体としての〝集団の罪〟は存在しない。
つまり
悪いのはナチスだけ。ドイツ人全体ではない
と責任逃れしたのだ！
ドイツはホロコーストの被害者に個人補償をしただけ。
戦争に対しては日本は講和を結び、賠償し、謝罪までしたが、ドイツはそのいずれもしていない！

近隣諸国との友好のために と言って 歴史のすり合わせが 語られる時、 よく 「ドイツのような歴史教育が モデルとして 挙げられる」 と言われる。
欧州にはラテン語やキリスト教など 共通の歴史文化が あるから 試みが始まったのだが、成功するかどうかはまだ わからない。
『戦争論』を紹介した「南ドイツ新聞」99年7月12日付は、ドイツの「過去の克服」のモデルを日本にも適用することはできない、と書いた。
FEUILLETON
だがドイツがポーランド・フランスからの勧告を受け入れているのは 一方的ではなく 双方向であり、 むしろドイツからフランスへの勧告の方が多い。
例えば「ナチスはドイツの一時的なヒトラー主義に過ぎない」と フランスの教科書に書け、と勧告する。
アジアでは日本は一つの文明圏であり大陸の地続きの文明とは違っている。
中華秩序から脱して「日本」を確立させた祖先の決断を無にしてはならない。
歴史のすり合わせなど絶対 無理なのだ。
欧州の教科書改善運動は１９２０年から始まって ナチスの時代にも行なわれていた。
それこそ古代から現代まで 民族の敵愾心や偏見をあおっていないか、と チェックし合う。
「ドイツと日本は違う」ことをやっとドイツでも理解し始めた！
…と早とちりして喜んだ者もいたが、実際には
「優秀なドイツ人だからできたことを日本人ごときがマネたって無駄だ」と言ってるだけだった。
TAN MINOGUCHI
しかもこれを書いたのはドイツ在住の日本人だそうだ。
わしはこの章の載った『ＳＡＰＩＯ』と『ツァイト』の記事とドイツ語訳した手紙を 日本とドイツの関連機関、大使館やドイツのマスコミ、日本研究家など 25通以上 送った。
おもしろいではないか、「王様は裸だ！」と言ってしまう子供みたいな日本人がいるってことをドイツ人にも知ってもらうのだ。
果たしてドイツ人はどう とりつくろうのか？ それとも「確かに裸だった」と認める大人がいるのか？
さて、さっそくいくつか返信があった。
フランクフルター・アルゲマイネとシュテルン誌は、丁重ながらこの題材は扱えないという報せだった。

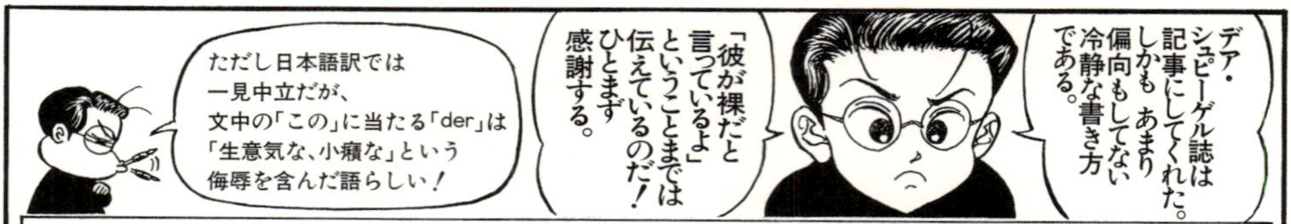

『Der Spiegel』（デア・シュピーゲル）誌 1999年第26号

政治漫画

辛辣なフキダシ

日本の漫画家、小林よしのりが、ドイツの『Zeit』紙を相手に私闘を戦っている。日本の雑誌『SAPIO』に掲載された８ページの漫画で、この国家主義的なベストセラー作家は、ハンブルクの新聞〔Zeit紙のこと〕の東京特派員ヘンリク・ボルクを、卑怯なドイツ人として登場させている。比較的長いインタビューの中で小林はこのジャーナリストに対し、1937年南京占領の際の日本の残虐行為に関する歴史的記述に自分がなぜ疑念を持つのか、を説明したという。ところがボルクは『Zeit』紙記事の中で、小林の論証を「まったく無視し、私を誹謗し、中傷した」という。そしてこの日本人は、ボルクおよび『Zeit』紙に対する非難から、ドイツ人一般に対する非難へと移行する。ドイツ人は旧日本軍に犯罪者の烙印を押すことによって、ホロコーストに対する自分たち自身の罪悪感から目をそらそうとしているのだという。小林は『Zeit』特派員を「ヌルヌルしたウナギ」や「憎悪に満ちたナチス顔」として描いているが、この怒りに満ちた日本人は、今後とも彼を辛辣なフキダシで追及していくつもりである。もし『Zeit』紙が謝罪しないならば、小林はボルクを今後の漫画にも登場させる意向だというードイツの悪いジャーナリズムの一例として。

ところがそのヒールシャーはドイツ人の間では「親日家」で通っており、
「特派員の父」という存在で駐日ドイツ人の間では「ヒールシャーさんに聞け」が合言葉だというのだ！
『南ドイツ新聞』のゲープハルト・ヒールシャー記者。「ヒールシャーさんに
が東京では合言葉
おそらくボルクもヒールシャー学校の優等生だったのだろう。
そしてついに真打ち登場！
ヘンリク・ボルク特派員よりわしにではなく『SAPIO』編集長宛てに手紙が来た。
Henrik Bork [redacted] Japan
[redacted] Meguro-ku, Tokyo [redacted]
Fax [redacted] e-mail: [redacted]
Mr.
Akihiko Takeuchi
Responsible Editor
Sapio Magazine
2-3-1 Hitotsubashi
Chiyoda-ku
Tokyo 101-8001
Tokyo July 1, 1999
Dear Mr. Takeuchi
日本特派員なのに、英語で書かれている。
こちらはちゃんとドイツ語にして送ったのにである。
こういうところにも、マナーの欠如が見られるのだが……

サピオ編集部
竹内明彦編集長殿

1999年7月1日
拝啓
　雑誌サピオのVOL.11 NO.11（6月23日）号の59頁から66頁に掲載された連載漫画に関して、お便りしております。これらのイラストと文章は、私をアドルフ・ヒトラーになぞらえ、私が後ろにナチスの旗を持っている絵を描き、それによって、私がナチスであると中傷的に非難しました。この誤った非難は、誹謗中傷であり、日本について報道する特派員としての私の評判を著しく傷つけるものです。さらに、日本における私の今後の仕事や生活、そしておそらくは、安全をも妨げる脅威となっています。こうした非難を出版することで、サピオ誌は、ジャーナリストとして専門的に、また個人的に私の評判に膨大な損害を与えました。
　従いまして、1999年7月15日までに、サピオ誌上、朝日新聞、読売新聞、日本経済新聞の各紙上に、目立つ形で公の謝罪文を掲載していただくことを要請いたします。また、「民族浄化」の犠牲者を支援する慈善活動に対する200万円の寄付を求めます。1999年7月10日までにあなたからご回答いただくことを要請いたします。さもなければ、他の措置を考えなければならないかもしれません。
敬具

ヘンリク・ボルク
特派員

ぼーーーぜん
・・・・じしつ・・・・・・！

この男は自分には 人の誹謗中傷をする権利があるが……
人には自分を批判する権利すらないとでも思っているのだろうか？
どこまでも自分だけは安全圏内で人をボロクソに書ける資格があると思っているのだろうか？
それがジャーナリストの特権であると考えているのだろうか？
わしの手紙の論旨に全く答えもせず言論戦を逃亡して、
被害者づらして「謝罪しろ」と開き直ってきた。
恐るべきことに「金を払え」「さもなければ他の措置だ」と、脅しまで かけている。
他の措置とは何だ？
裁判か？
暴力か？
正面から反論もできない軟弱なウナギのような覚悟で……
よくジャーナリストなんかやってるな！
ごーまんかましてよかですか？
結局、ボルクは何も反論せず「他の措置」もとらなかった。
中傷だけして逃げたのだ。
ホロコースト・コンプレックスのドイツ人は日本のマルキストと組んで反日ドイツ人となり南京虐殺で救われたがっている。
世界中の反日感情に火をつけてまわる左翼運動家どもの病み方にはもはやあわれむしかないのかもしれない。

攘独篇

戦前、たしかに日本とドイツは軍事同盟を結んでいたが、それぞれが戦った戦争の実相は大いに異なっている。我々の大東亜戦争は、ドイツの戦争とは違うということをまず知っておかねばならない。この前提を認識しておかなければ、敗戦後の日独の違いを、単純に「ドイツは謝罪しているのに日本は何もしていない」などというサヨクのプロパガンダや、日本に悪意を持つ夷狄《いてき》にまんまと乗せられてしまうことになる。

そもそも「ドイツは謝罪している」という話のもとは何か。強いてあげれば、一九八五年五月、当時西ドイツ大統領だったヴァイツゼッカーが行った「荒れ野の四十年」という演説だ。その中の「罪の有無、老若いずれを問わず、我々全員が過去に対する責任を負わされている。過去に目を閉ざす者は結局のところ現在にも盲目になる」という一節がよく引き合いに出される。

ヴァイツゼッカーは一九九五年に来日し、「ドイツと日本の戦後五十年」と題した講演を行っているが、その中にも似たようなくだりがある。ヴァイツゼッカーはこう語る。

「（前略）不信が生まれたのは戦争に原因があることを年配のドイツ人ならはっきりと覚えている。この過去を否定する人は過去を繰り返す危険を冒す。

しかし、この結論を出すために、ドイツ人は長いことかかった。ホロコーストはあまりにも残虐で、すぐには誠実に直視することはできなかったからだ。（中略）ドイツでは、歴史を心に刻み、それと取り組むことが政策の極めて重要な構成要素の一つであった。そうすることで、ドイツにおけるナチズムの支配は、われわれの歴史の中で異常で非連続的な一章とすることができたのである。ユダヤ人を計画的にむごたらしく殺戮《さつりく》したドイツのこの例外的な局面は一九四五年に終

わった。今、ドイツでナチズムの支配に同調したり、擁護するものは、世間から相手にされない。
十二年にわたるナチズムの支配はドイツの歴史における異常な一時期であり、断絶であったのに対して、日本の場合にはある程度の連続性が確認できる。確かに日本は戦後、軍事行動に反対し、市場経済と民主主義を基礎とする経済活動で、歴史に新しい時代を開いた。しかし、宗教的基盤、天皇制、国家体制はほとんど維持し続けた。
今日の日本人の過去のできごとへの対処の仕方に、これらのことが影響を及ぼすのは避けがたい。自らの経験から過去と向かい合うことがどんなに困難か。だが、ぜひとも必要であり結局は未来のために役立つ。歴史は精神を啓発できるものだ。明暗双方をもつ過去の全遺産を受け入れ、ともに責任を担うことこそ国民の統合に役立つ（後略）」
ここでわしが傍点をふった箇所を読み返してほしい。ヴァイツゼッカーは、ナチスの犯罪はあくまで一時期の個人的なもので、ドイツ民族全体としての集団の罪は存在しないと言っているのだ。その意味で歴史の連続性を認めていない。
ドイツの歴史には「異常な一時期」があって、その一時期だけナチスという狂信的な暴力集団にドイツ民族とドイツの歴史が占領されたが、戦後、「歴史を心に刻み、それと取り組むこと」で「ナチズムの支配は、われわれの歴史の中で異常で非連続的な一章とすることができた」というのである。これはヒトラーの登場を歓呼をもって迎え、ナチスを生み出した自らの責任から逃れようとする詭弁《きべん》なのだが、ドイツ国民の年来の政治的主張でもある。
ドイツ人がこう主張したくなる心情はわからないでもない。戦争とは別に、ユダヤ民族の迫害・殲滅《せんめつ》を国家の方針として計画し、実行した過去を、自分の歴史ではなくいずこかの悪魔の所業にしたいと願うのは勝手だが、それに日本を巻き込もうとするのは迷惑至極なことである。
ヴァイツゼッカーの「日本の場合にはある程度の連続性が確認できる」という発言は、日本の歴史の連続性を批判したもので、要するに日本において「宗教的基盤、天皇制、国家体制」が続いたことを見下し、ドイツは戦後、ナチスを清算して周囲から信頼される民主国家になったが、日本はそうなっていないと高みからものを言っているのである。典型的なコンプレックスの裏返しではないか。
西尾幹二氏によれば、ドイツは「ナチス協力者千二百万人が裁かれずに社会復帰した戦後史」があり、「ナチスを支えた司法にも、行政にも、戦後いっさいのメスは入っていない。実態的にみればドイツでも過去は清算されず、継続したまま」だという。言葉と実態が違うのである。

むしろ我々が歴史の連続性を守ろうとするのは、日本は他民族絶滅政策などという異常な国家犯罪を企図しなかったからだし、アジア民族の白人支配からの解放という大義名分を掲げて戦った事実と、その自負があるからだ。軍人個々の不始末はあっても、国家の意志として恥じるものはないと考えられるからこそ、ドイツのように父祖の世代を異常と決め付けて現在の自分たちを免罪にしようとする必要もないのである。

ヴァイツゼッカーは来日時の講演をこう言って締めくくった。

「勝利のあとで用いた手段が正当であったか。戦勝国も自らの責任と世界に対して釈明する責務がある。勝者にとって最大の道徳的誘惑は自己の正当化である。（中略）戦争での罪や不正を公平に判断するには、いっさいの歴史の真実に目を閉ざしてはならない。真実が不正に打ち勝ち、新たに相互の信頼を打ち立てるには、すべての独善を排する必要がある」

傍点をふった箇所についてわしは大いに賛成する。敗戦国の人間こそ歴史の真実に目を閉ざしてはならない。南京事件も、いわゆる従軍慰安婦も、勝者が語る事実が「歴史の真実」でない以上、日本人がそれを訴えるのは決して責められる行為ではないはずだ。それをなぜ、同じ敗戦国の

1995年8月14日「戦後50年記念シンポジウム」で講演するヴァイツゼッカー元大統領と話に耳を傾ける大江健三郎氏ら（写真提供／共同通信社）

人間から「極右」などとレッテルを貼られなければならないのか。「南京大虐殺」によってホロコースト・コンプレックスを薄めたい反日ドイツ人と、「ドイツは謝罪し、補償もしたが日本は何もしていない」というサヨクに教えてやろう。

ドイツは「ナチスの犯罪と特定されるもの」だけを補償の対象にしているのだ。それはユダヤ人、ジプシー（ロマ）などの民族抹殺や生物学的（優生学的）人種思想に基づく犯罪である。これらは住宅地の爆撃や病院船の撃沈、民間人の不当な逮捕や捕虜の虐殺といった通例の戦争犯罪とは異なる。通例の戦争犯罪を償うために講和や賠償があるのであって、日本が犯したのは通例の戦争犯罪の範囲であったから、その賠償はサンフランシスコ講和条約や二国間の国家賠償などによってすべて完了していると言えるのだ。

また、ナチス犯罪はあまりに異常で残虐だったゆえに「人道に対する罪」によってニュールンベルク裁判で処罰されたが、東京裁判では戦勝国は同じ罪を適用しようとしてできなかった。日本にはナチスと同種の残虐な組織的殺戮行為がなかったからである。もちろん、ニュールンベルク・東京両裁判は、「人道に対する罪」「平和に対する罪」という戦勝国の恣意《しい》に基づく不当な「事後法」によって敗戦国を裁くという根本的欠陥があったが、報復感情に人種的偏見も重なっていた当時の連合国でさえ、「人道に対する罪」では日本を処罰できなかったことを我々は知っておくべきだ。

ゴーマンかましてよかですか？

日本人よ、「謝罪と補償はドイツに見習え」などという無知に基づく物言いに騙されるな。そして、日本を貶《おとし》めることでわが身を守ろうとする〝夷狄《いてき》〟に翻弄《ほんろう》されるな。

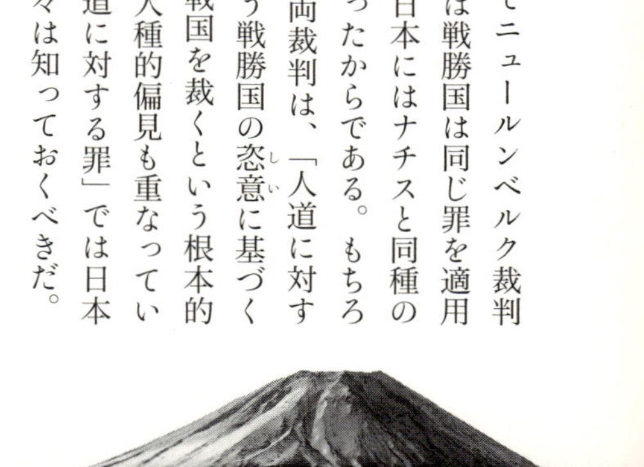

攘露篇
新ゴーマニズム宣言
SPECIAL
ロシアの非道、日本の無関心

日本人なら、ロシアが嫌いなことなんか言うまでもない。
北方領土問題があるからだ。

千島列島は、国後・択捉・歯舞・色丹の四島より北に、さらに二十もの島々が連なっている。
これはすべて日本領だった。
占守島《シュムシュ》
幌筵島《パラムシル》
得撫島《ウルップ》
オホーツク海
北太平洋

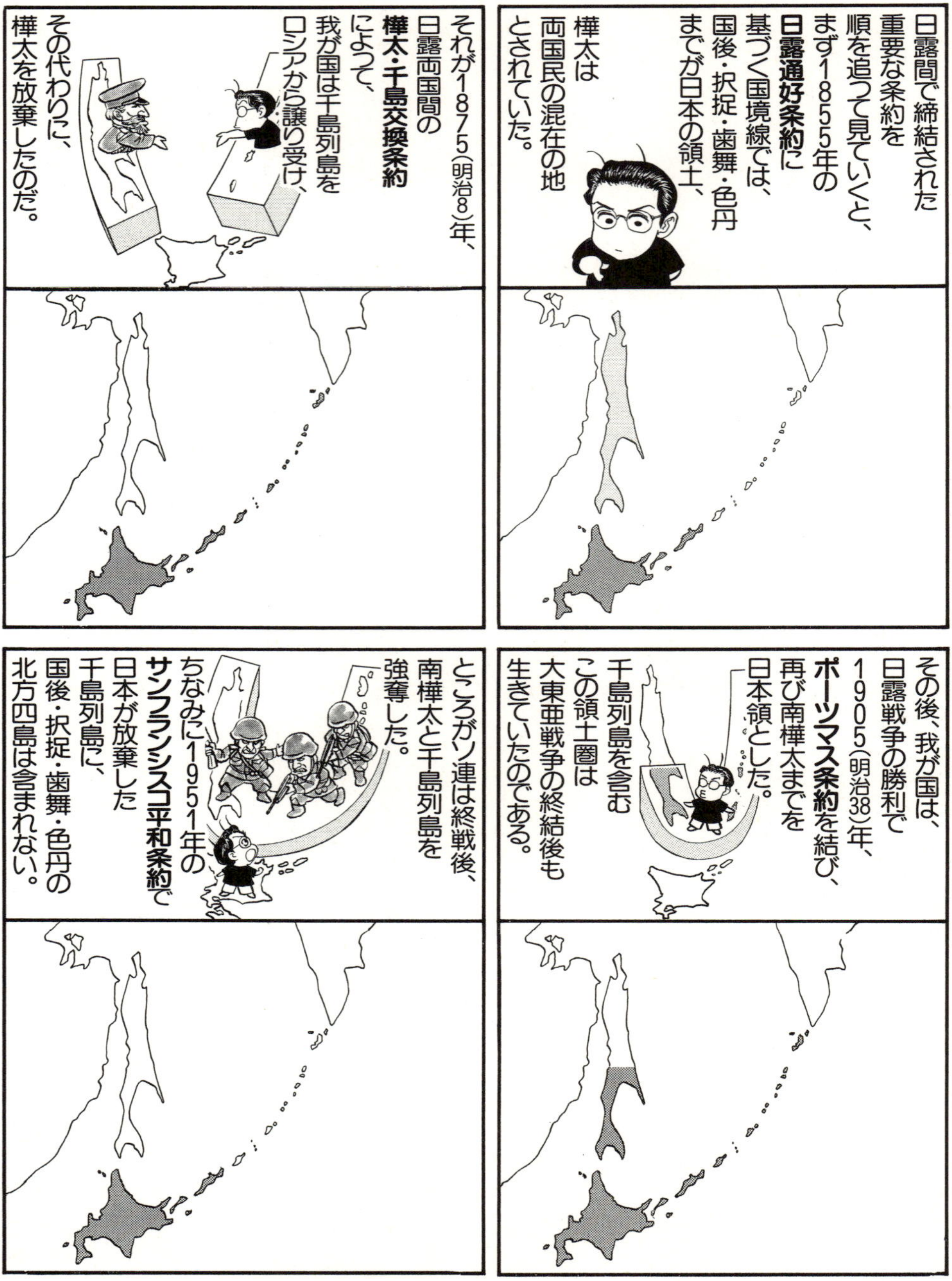
日露間で締結された
重要な条約を
順を追って見ていくと、
まず1855年の
日露通好条約に
基づく国境線では、
国後・択捉・歯舞・色丹
までが日本の領土、
樺太は
両国民の混在の地
とされていた。
それが1875(明治8)年、
日露両国間の
樺太・千島交換条約
によって、
我が国は千島列島を
ロシアから譲り受け、
その代わりに、
樺太を放棄したのだ。
その後、我が国は、
日露戦争の勝利で
1905(明治38)年、
ポーツマス条約を結び、
再び南樺太までを
日本領とした。
千島列島を含む
この領土圏は
大東亜戦争の終結後も
生きていたのである。
ところがソ連は終戦後、
南樺太と千島列島を
強奪した。
ちなみに1951年の
サンフランシスコ平和条約で
日本が放棄した
千島列島に、
国後・択捉・歯舞・色丹の
北方四島は含まれない。

1941年、
日ソ中立条約締結。
第二次大戦中、
日本とソ連は
準同盟国のはずだった。
ところが1945年2月、
米英ソによる
ヤルタ協定で、
スターリンは
対日参戦の見返りとして、
南樺太・千島列島を
ソ連領とする
密約を交わした。
だがその後、
ルーズベルトの急死など
情勢の変化で、
それが破約寸前だった。
そこでスターリンは
千島・樺太の占領を
既成事実化するために、
火事場泥棒参戦を
強行したのだ。
しかもスターリンは、
北海道北部の占領を
トルーマンに要求し、
拒否されていた。
つまりソ連軍は、
千島列島を一気に攻め下り、
北海道の北半分までを
占領するつもりだったのである!!

大戦末期、日本はソ連を仲介に和平工作をすべく広田弘毅元首相とソ連大使を会談させるが…
当然、話は一切進展しなかった。
1945(昭和20)年8月6日、広島に原爆が投下される！
それはアメリカのソ連に対する示威行動でもあった！
そして8月9日、ソ連は日本に宣戦を布告した！
日本政府から終戦交渉の仲介を依頼され、日本に降伏の意志があることを、十分知っていながら！
何よりもまだ有効だった日ソ中立条約を破って！
それは戦争などと呼べるものではなかった。単なる火事場泥棒である。
「盗人にも三分の理」とは言うが、これには一分の理も認められない。
世界史上、最低最悪の部類に入る蛮行である！

千島列島最北端の占守島には、終戦3日後の8月18日にソ連軍が上陸。
占守島守備隊は壮絶なる「終戦後の戦争」を闘った。
グォォォ
ドゴォ
ボッ
ソ連軍は、最初の一歩で大きくつまずいた。
占守島における実質十数時間の戦闘で、日本軍の戦死者三百数十名に対して、ソ連軍は海上で3000地上で4000に上る甚大な被害を出し、一週間釘づけにされた。
ザザー
ザァァ
その後、千島列島は占領され、不法占拠されたまま今日に至るのだが、
北海道には、ソ連が到着する前に、米軍が進駐。
北海道の分割占領だけは阻止されたのである。

ソ連軍は無法者の集団となって満州へ侵入、
殺戮、略奪、強姦の限りを尽くした！
ソ連軍には慰安所がなく、レイプを黙認していた！
ベルリンでは全女性の50％（少なくても10万人）が強姦され、10％が性病にかかったといい……
満州では被害者の十名に二、三名は舌を噛んで死んでいるという凄惨さだった！
樺太《からふと》の真岡《まおか》には終戦5日後の8月20日にソ連軍が上陸した。
真岡
真岡郵便局の電話交換手だった17歳から24歳までの9人の女性は、業務を交替できる男性がいないため、自ら進んで残留していた。

そして時々刻々の緊急情報連絡と交換業務を続け…
ついにソ連兵が押し寄せるのが見えた時…
みなさんこれが最後です
さようなら
さようなら
交換台に向かいその言葉を残し
9人は青酸カリを飲んだ。

ソ連軍は日本人捕虜をシベリアに抑留し、飢餓と酷寒の中過酷な強制労働をさせた。
わしのスタッフの一人時浦の祖父も満州に出征しシベリアに抑留された。
日本の戦争冤罪研究センター
所長トッキー時浦
祖母は終戦後5人の子供を抱え御不動さんに祈りながら夫を待った。
4年後のある日父は 祖母が玄関にうずくまって泣いているのを発見する。
その手には1通の手紙、シベリアで祖父と一緒だった戦友からのもので…
祖父はすでに3年前に死亡しているという内容だった。
過酷な労働と栄養失調で体が相当に弱っていたが、一緒に帰国する汽車の中で死んだ…
停まった駅で土葬にした。
奥さんや子供のことをよく話していた。

なんとか連れて帰りたかったがどうしようもなかった。
本来ならお会いしくわしく話をするべきだが…
家族の悲しみを見るに忍びない
…と書かれていた。
手紙と一緒に遺髪・遺爪…
外国タバコの箱が一つ…
高価なタバコが抑留者の手に入ったはずがない。
おそらくソ連兵が捨てた箱を拾ったのだろう。
そして手垢で汚れよれよれになった葉書が1通。
祖母の出したものだった。
きっと生きて帰るつもりであったのだろう、遺書はなかった。
シベリアに抑留された者は60万人、うち死者は6万人と長く言われてきた。
しかし近年の研究では抑留者200万、死者40万、広島・長崎に匹敵する大虐殺だったとする説が出ている。
シベリア抑留は未だ実態の解明すら十分ではない。

日露戦争で日本が勝利し、ロシアが負けても、日本の条件をロシアが呑むだけであり、
ロシアが悪とされて指導者が裁判にかけられ、戦争犯罪をでっち上げられて、処刑されるというようなことはなかった。
それどころか乃木《のぎ》将軍は「水師営の会見」で、敗将ステッセルらに礼を尽くし、帯剣を許した。
ロシア国内でステッセルが旅順《りょじゅん》　要塞失陥の責任を問われ軍法会議にかけられた時、ニコライ帝に書簡を送って減刑を嘆願した。
ところがソ連は、千島列島占領もシベリア抑留も「日露戦争の復讐」として正当化した！
火事泥が「戦勝国」として東京裁判の判事席に座り、日本を「悪」として裁いたのである!!

戦後の冷戦構造下で社会主義を信奉した者たちは、ソ連を「平和勢力」と呼び、その行為を全て擁護した!
シベリア抑留は社会主義国家建設の労働力を確保する大いなる「知恵」だった。
抑留で死んだ6万人は日本がソ連と8日間戦ったことに対して支払うべき「対価」だった。
…そんな発言まであった。
もはや日本人を同胞と思う心すらない。
社会主義信者の心の祖国は日本ではなくソ連だった!
彼ら「平和主義者」は北方領土返還を主張する人を「右翼」と罵《ののし》り続けた。
東大名誉教授坂本義和はかつて…
あの小さな四島のことで冷戦の終結、日ソ関係進展という重要な課題への貢献をストップさせるというのはいったいどういう外交センスだろうか
と言った。
同じく東大名誉教授和田春樹は
日本は北方領土の問題にこだわって日ソ関係を非常に悪いままにしている
と言った。
彼らは北朝鮮の拉致もずっと虚構だと言っていた。
それらの発言を反省したような様子もなく…
今も「日本は過去を反省し、謝罪すべき」と言っている。

2006年8月16日、歯舞諸島・貝殻島付近の海域で根室のカニかご漁船がロシア国境警備艇に銃撃された！
船員一名即死！
船長ら数名が拿捕された。
朝日新聞
夕刊
2006年(平成18年)8月16日 水曜日 43230号 (日刊)
ロシア
日本漁船銃撃、1人死亡
根室沖 拿捕、3人連行
政府、ロシアに抗議
日本の領土と政府も言ってる海域の事件だ。
ロシア側の殺人罪を裁くべきだった！
政府は強硬に抗議し、船長に弁護士を送るなどあらゆることをすべきだった。
国民の北方領土問題への意識を喚起し、日本のナショナリズムを大きく湧き上がらせなければならなかった。
ところが日本政府はなーんもしなかった。
船長は他に日本人が一人もいない法廷で孤立無援、
「こっちの言うことを聞けば帰す」と言われやむなく「ラインを越えました」とサインをして帰された。
領土内で国民が他国に殺害されたという大事件なのに、マスコミもあっさり沈静化した。
地元の根室でも「ラインを越えたのなら仕方ない」という認識だという。
この「ライン」とは、北海道が決めたもので、越えると罰則がある。
そこは日本領土内だというのに！
しかも船長は強要されて認めはしたが、
本当はラインを越えてもいなかったという。
そこは日本領土なのに！

領土を守るという
意識の低さ、
関心の薄さ…
それは
国を守るために
戦った先人に対する
戦後のあまりに
冷淡な意識と
同根であろう。
北海道をソ連から
守り抜いた
占守島の戦いは、
当の北海道でさえ
ほとんど
忘れ去られていた。
ガ
ガ
ガ
ガ
参戦者がたまに
体験を話す機会が
あっても、
返ってくる反応といえば、
こんなもの…
ばかなことを
したもんだな。
犬死だ。
戦後50年を経て
ようやく現地慰霊祭が
行なわれたが、
厚生省の担当者が、
私は身内に
戦死者がいないので
遺族の気持ちは
わかりません。
…と言い放つ始末。
慰霊塔を積み忘れ、
戦跡を回る時間が
十分取れないといった
トラブルが続出。
追悼の辞は総理大臣でも
厚生大臣名でもなく、
派遣団長の
厚生省課長補佐のもの。
北海道知事からは
花の一輪も供えられない。
これで遺族が
不満を言うと、
「それなら、慰霊祭を
やらないほうがいいと
いうのか」と言う者
までいたという。
占守島の英霊が
守りたかったのは、
こんな
祖国なのか…。

日ソ国交回復の際、ソ連は歯舞・色丹のみ返還して平和条約を結ぶという提案を譲らず、四島一括返還を求める日本とは平行線のまま領土問題は今日に至った。
それ以来、「四島一括返還」は日本の国是だと思っていた。
ところが今や日本政府・外務省は「四島返還」の原則を放棄するかのような動きを見せている！
麻生太郎外相は「北方四島を面積で二等分する」という言語道断の案を本気で考えているらしい。
1/2
しかもその「二等分論」を読売・朝日・毎日が足並み揃えて応援している！
毎日新聞
一方、石原慎太郎に至っては、「どうせ島は戻ってきそうにないんだから、いっそ北方領土にパレスチナ国家を作ったらどうだ？」なんて珍言を吐く始末だ。
ごーまんかましてよかですか？
日本という国は「竹島」にしても「北方領土」にしても、まず他国に領土を侵略され、長期間、実効支配されれば段々どうでもよくなって「半分でも戻ってくりゃいいかな？」とか「共同で利用しようよ」とか言い出す国なのだ。
こんなに領土を分捕りやすい国は、世界にもなかなかないだろう。
まるで他国の侵略を誘っているかのような国である。
嗚呼……

攘露篇

『氷雪の門─樺太1945年夏』という映画がある。一九四五（昭和二十）年八月九日、アメリカ軍が長崎に原爆を投下したその日午前零時、ソ連は百六十万に及ぶ大軍を満州に侵攻させた。日ソ中立条約を一方的に破棄し、我が国の樺太・千島を侵略したのである。ポツダム宣言受諾後も、ソ連の侵略は続き、満州、朝鮮、樺太、北方四島をふくむ千島列島を占領した。ソ連軍によって各地で凄惨《せいさん》きわまりない殺戮《さつりく》、略奪、暴行が行われ、樺太でも四十万邦人のうち十万人余りが生命を奪われた。なかでも婦女子に対する暴力は、筆舌に尽くしがたかった。

『氷雪の門』は、わしが漫画に描いた樺太・真岡の女性電話交換手たちの最期を史実にそって製作したものだ。

樺太をのぞむ北海道・稚内公園に「殉職九人の乙女」の碑が建っている。九人の女性の名の下にこんな碑文がある。

戦いは終った。それから五日。昭和二十年八月二十日ソ連軍が樺太真岡上陸を開始しようとした。その時突如、日本軍との戦が始った。戦火と化した真岡の町。その中で交換台に向った九人の乙女等は死を以て己の職場を守った。窓越しにみる砲弾のさく裂、刻々迫る身の危険。今はこれまでと死の交換台に向い『皆さんこれが最後です。さようなら、さようなら』の言葉を残して静かに青酸苛里をのみ、夢多き若き花の命を絶ち、職に殉じた。戦争は再び繰り返すまじ。平和の祈りをこめて尊き九人の乙女の霊を慰む。

昭和三十八年八月十五日稚内市長　浜森辰雄

一九九六（平成八）年十一月二十二日付の産経新聞

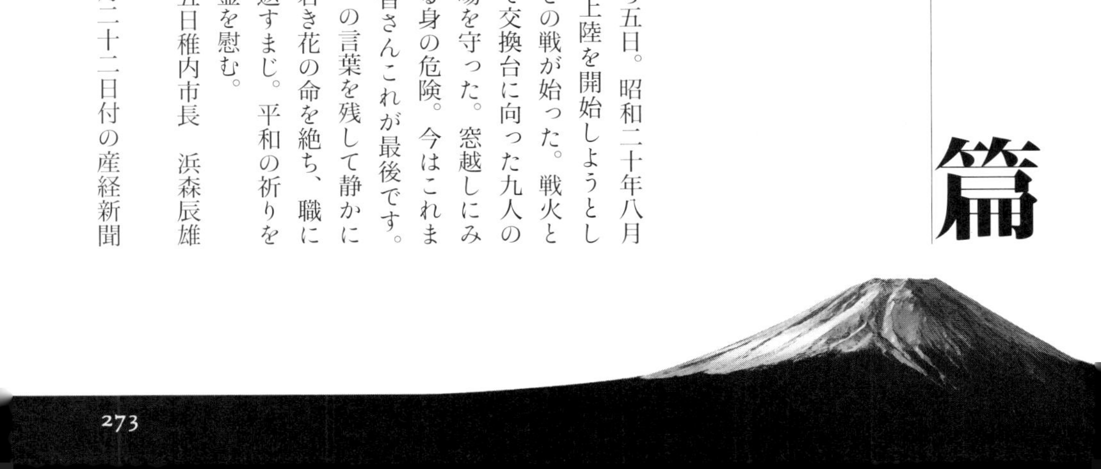

『樺太1945年夏 永雪の門』／「永雪の門」上映委員会

の読者欄に、熊本市の曽木義信さんという当時八十一歳の元小学校長が〈「九人の乙女」の真実を語り継ぐ〉という投稿を寄せている。曽木さんは、「殉職九人の乙女」の碑文を紹介したあと、こう綴《つづ》っている。

「真岡郵便局の電話交換台に就いていた九人の乙女らは、時々刻々に急を告げる電話の回線、避難経路の指示、消息や誘導など、多くの人々の生命を守るため、危険の中で職場を守っていた。

しかし、砲撃などで次々に断線、耳をつんざく砲声、窓外には逃げ惑う人々、郵便局も砲撃を浴びた。我らの務めはこれまでと班長の高石ミキは、たった一本残った回線に『皆さん、これが最後です。さようなら、さようなら』と叫ぶと静かにプラグを引き抜いた。そして静かに青酸カリをのむと、静かにほかの八人も同様に死んでいった。

青酸カリは軍属である彼女たちに、万一の場合に備えて軍より渡されていたものと察せられる。

班長の死の決断は、もはやこれまでと判断した適切な処置であり、八人が従ったのは連鎖反応ではなく、かねての覚悟の通り夷狄《いてき》に辱めを受けずに後に続いたものと思われ、実に壮烈な殉職であり、この尊い死を単に『集団自殺』の名で歴史に残しては誠に申し訳ないことである（後略）」

日本人が忘れてはならない歴史の事実がここにある

映画「氷雪の門」の話にはまだ続きがある。実は、この映画は一九七四（昭和四十九）年の作品で、東映が製作し、文部省選定をはじめ各方面からの推薦を得て公開まであと十日というとき、旧ソ連政府の政治的圧力で上映禁止にされたのである。「日ソ友好の妨げになる」と脅され、外務省や日ソ友好協会などが動いたらしい。それ以後、〝幻の名作〟として日の目を見ることはほとんどなく、今も日本各地の有志の手で細々と自主上映のような形でしか人の目に触れることがない。

わしは、この経緯に激しい憤りを感じる。今以上に権力を警戒し、「言論の自由を守れ」と叫んでいたマスコミ、左翼連中は一体何をしていたのか。共産主義を信奉するソ連の要求は正当だとでも思っていたのか。「悪いのは日本」なのだから、乙女たちは蹂躙《じゅうりん》されても仕方がなかったという自虐史観にからめとられたまま、日本の立場を主張する作品が闇《やみ》から闇に葬られようとしたことに、彼らが無関係だとは言わせない。

戦後、米ソ冷戦が終結するまでの日本の世論、空気がどんなものだったのかがうかがい知れる。

当時、日本の反核運動は、資本主義国が持つ核兵器は攻撃的で悪であり、共産主義の国が持つ核兵器は防御的で平和のためというダブル・スタンダードが幅を利かせていた。左翼は「反米」を叫んでも、「反ソ」や「反中」は口にしなかった。彼らの心の祖国は日本ではなくソ連や中国だったからだ。

今、マスコミの多くは、「日本は右傾化している」などと警戒論を流しているが、『氷雪の門』が上映できないような時代がまともだったとでも思っているのか。日本の戦後は、ずっと左翼が猖獗《しょうけつ》をきわめ、冷戦後も〝衣替え〟をしたサヨクが社会に浸透している。

はっきり言おう。戦後、日本社会が右傾化したことなど一度もない。もし右傾化した社会が現出していたなら、『氷雪の門』はそれこそ〝国策映画〟として堂々と公開されただろう。現実は違う。左に傾きすぎた国のあり方を真ん中に戻そうという動きは遅々として進まず、この国は危ういままだ。安倍首相が登場し、憲法改正が政治日程に上ろうが、教育基本法が改正されようが、そんな「改革」はみんなサヨクとの妥協の産物でしかない。どこに歴史や伝統に根ざした、我々の父祖の聲《こえ》に耳を傾けた結果の「日本」という刻印が押されているか。

わしは「反米」を口にするが、といってロシア（旧ソ連）や中国に親しみを感じているのでもなければ、ロシアや中国をアメリカに代わって日本が関係を深めるべき国だと考えているわけでもない。「反米」を口にすると、親米保守派は短絡的に「では中国と組むのか、それともロシアと組むのか」などと突っ込んでくるが、わしは日本が第一であって、日本はどこに寄り添えばいいのかという発想自体に嫌悪感を覚えているのだ。そんなものは戦略とは言えない。

当然、わしは「反露」でもある。情緒的な怒りをロシアに対して強く持っている。そして、それは日本が独立国たらんとするならば、日本国民が共有すべき感情だと重ねて言っておく。『氷雪の門』の助監督を務めた新城卓氏が、二〇〇三年に和歌山で行われた上映会で講演をしている。それによれば、ソ連が樺太に送った部隊は全部囚人部隊だったという。実際には「凄《すさ》まじい虐殺とか、レイプ、殺人が始まって非常に混乱を呈した」けれども、映画だからそこまで撮ると観る人に不快感を与えてマズイと思ったので、手加減をしてつくったと新城氏は語っている。

そんな手加減されて製作された映画ですら、ソ連の政治的圧力で我々は上映できなかったのだ。

靖国神社への参拝問題、慰安婦問題、歴史教科書問題、北方領土問題……、みんな根っ子は通底している。日本を敗戦国のままにしておきたい国々の圧力に屈したにもかかわらず、これまで我々はそれを「友好のための譲歩」という自己欺瞞《ぎまん》でやり過ごしてきた。これを恥じる感覚がなければ、もはや日本という国は、李《り》鵬《ほう》・元中国首相が言ったようにやがて消えてなくなるだろう。

ソ連による国家的犯罪「強制連行」の実態

終戦のどさくさにロシア（旧ソ連）はわれわれに何をしたか。約六十万人の関東軍将兵、満州国官吏らを停戦後にシベリアを中心にモンゴル、中央アジア、ヨーロッパロシアなど二千カ所の収容所に「強制連行」し、樹木の伐採や炭鉱作業、鉄道建設などの過酷な労働に従事させた。強制労働期間の最長は十一年、飢えと寒さと病で約六万人が生命を失った。これは日本降伏後、各地の戦場に残った日本軍将兵の帰国を定めたポツダム宣言第九条に違反する行為でもある。

日本人抑留者に対するソ連の蛮行を明らかにしたロシア人ジャーナリストのアルハンゲリスキー氏（元「イズベスチャ」副編集長）によれば、日本人の抑留者数は旧厚生省調査の六十万の約二倍、百五万四百六十七人で、死亡者数は七倍近い三十七万四千四十一人だという。いつか全容が解明される日が来れば、この数字はもっと増えるに違いない。日本軍将兵の連行を極秘に命じたスターリンは、満州や樺太に侵攻する将兵に向かって、「日露戦争の復讐《ふくしゅう》を存分に果たしてこい」と叱咤《しった》した。日露戦争時に乃木希典《まれすけ》がステッセルに示した〝武士の情け〟の返礼がこれである。

我々のじっちゃんたちは、防寒服も防寒用の靴もないまま布テントに収容され、食糧も休憩もろくに与えられないまま過酷な労働を強いられて、栄養失調や屋外留置などで次々と病気にかかり、死んでいったのだ。これこそ不当な「強制連行」「強制労働」の悲劇ではないか。この甚だしい人権無視の行為に、なぜ日本国内の人権活動家は抗議しないのか。

ソ連による惨禍《さんか》は軍人だけではない。民間人は旧満州の関東州を含め約百五十五万人、北朝鮮二十八万人、樺太四十万人、千島一万六千人だった。これらの邦人が一体どれだけの惨劇、地獄を味わったか。こうしたソ連による国家的犯罪が、歴史の事実としてきちんと日本国民に教えられているかといえば、少なくとも中学校の教科書には、「新しい歴史教科書をつくる会」編のものを除いて記述されていないはずだ。

ここで「日本だって朝鮮人を強制連行し、強制労働させたではないか」、「日本軍だって捕虜を虐待して死なせたではないか。〝バターン死の行進〟を思い出せ」などと日本を非難し、ソ連や他国が日本になした戦争犯罪を相殺してしまおうとするサヨクどもに言っておく。

朝鮮人への強制連行云々《うんぬん》については「攘韓篇」ですでに述べた。

〝バターン死の行進〟の実態はこうだ。昭和十七年四月、フィリピン・バターン半島で投降してきた連合軍の捕虜はアメリカ兵六千七百を含め七万五千にも達した。これは日本の第十四軍（本間雅晴中将）の予想をはるかに上回り、最前線の軍には大量の捕虜を給養する食糧も施設もなかったので、急遽《きゅうきょ》六十余キロ離れた兵站地《へいたんち》サンフェルナンドまで四、五日がかりで徒歩行軍で移送することにしたのだ。米軍は、武器弾薬は豊富だったが、日本軍の攻撃で三カ月も孤立無援の籠《ろう》城《じょう》戦を続け、食糧の半減で体力低下に加えマラリア患者が続出していた。戦後、マニラの軍事裁判では、そのような状態で捕虜を炎天下行軍させたのは非人道的だとして、千二百人のアメリカ人と一万六千人の捕

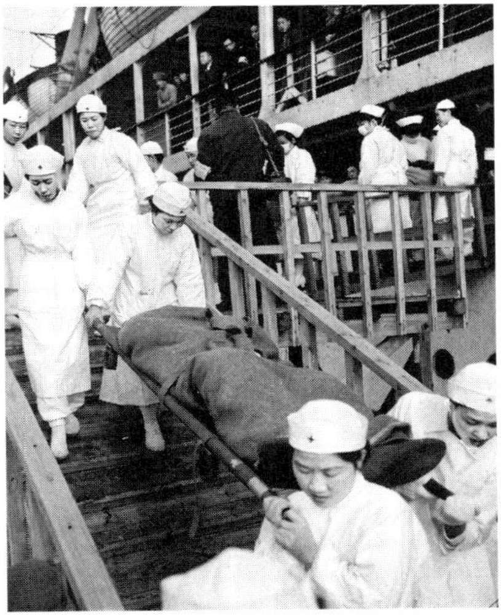

1956年12月26日、ソ連（当時）から第11次引き上げで舞鶴港に入港した興安丸。担架に乗せられて母国への上陸を果たす帰国者（写真提供／読売新聞社）

虜が行方不明または死亡と認定され、軍司令官の本間中将は戦犯として銃殺刑にされた。

　だが、日本軍に捕虜虐待の意図はなかった。食糧不足、徒歩による移動は日本軍も同じで、しかも戦闘中の捕虜移送である。第十四軍の参謀長は戦後、「水筒一つの捕虜に比べ、護送役の日本兵は背嚢《はいのう》を背負い銃をかついで一緒に歩いた。……決して彼らを虐待したのではない。もしこれを死の行進とするならば、同じく死の行進をした護送役の日本兵にその苦労の思い出話を聞くがいい」と述懐している（『あの戦争　太平洋戦争全記録（上）』産経新聞社編）。

　自らは豊富な食糧や防寒具を持ちながら日本人抑留者に与えなかったソ連とはまるで状況が違うのである。しかも軍司令官は戦犯に問われ命を落としている。一体、ソ連軍の誰か一人でもシベリア抑留の責任を問われて処罰されたか。日本軍に捕虜を大量移送する能力がなかったことが問題だと追及されればたしかにそうだが、少なくとも意図的、計画的な殺害ではなく、日本兵もともに〝死の行進〟をしたことを戦後の日本人は知っておかねばならない。こうした状況の違いを無視して日本非難を繰り返す輩《やから》は、初めから日本に対する悪意があるからで、戦後の〝洗脳〟が解けていないか、いまだに共産主義国を心の祖国と思っているかのどちらかだ。

　サヨクは言う。戦前の日本は暗黒の軍国主義時代で、自由を求める国民を平気で弾圧した。その動かしがたい実例が治安維持法である。なんとも俗耳《ぞくじ》に入りやすい物言いだが、歴史の事実は違う。かりに戦前の日本が暗黒だとしたら、そうさせた最大の要因は一九一七（大正六）年のロシア革命なのだ。日露戦争に勝利し、共産主義の脅威に晒《さら》されるまでの日本は、独自に平和、自由主義、民主主義への道を歩み始めていた。大正デモクラシーが絶たれたのは共産主義という妖怪へのリアクションだったのである。

　治安維持法は、コミンテルンの「皇室廃止」指令や、ロマノフ王朝一族だけでなく共産主義に賛同しない人民の大量殺戮という情報を得ていた日本政府が、そうした破壊活動、騒擾《そうじょう》への防波堤として制定せざるを得なかったものだ。治安維持法と同時に普通選挙法が制定されたことの意味を考えれば、当時の日本人の苦悩がうかがわれよう。しかも、ほぼ同じ時期に陸軍の師団を四個（高田、豊橋、岡山、久留米）も廃止するという大軍縮をしている。当時の日本にはデモクラシーを発展させようという意志があったのだ。

　シナでは孫文が容共政策をとっており、日本にスターリンのような指導者が出現し、皇室を転覆して、共産主義ならぬ八百万《やおよろず》の神を信じる日本人を大量虐殺するような政府の出現にいたる暴力革命を防ぐためには、治安維持法の制定はやむを得ない措置だった。しかも治安維持法で死刑になった者はいない。共産党員によって死傷した警察官のほうがはるかに多いのである。

戦前の日本を悪《あ》し様に言うサヨクは、その分岐点がロシア革命だったことに口をつぐんでいる。いや、彼らの心の祖国がロシアであれば、それに敵対した日本が良い国であるはずがない。だからこそ、彼らはソ連の非道を描いた『氷雪の門』が上映禁止になっても「言論弾圧」だとは叫ばなかった。北方領土返還運動にも冷淡でいられる。それを求める日本人に「右翼」とレッテルを貼って危険視する。

ゴーマンかましてよかですか？

心ある日本人よ、恨みと怒りをもってロシア（ソ連）を振り返れ！

攘奸篇
新ゴーマニズム宣言SPECIAL
善良主義日本人の反日工作
「南京大虐殺」にしろ
「従軍慰安婦」にしろ
靖國問題にしろ
歴史教科書問題にしろ…
「朝日新聞」さえ
なければ
ここまでの大問題に
ならなかったことは間違いない。
朝
「日本は悪かったんだ」という
現在の祖先虐待史観は
戦後7年間、GHQが
マスコミを操作して
作り上げたものだが、
それを強化したのは
日中国交回復前に行われた
朝日新聞全社を挙げた
「日本軍国主義復活反対」の
巨大キャンペーンである。
この時の洗脳はすごかった。
朝

この時、決定的な役割を果たしたのが昭和46(1971)年の連載、『**中国の旅**』である。
中国の旅
殺到する日本軍
本多勝一
中国の旅
▲センタク用の大きな石を子供にのせてつぶしている兵隊
朝日新聞は、これを週刊朝日、朝日ジャーナルアサヒグラフ…と、総力を挙げて特集！翌年、単行本化され、ベストセラーになった。
『**中国の旅**』は、本多勝一記者が、中国共産党の用意した「証言者」の言い分を何の検証もせずにたれ流すだけの本で、どの証言者も、日本軍の残虐行為をほとんどギャグのレベルにまで大げさにでっち上げて証言する。
そして必ず最後に毛沢東主席と共産党と文化大革命の賛美を付け加えて終わるのだから、アホらしくなるカルト本だ。
日本軍の泊った集落
田んぼ
手榴弾を投げた日本兵
丘
しばられた12人の中国人の輪
地主の家の構内
家
拷問場になった内庭
そういえば、あの、オウム真理教の信者も「教団が毒ガスで狙われている」と証言していたが、実は自分たちがサリンで一般人を狙っていたのだった。
これと全く同じで、中共の証言者たちは実は文化大革命の中で自分たちが行なった残虐行為を証言していたに違いない。
一党独裁下の**カルト**信者たちは、**オウム**にしろ、中共にしろ、北朝鮮にしろ、平気で過剰な証言をしてしまうものだ。
言論の自由がない韓国においても、「反日」のためならどんな**ウソ**証言でも通用することになっている。
平成14年、韓国の中でも、ついに「**日韓併合は合法的で日本の統治は、人権などなかった韓国の近代化に役立った**」と主張する本が出版された。
合併は「一進会」など朝鮮の革命勢力が要請した
日本は文字どおり共存共栄する政策をおこなった
金完燮
親日派のための弁明
韓国でも中国でも言論の自由が保証されれば、我々の祖父の評価も180度、変わるだろう。

70年代の日本では、朝日新聞を中心に他のマスコミも追従、日本軍を糾弾する世論が作られた。
右翼
その頃、戦場に行った世代は、まだ50代だったが「事実と違う」と主張するとたちまち「右翼」というレッテルが貼られる風潮も、この時、作られた。
朝
かくして戦後26年経った時点で、東京裁判に匹敵する洗脳が日本人自身の手で再び行なわれたのである！
わし自身を振り返っても、子供の頃の漫画誌には、まだ戦記ものがあって、『ゼロ戦レッド』『0戦はやと』『紫電改のタカ』などを読んでいたし、戦艦大和のグラビアや図解を見ていた。
戦争はまだ無邪気に痛快に語られる時代だったのである。
連合艦隊出
0戦はやと
紫電改のタカ
ゼロ戦レッド
貝塚ひろし
ちばてつや
戦争は辛《つら》くて悲惨なもの…という認識は、親から聞いて知っていた。
だが、
どうやら日本軍ってそーとー残虐なことばっかりしてたらしい。
なんてことを漠然と感じ始めたのは、やはり20歳前後かもしれない。
わしも、やはりこの頃、サヨク化していったのだろう。
ひょんと死んだ兵隊の骨に対してよそよそしくなってしまった。

レーニンは
「その国の報道機関を握ることは数個師団の軍隊を駐留せしめると同じ価値をもつ」と言った。
まさにそのとおりで「右翼」「日中友好の敵」の言葉の前にテレビ・新聞から「言論の自由」は消え失せ、世論は誘導された。
そして、次に朝日が仕掛けたのが「歴史教科書問題」だった!!
高校 日本史
昭和57（1982）年6月26日、高校歴史教科書検定で「侵略」を「進出」に書き換えさせたという記事が乱舞した。
教科書さらに「戦前」復権へ
文部省 高校社会中心に検定強化
「侵略」表現薄める
古代の天皇にも敬語
"戦時"におう復古調
来春用の教科書検定
明治憲法を評価
中国「侵略」は「進出」に
ところが実際に「侵略→進出」に書き換えた教科書は存在せず、これは全くの誤報だった！
しかも教科書が「戦前復権」というのも完全にウソだった！
▶左／朝日新聞、右／毎日新聞ともに昭和57年6月26日

この頃すでに教科書執筆の現場は左翼にのっとられ、
内容は偏向・自虐化しており、
文部省は、なんとかこれに歯止めをかけようと検定をしていたのである。
だがもう左翼にとって事実なんかどうでもよかった。
その11年前ありもしない「日本軍国主義復活」を糾弾し続けたのと全く同じである。
朝日新聞はかなり早い時点で「侵略→進出」が誤報であることに気づいたが、
それに頬被りして異常な大キャンペーンを続けた！
朝日新聞
外交問題に発展
教科書記述変更
中国、公式に抗議
「侵略の事実をわい曲」
政府、対応
「友好」への影響を心配
侵略 侵入 こうして変える
文部省の検定
日本教科書批判
近隣諸国の新聞論調
もはや朝日新聞社は報道機関ではなかった。
手段を選ばず反日歴史観のイデオロギー闘争を繰り広げる反日謀略結社だった。
朝日新聞
「ご注進報道」である！
朝日の記事を読んで、中国・韓国など「近隣諸国」が反発する。
それを朝日は拡大して記事にする。
「略」ぼかしの教科書検定
続き韓国も批判
「将来の関係

▲朝日新聞昭和57年7月27、28日

▲朝日新聞昭和57年７月21日

誰か閣僚が反論する。
それをまた記事にして中・韓をあおる。
これを繰り返し、社説で9回も非難して、
朝日は火のないところに持ってきた「誤報」という小さな小さな火種に油を注ぎ続け…
高校日本史
大火事にした!
※当時は"サンケイ新聞"
「侵略→進出」は誤報だと正式に訂正・謝罪したのは※産経新聞だけで、
他のメディアは今もなお、あの時書き換えがあったかのようなデマを流し続けている。
自民党は60年安保以降、社会党との戦いを避けなれ合いを続けた。
そのうち自民党には、精神まで社会党となれ合い左翼に侵食された心情を持った人物…
すなわちカタカナの「サヨク」がはびこりだした!
時の総理大臣は左翼に媚《こ》びて
日米同盟に軍事は入っていない。
と発言し、日本の信用を暴落させた鈴木善幸
官房長官は宮沢喜一
これが最大の不幸だった。
宮沢は「侵略→進出」が誤報であることを知りながら、
近隣諸国の批判に十分耳を傾け政府の責任において検定を是正する。
と談話を発表。
修正措置を具体的に示して中・韓にお伺いまで立てた。

教科書検定基準には「近隣諸国条項」が設けられ、日本の歴史教育は、中・韓の「検定」を受けるような状態になってしまった！
日本の子供の頭の中は中国・韓国が自由にいじれるのである！
将来にわたって中国・韓国に都合のいい日本人を育てられる。
中国・韓国は「反日教育」によって国民を育てているにもかかわらず…
中学歴史

そしてついに歴史教科書は反日洗脳図書になってしまった！
地図から消えた韓国《かんこく》
●韓国併合《へいごう》と辛亥《しんがい》革命《かくめい》
4 わきあがる独立マンセーの声
●アジアの民族運動
第一次世界大戦後，アジアの人々は，どのように独立運動を起こしたのだろうか。
3 アジアの民族運動
中国の反帝国主義運
山東半島
済南
青島
中国の人々は，満州国をどう見ていたのかな。
3 日本の中国侵略
外国から見た日本
韓国の教科書にみる朝鮮侵略
「日本では，約100年
現代の課題から歴史を考え
アジアの中の日本
日本とアジアのつながりがますます深
の加害についての補償を求める動きが続い
●●残る戦争の傷跡
太平洋戦争が終わって55年以上たった現在でも，まだ戦争の傷跡は完全にいえてはいない。アジア各地の被害者が日本でも裁判を起こしている
5. 植民地と支配された人々
朝鮮へ 満洲へ
秀吉による朝鮮侵略
を征服しようとして，
め入りました。
占領しましたが，日本軍は
水軍の抵抗
李舜臣《イスンシン》
李舜臣は朝鮮を救った英雄として，現在も各地に像が建てられています。
抗日運動を展開する中国の人々

靖國神社は戦後、GHQの占領政策のために国家から切り離された。
戦後もほとんどの首相が靖國を参拝していたのに、自民党は左翼にコビてこれを「私」的な参拝だということにしてしまった。
しかし「国」のため「公」のためにと死んでいった者を「公」的に奉れなくては英霊に申し訳がたたない。
何のために彼らは命を投げ出したのか？
「私《プライベート》」的な自殺ではない！
この「国」を守るためだったではないか！
靖國神社国家護持首相公式参拝は戦没者遺族を始め日本人の悲願だった。
ただし左翼を除いて。

昭和60(1985)年「戦後総決算」を掲げた中曽根康弘首相は公式参拝を合憲として議論を決着させ、
紆余《うよ》曲折はあったが「靖國公式参拝」を実現した。
中国からは猛然と抗議の声が上がった。
アジア人民傷つける
中国が批判
その背景には中国内部の権力闘争
…経済改革のため日中間に良好な関係を築きたい改革派と保守派の対立があった。

▲朝日新聞昭和60年8月15日

中国で対日批判が高まれば一番困るのは改革派である。
日本を非難しているようで、実は中国の保守派が改革派を攻撃していたのである。
一見外を攻撃しているようで本当は内部抗争というのは中国人の戦いの常套手段で、
実は教科書問題の時に中国が騒いだのも全く同じ理由だった。
本心では日本の教科書問題も靖國問題もどうでもよかったのだ。

だが日本の左翼は中国の抗議を天の声と例によって「日本軍国主義復活反対」の呪文を叫びマスコミは反靖國一色に染められた。
内外に広がる警戒・懸念
靖国神社公式参拝 各国の反応
「大戦を正当化」
「過去の免罪図る」
違憲の疑い 一転ホゴ
靖国公式参拝が意味するもの
日本の戦争責任免責
安保条約も基礎を失う
公式参拝を繰り返すな
それでもＮＨＫ調査では靖國神社公式参拝に
賛成61・5％
反対28・3％
これが国民の真の声だった。
毎度のことだが日本の左翼が火のない所に火種を落とし油を注ぎ続け大火事にしたのだ。
靖國参拝を国際問題にでっち上げたのは朝日新聞であるという事実
このことを我々は忘れてはならない。
中国はそれを外交カードに利用しただけである。
中国の民衆は「ヤスクニ」という言葉も知らなかったのだから。
参拝後は社会党の書記長が訪中して自国の首相を悪しざまに言い募り、
それに呼応して中国は態度をどんどんエスカレートさせ、
騒ぎは中国内部の権力闘争を背景に9月以降も続いた。

◀左から朝日新聞昭和60年8月20日、16日（2点）、15日

そして一年後の
終戦記念日、
再び
靖國公式参拝が
行なわれるかに
注目は集まった。
ところが
中曽根は
公約を
平然と破り、
参拝を取りやめ
てしまった！
自民党内サヨクの親玉
後藤田正晴官房長官は、
国民感情の尊重は当然、
他方 近隣諸国の
国民感情にも配慮がいる、
「諸般の事情を総合的に
考慮」して参拝しない
という内容の談話を発表。
事実上、
「日本の
国民感情より
中国が大事」
と公言した。
こうして中国は
「歴史カード」さえ切れば
日本はどうにでも
操縦できると確信。
「被害者30万」を掲げる
南京大屠殺紀念館
を始めとする
抗日記念館が次々に作られた。
遇难者
VICTIMS
遭難者
300000

すべては日本発だった。
本人はいいことをしてるつもりかもしれないが、こんなのは中国で言えば「漢奸」である。
日本人が日本人でなくなるまで、
日本の文化・民族の根幹を溶解し尽くすまで
譲歩し続けるつもりだろうか？
マスコミ・知識人たちは、自分たちは「善人」であり「正義」であると装って意見を言う。
教科書問題や首相の靖國参拝問題で、彼らは「自分たちは中国・韓国の立場を思いやっている善良な人間だ」と装いながら発言する。
図に乗った中国・韓国で反日ナショナリズムが燃え上がっても…
我々は冷静に対応しましょう。
と大人ぶってみせる。
健全なナショナリズムは排外的ではない大人のナショナリズム…右も左もこんなことをよく言ったが、はっきり言ってそんなのは欺瞞だ。
健全なナショナリズムなんてあるものか！
日本人はもっと子供になるべきなのだ！

ナショナリズムというのは本来、子供っぽいものなんだ。
そのチャイルディッシュな感情がなければ、人々が、まとまらない共同性が保てないという国が、世界にはほとんどなんだな。
日本人は、大人ぶって、「まあまあ、そんなにむきにならずともそのくらい譲っておけ」と言ってしまう。
「歴史認識」でも「竹島」でも「靖國神社」でも相手の言うなりにしておいてやれと、大人ぶるのが良識だと思っている。
それが実は恐ろしい陥穽《かんせい》なんだな。
つまり、日本人は大陸の国々のように侵略に次ぐ侵略、虐殺に次ぐ虐殺という歴史をもたないままに…
裕福になってしまったぼんぼんなんだ！
ぼんぼんは、子供がムキになって欲しがるものを余裕を持ってくれてやる。
そのくらいいいじゃないか
そのくらいいいじゃないか
そ…そのくらいいいじゃないかっ
ひゅう
裕福すぎる日本は他国のせっぱつまった余裕のない国情を知らない。
だが他国は必死だからチャイルディッシュに日本に立ち向かってくる。
大人のつもりで許容していたら身ぐるみはがされて、心臓をえぐり取られる結果になるだけなのだ。

ナショナリズムは島国でぼんぼんの日本人の場合、意識して昂揚させるしかない。
我々も子供っぽく反応せねばならないのだ！
中国や韓国は「反日」を核にしてナショナリズムを強化するという「自国のエゴ」しか考えていないのに…
日本のマスコミ知識人たちのおめでたいまでの善良主義…
偽善…
偽善…
ごーまんかましてよかですか？
いい人のつもりで他国に「思いやり」を見せても他国は舌なめずりして歓迎するだけだ。
他国の工作員に成り果てていることに気付かずに、自国を売る哀れな馬鹿者がこの日本には多すぎる。
「攘夷」の感覚を失ったからである。

攘 奸 篇
新ゴーマニズム宣言 SPECIAL
攘夷を忘れた永遠の敗戦国民

リスクを負わずに今の日本の平和を貪《むさぼ》るだけで生きてきたわしは、戦争をした人間に敬意を払わざるを得ない。
「御苦労さまでした。ありがとうございます」と、感謝の念を持つのは当たり前のことだと思える。
冷戦構造に守られて、戦後の繁栄を生きただけの自分たちを純粋で正義であると思い込んだ「サヨク」の驕《おご》った神経に、わしは腹が立った。
その「純粋まっすぐ君」が祖父たちを犯罪者に仕立て上げる虐待行為を見逃せなかったから『戦争論』を描いた。
負けたとたん、その国民と子孫から
侵略者だ虐殺者だ強姦魔だと汚名を着せられた元兵士のじっちゃんたち…す
私達は強姦魔

わしは「自分のじっちゃんたちを守ろう」と決意してから、サヨクから足を洗い、
それ以降、日本人がいかに決然として戦うべきものと戦い、守るべきものを守れるか、その姿勢を問い続けてきたのに…
同時多発テロ以降、
アメリカの批判はすべきじゃない!
テロは全面的に百%悪!
…と言い張る連中が「保守」の中から、うようよ出てきたことにわしはショックを受け、失望してしまった。
言ってはなんねーだ!
アメリカ様がお怒りの時は我々も怒らにゃなんねー!
テロリストをアメリカ様が作り出してることを言っちゃなんねー!
ドアを開けっ放しにしてたことも注意しちゃなんねーだ!
なんて非近代的な、村社会のやつらなんだろう。
イラク戦争では彼らは何から何までアメリカの側に立った。
国連無視の単独先制攻撃も
オーケー、ブッシュ!
米軍による女・子供・民間人の射殺も、
ノー・サダーム!
ノープロブレム・ブーシュ!
アメリカの誤爆に次ぐ誤爆も
サンキュー・ブーシュ!
大量破壊兵器がなくても
サンキュー・ミスター・ブッシュ!
中東の親米民主化戦略も、アメリカ国内の偏向した戦争報道も、何から何まで、アメリカの肩を持って、
ベリィ・ライク・ブーシュ!
実は、そうなるのは、当然なのだ。
元々、ポチ・ホシュは「アメリカと戦うんじゃなかった」という『大東亜戦争・後悔史観』を持っている。
つまり、日清・日露はよかったけれど大東亜戦争は悪かったという、「司馬史観」とか言ってたやつがそれだ。

「アメリカと戦うんじゃなかった」
「満州・支那事変は侵略だ」
「国民も兵隊も愚かな軍部の犠牲になった」
…これらの意見は、すべてアメリカの洗脳の成果である。
東京裁判史観である。
GHQのウォー・ギルト・インフォメーションの結実である。

軍部と国民を切り離し、国民に軍への憎悪を植えつけ、日本が二度とアメリカに立ち向かえないように牙を抜く。
こうして日本人の反戦平和教は生まれたのであり、
それともう一つ、冷戦下で秘かに育っていたのがアメリカ追従教のポチ・ホシュ勢力だったのだ。
どうちも「米国のケツの穴のムジナ」である。
戦争を始めたプロたちを日本の軍刑法で裁くべきだった。
彼らは我々を裏切った。
粗末な武器で戦わされた。
戦前の日本は帝国陸軍によって、ハイジャックされた。
戦前も戦後も日本はアメリカが好きだった。
反戦
親米

読売新聞に至っては終戦60年の特大企画で、日本国内にだけ戦犯を求め、死者の墓を暴いて鞭打つキャンペーンを延々とやった！
原爆投下で最も責任の重い人物は陸軍参謀総長の梅津美治郎大将だそうだ。
なんだ、そりゃ!? 原爆投下を命じたのはトルーマンじゃないか！
東条「避戦の芽」葬り去る
日米開戦
弱気の若槻首相
広田 無策で
構想倒れの松岡外交
石原、板垣が首謀
暴走・軍
独断 そして謀略
戦争継続
東条、小磯 連戦連敗を"無視
長崎に投下された原爆（1945年8月9
責任の重い人物
梅津美治郎（参謀総長）、豊田副武（軍令部総長）、阿南惟幾（陸相）、鈴木貫太郎（首相）、東郷茂徳（外相）

産経新聞も開戦60周年の連載企画で国内だけの「戦犯捜し」を延々続け、
呆れたことに真珠湾攻撃60周年の記念日の社説では「日本は英米と協力して国際秩序を守るべきだったのに独伊と結び(昭和十五年九月)、対米戦争が不可避になった」と書いた。
視野狭かった松岡の米国観
三国同盟
不問にされた無謀な「戦争
現実から遠ざかる政治
主張
12月8日 土曜日
14版
そもそも「英米と協調し 国際秩序を守るべきだった」というのは、
「英米に準白人扱いをしてもらってアジアをずーっと植民地にしておく国際秩序を守るべきだった」と言ってるのと全く同じで、
そう主張するなら、「あの戦争でアジアは解放された」と言う資格はない!
それなのに産経の社説は続けて臆面もなく「東京裁判の克服」を唱え、こう言う。
あの戦争を「日本軍国主義の侵略戦争」という図式だけで説明できるものではない。アジアを欧米の植民地から解放する結果につながったことは、多くの識者が認めている事実である。
なんという欺瞞!
そして次の行では…
もちろん、だからといって、あの戦争を肯定、美化することがあってはならない。結果として、日本全土は焦土と化し、三百万人の国民が犠牲になったのである。終戦の決断の遅れも含め、戦争指導の誤りによる敗戦責任も問われなければなるまい。
またもや「国民を犠牲にした戦争指導者の責任を追及せよ」という東京裁判史観に舞い戻る!
支離滅裂ではないか!
そしてさらに『戦争論2』第16章「パールハーバー」でも引用した高村光太郎の詩の一節を紹介して、
当時の人々の価値観や選択に理解を示すのが歴史への愛情だと、ぬけぬけと締めくくっている。
おまえら、そんなこと言う資格あるのか?
おかしなことに同じ12月8日の朝日新聞の社説には、こう書いてあるぞ…

昭和初期から太平洋戦争に至る時期、エリート官僚や軍人らを支配したのは、救いがたい独善と視野狭窄だった。米国との圧倒的な国力の差を冷静に直視することなく、日本を国際社会から孤立させ、無謀な自滅戦争に引きずりこんだ。何よりも陸海軍の統帥権が政治から独立し、軍部の専横や独走に歯止めをかけることができなかった。
あの戦争が問う
なんだ、産経と同じじゃないか！
もはや朝日と産経の歴史認識は、限りなく接近してるな！
朝日新聞
産経新聞
日米開戦60周年の日、アメリカでは真珠湾と同時多発テロを同列に並べる論調があふれた。
この2つが同列なのかと問う者は皆無だったという。
どちらも日本の内部だけが愚かだったから戦争をやってしまい、しかも敗けてしまったと主張しているのであり、アメリカに与えてもらった自由と民主主義がこの世で至上の価値だと思い込んでるんだから、「東京裁判史観」から抜けられるはずがない！
産経新聞
そしてブッシュは記念演説で、今回のテロ戦争が「文明と野蛮」の衝突で、
「テロリストは（第二次大戦の敵だった）ファシストの末裔だ」
と言い、その後
「かつての敵である日本がいまや最良の友」と言った。
つまり、こう言ったわけだ。
かつての日本は野蛮国で、その末裔がイスラム原理主義のテロリストだ。野蛮な日本は文明のアメリカに敗れ、アメリカによって文明化された結果、いまやアメリカにとって最も都合のいい国になった！
アメリカは公式のスピーチで日本への偏見と侮蔑を顕わにしているにも拘らず、それを日本人は「反日的」だ「侮日的」だと言いはしない。
逆に、アメリカの独善性を批判し、イスラム原理主義がテロをやる真因を解き明かすと、「反米的」だと眉をひそめる。
人間は決して進歩などしないし、歴史から教訓を得ることもない。

アメリカはイラク攻撃も最初から最後まで、かつての日本になぞらえて戦っているにも拘《かか》わらず、
そのことへの感慨を一切無視して、朝日も産経も論じている！
イタリアでは9・11テロ以降、カミカゼ特攻と自爆テロを同一視して、
アラブ人と日本人にイービル（悪魔）の偏見を持つようになってしまった。
パレスチナ人が自爆テロをする度に、在伊の日本人が身を縮めていなくちゃならないのが、つらいという。
だがそれをパレスチナ人のせいにしたってしょうがない。
その反応はそもそも白人の有色人種への差別心に基づいたものなんだから。
産経新聞系のポチ・ホシュにも言えることだが、
戦後の日本人は自分たちが、「半白人」にでもなったつもりなんだな。
アングロサクソンにとってみれば、日本人もアラブ人も有色人種。
得体の知れない悪魔。
命の値段の安い人種。
人種偏見は今でも生き残っている。
だからこそ、あの、大東亜戦争に意義があるのだ。
有色人種の中で白人と戦って勝った国、とことん苦しめた国、それは、日本しかない！

日本にアメリカのペリーがやって来て砲艦外交で国を開かせ、不平等条約を結んだ時、
アジアのほとんどの国が欧米の植民地支配に飲み込まれようとしていた。
だから日本は明治維新で近代国家に生まれ変わり国軍を作ったのである。
日清・日露戦争の時、アジア・アフリカは完全に欧米の植民地支配に飲み込まれていた。
その波が、支那地域朝鮮半島まで押し寄せてこようとしたから、日本は、国運を賭け、二つの戦争に踏みきったのだ。
そして、満州・支那事変の時、日本が戦ったのは「中国」ではない。「中国」など、その時はなかった。
支那の地域では蔣介石や毛沢東や、その他軍閥が抗争を続けていただけで、まだ国家も国民もない。
日本が、支那で戦った真の敵は、毛沢東を支援したソ連コミンテルンであり、国民党を支援した米英帝国主義である。
つまり、日本は支那の地で、世界を共産化しようとするコミンテルン勢力と、
支那の利権を狙うアメリカ・イギリス勢力と
二正面で戦っていた。
これが欧米500年の世界植民地支配に対する反転攻勢の戦いに昇華されていくのだ。

1941年12月8日
日本は真珠湾に奇襲した
と、アメリカ人は言っている。
だが同年、春、
米国防総省の承認の下、
正規のエリート空軍部隊
「フライング・タイガーズ」が、
支那の地で国民党に協力して、
日本軍と交戦し、
日本機を撃墜している。
日本はすでに支那で、
アメリカと戦っていたのである！
1941年といえば
今からほんの66年前、
その頃、
アジアの有色人種は、
自分たちを白人より
下等だと思い込み、
まさか白人に
反抗できるとは
夢にも思わなかった。
その時点で、まだ
植民地支配を受けていない
国は、アジアでは、
日本、タイ、ネパールの3国。
日本だけが
欧米に対抗し得る力
を持っていた。
かくして日本は
欧米の植民地支配の
世界史的な流れを
反転させる戦いに出た。
日本は負けたが、
有色人種に
独立の気運を促し、
大東亜戦争後、
東南アジア、
アジア、アフリカに及ぶ
ほとんどの民族が
独立を達成した。
この運命的な戦争を
世界史的には「聖戦」と言っても
いいのである。

十二月八日
記憶せよ、十二月八日。
この日世界の歴史あらたまる。
アングロ サクソンの主権、
この日東亜の陸と海とに否定さる。
否定するものは彼等のジャパン、
眇《びょう》たる東海の国にして
また神の国たる日本なり。
そを治《しろ》しめたまふ明津御神《あきつみかみ》なり。
世界の富を壟断《ろうだん》するもの、
強豪米英一族の力、
われらの国に於て否定さる。
われらの否定は義による。
東亜を東亜にかへせといふのみ。
彼等の搾取に隣邦ことごとく痩せたり。
われらまさに其の爪牙《そうが》を摧《くだ》かんとす。
われら自ら力を養ひてひとたび起《た》つ。
老若男女みな兵なり。
大敵非をさとるに至るまでわれらは戦ふ。
世界の歴史を両断する
十二月八日を記憶せよ。
高村光太郎
ニイタカヤマノボレ 一二〇八

こうして 我々 日本人が、アメリカに向かって、アングロ・サクソンに向かって、立ち上がった歴史を否定するか？
今、現在 アラブ諸国の民衆レベルでの反米感情が何であるのか、もう 今の日本人にはわからなくなったか？
たった一度負けただけで、「攘夷」の気概は全て手放してしまったのか？

60数年前、負けたとたんに勝者に媚びを売った連中がいた。
マッカーサー様ありがとう！
マッカーサー様の子供が産みたい！
支配者に媚びを売る卑しい連中のDNAは、実は今の親米ポチ保守にも受け継がれているのだった！
産經新聞
「日本の針路」
厭《いや》らしい連中である。
この連中の一部が東京裁判を丸ごと信じ、平和憲法をありがたく押し戴《いただ》く進歩的文化人となり…
この連中の一部が日米同盟は絶対で、アングロサクソンについていけと主張している。
ごーまんかましてよかですか？
大東亜戦争までは、日本人の多くが「攘夷」の感覚を持続させていた。
62年前のあの敗戦以来、「武備恭順」の構えは年々「謝罪恭順」の度を深め、いくらナメられても薄ら笑いで中国に媚び、韓国に媚び、アメリカに媚びる「俗論派」の者ばかり…
平成の世に「攘夷」の感覚を蘇えらせる志士は現れぬのか!?

攘奸篇

今年（二〇〇七年）施行六十年を迎えた「日本国憲法」は、我が国の大東亜戦争の敗戦によって、GHQの占領下に「日本国が再び米国の脅威となり又は世界の平和及び安全の脅威とならざることを確実にする」（「降伏後に於《お》ける米国の初期対日方針」昭和二十年九月二十二日）ことを目的に、その一環として制定されたものである。したがって、「世界の平和」とは「戦勝国の平和」であり、「安全の脅威」とは「戦勝国の脅威」のことだ。まともな思考力を持つ日本人であれば、日本国憲法の正体が、日本国民に日本を敵視させ、弱体化させるための〝装置〟であることに気づくだろう。

日本国憲法の前文には、日本国民が「決意」することが二つ示されている。「諸国民との協和による成果と、わが国全土にわたつて自由のもたらす恵沢を確保し、政府の行為によつて再び戦争の惨禍《さんか》が起ることのないやうにすることを決意し」、さらに「平和を愛する諸国民の公正と信義に信頼して、われらの安全と生存を保持しようと決意した」という部分である。

八木秀次氏（高崎経済大学教授）は、前者は、日本国憲法の前文で我が国の過去に唯一言及した箇所であり、戦争の惨禍は日本国政府の行為に原因があったとするものであり、ここでの日本の過去は反省すべき、否定すべきものに過ぎないものとして扱われているとし（『別冊正論』第六号「日本国憲法の〝正体〟」）、後者の「われらの安全と生存」の「保持」を「平和を愛する諸国民の公正と信義に信頼」することで達成する「決意」とは、日本国民は国防への当事者意識を持つ必要がないという表明であると指摘する（同）。

はっきりさせておかねばならないのは、この二つが、自国の歴史を否定し、自国への不信を前提にし、他国の恣意《しい》に身を委《ゆだ》ねることを日本国民に「決意」させていることだ。日本人が自ら決意したものではない。前

文の最後のくだりはこうだ。

「日本国民は、国家の名誉にかけ、全力をあげてこの崇高な理想と目的を達成することを誓ふ」

戦後の日本が、この崇高な理想と目的を達成するためにやってきた結果がどんな事態をこの国にもたらしているか。わしは問いたい。日本の周囲に「平和を愛する諸国民」はいたか。「政府の行為」による大東亜戦争は本当に誤りだったのか。「諸国民との協和による成果」とは一体何か。

ここ数年のことでもよい、思い返してみよ。

自らを棚に上げて「歴史を鑑《かがみ》にせよ」などと執拗《しつよう》に日本非難を繰り返し、十九年連続で二ケタ台の軍事費の増加という異常な軍拡に奔《はし》りながら、一方では「友好」を強要してＯＤＡ（政治開発援助）をはじめ莫大《ばくだい》な資金を日本から毟《むし》り取ってきた中国。

多数の日本国民を拉致《らち》しながら、歴史の歪曲《わいきょく》による日本非難を繰り返し、「人道」の名のもとにコメ支援などを引き出しながら、ミサイル発射や核実験などでの恫喝《どうかつ》をやめない北朝鮮。そしてそれを同胞として支援し、「反日」「侮日」をやめない韓国。

天然ガス開発の共同事業を平気で反故《ほご》にし、日本領海で日本の漁民を射殺しても補償はおろか謝罪のひとこともない、日本固有の領土である北方四島を不法占拠したまま、一度は約束した交渉に応じる気配もないロシア。

日米同盟の名のもとに、自らの戦争（イラク戦争）には自衛隊の派遣を求めておきながら、日本にとっての大きな脅威である北朝鮮の核問題では、自己都合でしれっと置き去りにするアメリカ。ＢＳＥ（狂牛病＝牛海綿状脳症）発症の心配があるからと牛肉輸入を制限したら、農務次官が「ＢＳＥの人への感染よりも、買い物途中に自動車事故に遭う確率のほうが高い」と言い放つ国だ。さすがにかつて家畜の飼料を我々に食べさせて何とも思わなかった国である。

いかにお人よしの日本人であろうとも、これほどの理不尽が重なれば、戦後日本の置かれた立場が見えてくるに違いない。周囲に「平和を愛する諸国民」はなく、「諸国民との協和」によって潤うのは日本ではなく、常に「諸国」の側だとわかるはずだ。

——と、わしは思うのだが、現実には、いまだにこの迷妄から醒《さ》めない日本人のほうが多数を占めていると言わざるを得ない。憲法前文にあるような無条件の他者信頼、他者依存、それを理想とする精神から日本を見るかぎりこの迷妄から醒めることはない。その精神から日本の歴史を見れば、自力で独立と生存をまっとうしようとした戦前の日本の姿は「無謀」であり、「野蛮」なものだったということになる。

だが、これこそが戦後に、戦勝国によって植えつけられた「日本悪玉史観」なのである。一九四五（昭和二十）年十二月七日、GHQは新聞各社の代表を集めて、「大東亜戦争」ではなく、GHQが作成した連合国にとっての——アメリカにとっての——「太平洋戦争史」を示し、その掲載を命じた（翌八日に掲載）。朝日新聞はその後も「太平洋戦争史　続編」を連載し、NHKも同様のラジオ番組を三年にわたって放送した。新聞社も放送局も、それ以降「大東亜戦争」の呼称を使うことなく、すべて「太平洋戦争」としたのである。マスコミから、日本国民の間から、「大東亜戦争」の言葉は消え去り、やがては我々の父祖が戦った戦争の意味を、我々自身わからなくなるという時代を迎えることになった。

一体、大東亜戦争とは何だったのか。

わしは、それを自分なりに『戦争論』で描いた。果たして東京裁判に表象されるように、一方的な日本の侵略戦争だったのか。「日本は英米と協力して国際秩序を守るべきだったのに独伊と結び」、その結果として「対米戦が不可避になった」のか。答えは否、である。当時の日本人が戦った戦争の本質的な意味を知るには、日本国内だけで戦争理由を探してもわかるはずはない。

実は、読売新聞も産経新聞も、大東亜戦争の歴史的意味づけについては朝日新聞と大差ない。なぜならその結論が、敗北によって得られたと信じている自由と民主主義が、この世で至上の価値だと思い込んでいる点で共通しているからだ。

戦前の日本には、周囲から三つの「悪意」「敵意」が向けられていたと説くのは渡部昇一氏（上智大学名誉教授）だ。

太平洋戰爭史
奪ふ「侵略」の基地
國民の對米憎惡を煽る
愛國者の跳梁
反撃を理由に侵略
荒れ狂ふテロ
重壓に喘ぐ國民生活

1945年12月8日より主要新聞各紙に掲載された『太平洋戦争史』の一部（写真は朝日新聞）

一つは白色人種の有色人種に対する根深い蔑視《べっし》。これは日本人にだけ向けられていたわけではないが、日露戦争に勝利した日本には自らの存立を脅かす存在としてひときわ強い警戒感と不快感が向けられた。オレンジ計画など、アメリカの対日敵視政策の根底にそれがあったことは間違いない。

二つ目は、華夷秩序から離脱した日本に対するシナ人や朝鮮人の蔑視である。彼らからすれば、華夷秩序の最下層に位置する日本が、西欧列強と並んで独立をまっとうし、繁栄への道を歩んでいることは嫉妬《しっと》も絡んでの複雑な敵意、悪意と言わざるを得ない。

三つ目が、コミンテルンによるマルクス主義イデオロギーである。大東亜戦争が憲法前文にあるような「(我が国)政府の行為」によってだけの理由で発生したのでないことは明らかではないか。

わしは、こうした当時の状況を勘案しない大東亜戦争への非難は、事実の認識として正しくないばかりか、しょせん自らの歴史として背負う覚悟のない現われだと思う。

たしかに日本は大東亜戦争に敗れ、第二次世界大戦とその後の冷戦に勝利したのはアメリカだが、だからといって日本が戦った「大東亜戦争」の意味が世界史的に消滅したわけではない。戦前の日本の歩みは、アメリカの原爆投下や、ソ連の中立条約違反という、なりふりかまわぬ——白人相手ならやらなかったであろう——攻撃に見られるように、有色人種蔑視の本性を露《あらわ》にせざるを得ないほど敢闘したということである。

永遠に続くと思われた白人による世界支配を日本が打ち破ったという事実を日本人の記憶から消し去るために、彼らは事あるごとに、日本を軍国主義だ、侵略国家だと執拗に宣伝するのである。

靖国に反対する夷狄には底意がある

はっきり言おう。

「残虐な侵略国家」「好戦的な軍国主義国家」など、東京裁判によって戦前の日本に貼られたレッテルは歴史の詐術であって、本気で受け止める必要はない。日下公人氏はそれを「彼らの悔しさの現われ」と喝破したが(『アメリカに頼らなくても大丈夫な日本へ』PHP研究所)、たしかにそう見抜くのが本当の国際感覚なのだ。もし極東に日本という国がなければ、白人の世界支配はどこまで続いたかわからない。これは決して夜郎自大の物言いではない。

加藤紘一氏や栗山尚一氏(元駐米大使)のように、東京裁判を受け入れた日本が——日本は東京裁判を受け入れたのではない。その「判決」の履行を受諾したにすぎない——、いまさらそんな主張をしても「通用しない」、アメリカや中国を「納得させられない」と言う日本人がいるが、歴史の紛争にはそれぞれに当事者がいて、それぞれに主張があるのだ。ある一つの戦争の意味を、戦勝国だけが語り得るなどということがあるだろうか。日本人として主張をしなくてどうするのか。

こんな考えでいるから、たとえば靖国神社の遊就館の対米戦についての記述に、アメリカ議会や政府関係者からクレームがつけられると、慌てて「未熟な反米史観を正せ」などという意見が出てくることになる。

またアメリカから「戦前の対米認識と同じ誤った見方を今も若者に伝えている」と言われると、アメリカの「太平洋戦争」史観に合わせるために教科書の記述を変えてしまう。文部科学省から検定意見がついたのかどうか知らないが、「新しい歴史教科書をつくる会」のメンバーが執筆者として参加した中学校歴史教科書の改訂版では、アメリカのオレンジ計画についての記述が削られている。

こうした削除や書き換えを主導したのは岡崎久彦氏だと仄聞しているが、ならば岡崎氏はアメリカのスミソニアン航空宇宙博物館の原爆投下に関する記述の訂正を申し入れたことがあるか問うてみたい。日米友好が対等・互恵な関係であるべきならば、「原爆投下関連の表記は未熟な反日史観だ」と自己肯定するアメリカ側に対しても一言あってしかるべきではないか。それとも、それは親米保守派の仕事ではないとでも言うのか。

言うまでもないが、靖国神社に祀《まつ》られている英霊の多くは、大東亜戦争でアメリカを敵として戦い命を投げ出した。その死は「はからずも犠牲になった」のではなく、日本が掲げた大東亜戦争の「大義」に殉じた結果なのであり、その慰霊は、そのまま大東亜戦争における日本の「大義」を、我が国の歴史に刻む行為でもある。

独立国ならば当然のことが、いまの日本人にはわからなくなっている。自国の永続のために命を投げ出してくれた先人の思いを汲《く》むことよりも、いまの「日米友好」「日中友好」のほうが大切なのか。

いや、これは二者択一の問題ではない。我々が英霊を顕彰することと、アメリカや中国と親善を保つことはなんら矛盾しない。我々は堂々と英霊を顕彰し、感謝と追悼の誠を捧げればよい。それに反対する国があれば、冷静にその底意を見抜くことだ。そもそも他国に口を出される筋合いの問題ではないのだから、粛々と「日本」を通せばいいのである。

わしが主張したいことはただ一つなのだ。

日本人として、自らの運命は自ら決する。日本をそういう国にする。そして、そのためには、幕末の志士

と同じ「攘夷」の気概がふたたび必要なのである。

攘夷の気概なくして、日本の独立は保てない

ペリー来航から百五十四年、平成の御世を見渡してみれば、この国の政治家、経済人、マスコミ文化人、みんな胸奥に日本人としての思いのない、矜持《きょうじ》のない、「崇洋媚外」に染まりきった外国の代理人ばかりではないか。

思い出すままに言動を拾ってみる。

終戦五十年に出された村山談話のひどさは改めて指摘するまでもないが、その政権を支えた加藤紘一氏は、「中国人民抗日戦争記念館」を訪問した際に、「亜州歴史的真実只有一個」（アジアの歴史の真実はただ一つ）と揮毫《きごう》し、記念館の館長に贈呈した。慰安婦問題における「河野談話」の前、第一次宮沢内閣の官房長官時代に同じような謝罪談話を発表したのが加藤氏だ。

加藤氏はさらに一九九五（平成七）年、当時の村山政権が北朝鮮への五十万トンのコメ支援を打ち出したとき、自民党幹事長として党内の反対を押し切って支援を実施した張本人だ。また、加藤氏は首相の靖国神社参拝に反対する有力議員の一人でもある。加藤氏が信じている「アジアの歴史の真実」とは、一体いかなるものか。推して知るべしだろう。こんな政治家がいまだに有力とされていることに、わしは嘆息せざるを得ない。

首相の靖国参拝に反対し、「どうでもいいような矮《わい》小《しょう》な政治問題」と切って捨てた榊原英資氏（元大蔵省財務官・慶応大学教授）。

「新しい歴史教科書をつくる会」の歴史教科書の内容について、「他国のナショナリズムを思いやる余裕のない」「狭量で歪《ゆが》んだ」「まことに手軽に自己正当化を施した安直なナショナリズム」と決め付けた五百旗頭真氏。これは中国首脳とまったく同じ姿勢だが、驚くべきことに、五百旗頭氏はいま、防衛大学校の校長に就いている。まるで笑えないギャグのようだ。

「アジアの盟主は中国」と言い、日本は大国ではないという選択をして、中国にお仕えする立場にある、という言説を吐く学者もいる（添谷芳秀氏・慶応大学教授）。

経済人もひどい。

「今後、中国が本格的に国際的な市場となった暁《あかつき》に、日本だけが孤立してしまう」ことを恐れ、「日本人が中国と本気で付き合おうと思ったら、むしろ中華世界の一員になる覚悟が必要です」とまで言い切った藤野文晤氏（藤野中国研究所所長・元伊藤忠中国総代表）。

小林陽太郎氏（新日中友好二十一世紀委員会座長・富士ゼロックス会長）も、小泉前首相の靖国参拝に対

し、「首相の立場で参拝することが中国国民の感情を逆撫《さかな》でし、首脳会談の妨げになっている」と発言した。これも当時の中国首脳の口移しだ。同じような発言は経済同友会の北城恪太郎代表幹事（当時）もしていた。「ユニクロ」ブランドの柳井正氏（ファーストリテイリング会長）も、「（小泉首相が）なぜ靖国神社に行くのか分からない。個人の趣味を外交に使うのはまずいんじゃないか。政治が経済の足を引っ張っている」と非難していた（二〇〇六年一月十一日付夕刊フジ）。

まだまだある。

北岡伸一氏は、小泉首相の最初の北朝鮮訪問（平成十四年九月十七日）直後、「両国間の交渉だけを見れば、これは戦後日本外交史に残る成功である。日本の国益にとって大きな成果のみならず、東アジア戦後国際関係史に新たな一ページを開くもの」と記した（『中央公論』二〇〇二年十一月号）。

北岡氏はその中で、「戦前の日本は拉致《らち》以上にひどいことも、相当にやってきた。それゆえ謝罪し、経済協力をするのである」と説く。これは北朝鮮の主張そのままではないか。しかも「拉致以上にひどいこと」とは何か、その記述はない。こんな粗雑な分析をする学者が、その後国連次席大使に任じられ、いまは日中歴史共同研究の日本側の座長である。誰が座長にしたのか、いい加減にしてほしい。

元駐米大使の栗山尚一氏は、「二十世紀前半の日本がとった政策は一環して間違っていた」とし、残念ながらと断りながらも、「人類の歴史」は、「勝者が書いた歴史が歴史として受け入れられている。そのことを日本人は受け入れないといけない」とあっさり片付けている（二〇〇六年二月十四日付産経新聞）。

最初の小泉訪朝を仕掛けたとされる田中均氏（元外務審議官）も、田原総一朗氏との対談で、「（あの戦争は）間違いなく侵略戦争です。九五年の村山談話の作成にも参画したんです。……同時に国会決議もやろうということだった。……（そこには）中国に対する『侵略戦争』とか朝鮮半島における『植民地支配』という言葉を書き入れたかった。……私はね、学習院中学の教科書を持って、議員の説得にかかったんですよ。『天皇陛下も通われている学習院の教科書にも、〝朝鮮半島に対する植民地支配と、中国に対する侵略戦争〟って書いてあるじゃないか』って」と得々と語っている（『国家と外交』）。田中氏は、北朝鮮による拉致被害の問題を〝放置〟した人物だが、ここでも平気で天皇を政治利用し、偏向教科書の記述を使って日本を貶めても恬《てん》として恥じない。

もう指折り数えて俎上《そじょう》にのせるのもいやになるくらいだ。

「平和を愛する諸国民の公正と信義に信頼して」やっ

2006年8月15日、全国戦没者追悼式で黙とうされる天皇、皇后両陛下。東京・日本武道館で(写真提供／読売新聞社)

てきた結果、日本人はまともに怒ることさえできなくなっている。名誉というものがわからなくなっている。国際親善を第一に、周囲との摩擦を避け、相手の要求をのむことで「生存と安全」をはかってきた日本は、自国を貶める行為が何であるかということすら、政治家、官僚、経済人の間から失わせてしまった。「漢奸」や「国賊」という言葉は、日本では死語になった。

そして、とうとう日本には何を要求してもよいという事態を招いたのである。日本の名誉は無視しても構わない、と。

怒りや嘆きを他者にぶつけているばかりでは愚かにすぎないが、怒りを表明すべきときにそれができないのは、もっと愚かな臆病者《おくびょうもの》というしかない。

間もなく「靖国の季節」がやってくる。

江藤淳氏の言葉を、わしは思い出す。

「自国の戦死者を、威儀を正して最高の儀礼を以《もっ》て追悼することを禁じられた国民が、この地上のどこにあったろうか。国人よ、誰に謝罪するより前にそのことを嘆け。そして、決して屈するな」

ゴーマンかましてよかですか?

摩擦回避の事なかれ主義をいまこそ捨てよ。「攘夷」の気概なき「友好」は単なる「隷従」にすぎないと知れ!

巻頭描き下ろし　ナショナリズムの原点

●開国と攘夷　日本の対外戦争幕末（豊田泰／文芸社）
●幕末動乱と開国　江戸期天保――幕末（半藤一利・井沢元彦／世界文芸社）
●幕末異人殺傷録（宮永孝／角川書店）
●吉田松陰と現代（加藤周一／かもがわブックレット）
●完全制覇　幕末維新　この一冊で歴史に強くなる！（外川淳／立風書房）
●幕末長州藩の攘夷戦争　欧米連合艦隊の来襲（古川薫／中公新書）
●日本の歴史19 開国と攘夷（小西四郎／中公文庫）
●日本近現代史　幕末・維新（井上勝生／岩波新書）
●山岡荘八歴史文庫　吉田松陰（講談社）
●武士ズム　これが「ハラキリ」だ！（堀辺正史×小林よしのり／『わしズム』2007春）

攘中篇

●満州事変とは何だったのか　国際連盟と外交政策の限界（クリストファー・ソーン　市川洋一訳／草思社）
●誰も知らなかった皇帝たちの中国（岡田英弘／ワック）
●侵略と戦慄　中国4000年の真実（杉山徹宗／祥伝社）
●大東亜戦争への道（中村粲／展転社）
●捏造された日本史　日清戦争〜太平洋戦争まで　日中一〇〇年抗争の謎と真実（黄文雄／日本文芸社）
●満州国は日本の植民地ではなかった（黄文雄／ワック）

●「日中戦争」は侵略ではなかった(黄文雄/ワック)
●渡部昇一の昭和史(渡部昇一/ワック)
●シナ大陸の真相1931〜1938(K・カール・カワカミ　福井雄三訳/展転社)
●平和はいかに失われたか　大戦前の米中日関係・もう一つの選択肢(ジョン・アントワープ・マクマリー原著
アーサー・ウォルドロン編著　北岡伸一監訳/原書房)
●再審「南京大虐殺」　世界に訴える日本の冤罪(竹本忠雄・大原康男　日本会議国際広報委員会/明成社)
●南京事件の総括　虐殺否定の論拠(田中正明/展転社)
●「南京大虐殺」はこうして作られた　東京裁判の欺瞞(冨士信夫/展転社)
●「南京虐殺」の徹底検証(東中野修道/展転社)
●「南京虐殺」への大疑問　大虐殺外国人資料を徹底分析する(松村俊夫/展転社)
●本当はこうだった南京事件(板倉由明/日本図書刊行会)
●THE RAPE OF NANKING　the forgotten holocaust of World War II(IRIS CHANG/Basic Books)
●『ザ・レイプ・オブ・南京』の研究　中国における「情報戦」の手口と戦略(藤岡信勝・東中野修道/祥伝社)
●「南京安全地帯の記録」完訳と研究(冨澤繁信/展転社)
●南京の真実(ジョン・ラーベ著　エルヴィン・ヴィッケルト編　平野卿子訳/講談社)
●仕組まれた〝南京大虐殺〟攻略作戦の全貌とマスコミ報道の恐さ(大井満/展転社)
●「南京大虐殺」のまぼろし(鈴木明/ワック)
●新「南京大虐殺」のまぼろし(鈴木明/飛鳥新社)
●プロパガンダ戦「南京事件」　秘録写真で見る「南京大虐殺」の真実(松尾一郎/光人社)
●「無実だ!」父の叫びが聞こえる(向井千恵子/「正論」2000年3月号)
●中国の旅(本多勝一/朝日新聞社)
●南京「百人斬り競争」の真実(東中野修道/ワック)
●司法の闇「百人斬り」最高裁判決(稲田朋美/「Will」2007年3月号)

攘韓篇

●戦後を戦後以後、考える　ノン・モラルからの出発とは何か（加藤典洋／岩波ブックレット）
●中国・韓国の歴史歪曲　なぜ、日本人は沈黙するのか（黄文雄／光文社）
●歪められた朝鮮総督府　だれが「近代化」を教えたのか（黄文雄／光文社）
●韓国は日本人がつくった　朝鮮総督府の隠された真実（黄文雄／徳間書店）
●日韓２０００年の真実　写真４００枚が語る両国民へのメッセージ（名越二荒之助編著／国際企画）
●新朝鮮事情（Ｊ・プズー・マサビュオー　菊池一雅・北川光児訳／白水社）
●慰安婦と戦場の性（秦郁彦／新潮選書）
●「従軍慰安婦論」は破綻した（西岡力／日本政策研究センター）
●私の戦争犯罪　朝鮮人強制連行（吉田清治／三一書房）
●従軍慰安婦資料集（吉見義明編集・解説／大月書店）
●教科書に書かれなかった戦争　ｐａｒｔ17　１００冊が語る「慰安所」・男のホンネ（高崎隆治編著／梨の木舎）
●従軍慰安婦と戦後補償　日本の戦後責任（高木健一／三一書房）
●キーセン観光実態報告書（韓国教会女性連合会編　山口明子訳／ＮＣＣキリスト教アジア資料センター）
●密約外交の代償　慰安婦問題はなぜこじれたか（櫻井よしこ／「文藝春秋」１９９７年４月号）
●幻の「従軍慰安婦」を捏造した河野談話はこう直せ！（秦郁彦／「諸君！」２００７年５月号）

攘米篇

●愛国対論　「サヨク」に一撃、「ホシュ」に一閃（渡部昇一・小林よしのり／ＰＨＰ研究所）
●反米という作法（西部邁・小林よしのり／小学館）
●原爆を投下するまで日本を降伏させるな　トルーマンとバーンズの陰謀（鳥居民／草思社）
●猶太難民と八紘一宇（上杉千年／展転社）

●民主主義とは何なのか（長谷川三千子／文春新書）
●「アメリカ小麦戦略」と日本人の食生活（鈴木猛夫／藤原書店）

攘独篇

●偉ッそうなドイツ人に告ぐ！　ＯＡＧ孤軍奮戦記（田中敏／「諸君！」１９９９年6月号）
●小林よしのりに浴びせられた〝砲火〟（小堀桂一郎・小林よしのり／「正論」１９９９年11月号）
●日本はナチスと同罪か　異なる悲劇日本とドイツ（西尾幹二／ワック）

攘露篇

●北千島・占守島の五十年（池田誠編／国書刊行会）
●自虐史観もうやめたい！　反日的日本人への告発状（谷沢永一／ワック）
●日本は「いじめ自殺」国家だ（上坂冬子・小林よしのり／「Ｗｉｌｌ」２００７年2月号）

攘奸篇

●親日派のための弁明（金完燮著　荒木和博・荒木信子監修・訳　星野知美訳／扶桑社）
●逆説のニッポン歴史観　日本をダメにした「戦後民主主義」の正体（井沢元彦／小学館）
●朝日新聞の「戦後」責任（片岡正巳／展転社）
●検証　戦争責任（読売新聞戦争責任検証委員会／中央公論新社）
●運命の十年　柳条湖から真珠湾へ（岡崎久彦・松本健一他／産経新聞出版）
●大東亜戦争肯定論（林房雄／夏目書房）

著者紹介

小林よしのり

昭和28年福岡生まれ。昭和51年、大学在学中に描いたデビュー作『東大一直線』が大ヒット。以降、『東大快進撃』『おぼっちゃまくん』(昭和63年、小学館漫画賞受賞)などギャグ漫画に新風を巻き起こす。平成4年、『SPA!』(扶桑社)誌上で『ゴーマニズム宣言』(幻冬舎文庫①〜⑨)を連載開始、その後、平成7年から『SAPIO』(小学館)に戦いの場を移し、『新・ゴーマニズム宣言』を連載、平成18年に完結した(単行本は小学館から①〜⑮)。現在は『SAPIO』にて『ゴー宣・暫』を強力連載中のほか、『ビッグコミック』(小学館)に『遅咲きじじい』を連載、季刊誌『わしズム』(小学館)の責任編集長を務めるなど、さらに新しい挑戦を続けている。『新・ゴーマニズム宣言』のスペシャル版として平成12年に『台湾論』(小学館)を発表、台湾入境禁止の大騒動となった。また平成10、13、15年には『戦争論』1、2、3(幻冬舎)を発表、戦後の思想空間を揺るがす大ベストセラーとなった。その他のスペシャル版に『沖縄論』(小学館)、『靖国論』『いわゆるA級戦犯』(以上、幻冬舎)。

スタッフ

構成　時浦兼・岸端みな
作画　広井英雄・時浦兼・岡田征司・宇都聡一
ブックデザイン　鈴木成一デザイン室
帯書体　大迫閑歩
校正　櫻井健司・浅見雄介・小林興二朗
編集　佐藤幸一・真田晴美
カバー写真　amana images

新ゴーマニズム宣言SPECIAL
平成攘夷論
二〇〇七年七月一五日　初版第1刷発行

著者　小林よしのり
編集人　佐藤幸一
発行人　佐藤正治
発行所　株式会社　小学館
〒一〇一－八〇〇一　東京都千代田区一ツ橋二－三－一
電話　〇三－三二三〇－五六一六（編集）
〇三－五二八一－三五五五（販売）
印刷所　共同印刷株式会社
製本所　株式会社　難波製本

ISBN978-4-09-389058-8

いま、日本は「美しい国」から、猛烈な勢いで遠ざかっている!
この国の愛国心《ナショナリズム》の正体、見たり!!
小林よしのり苦悩す——
日本のナショナリズムに火をつけ、戦後の言論空間に衝撃を与えた『戦争論』から9年。日本に出現したのは危険な「パトリ(故郷)なきナショナリズム」だった。ネット右翼、ネオリベ一派、「偏狭なナショナリスト」は、小林よしのりが昂揚させた「愛国心」から生まれたのか?日本に真のナショナリズムは育ちつつあるのか……?新たな戦いが、ここに始まる。
【1冊で10倍楽しめる!】
◆パラオ現地取材「日本統治論」
◆故郷・福岡から考えた「愛郷心と愛国心」
◆藤原紀香から負け犬まで一刀両断!「国家と結婚」
◆ギャグ漫画「ザ・樹海」
特別収録 ひめゆり学徒、集団自決……語り下ろし&漫画
「沖縄戦の真実」 ほか
絶賛
発売中!!
小林よしのり責任編集長
『わしズム』の好評連載、
待望の単行本化!!
特別収録
『沖縄論』補遺
「沖縄戦」の真実
パラオ現地取材
「日本統治論」
小林よしのり
EXTRA
ゴーマニズム宣言EXTRA
パトリなきナショナリズム
小林よしのり ◆A5判 ◆274ページ
ISBN978-4-09-389057-1
小学館

暫く!
暫く!しばらァらぷうううう・・・
「ゴーマニズム宣言」前人未踏の新境地!
日本人よ、「核武装」の覚悟はできたか
北に狂気の独裁国家あり。
日本は三度目の核が落とされる惨劇を覚悟せねばならぬ窮地と雖も、
「持たず、作らず、持ち込ませず」に「議論させず」の
非核四原則を決め込むばかり。
然れども、古今東西唯一の被爆国であるからこそ
いま核武装宣言をせねばならぬ時ではないのか。
前人未踏の同時代漫画。
平成の世によしりん権五郎、見参――。
絶賛発売中!!
ゴー宣・暫 一
小林よしのり
ゴーマニズム宣言 至極の「荒事」遂に幕開き
暫く!暫く!しばらァらぷうううう…
ニッポンの欺瞞に堪忍袋の緒が切れた!
これが三幕十三場の内容だ!
◆「ゴー宣」とは何か
◆NHKにて自主防衛の浮上
◆「いわゆるA級戦犯」を補強する
◆安倍総理は戦う政治家か?
◆言論テロは「右傾化」のせいか?
◆北朝鮮と日本核武装の正当性
◆いじめから逃れる場所などない ほか
今度の決めゼリフは「ごーまんかましてよかですか?」じゃなく「暫く! 暫く! しばらアらぷうぅぅぅ」!!
ゴー宣・暫 一
ごーせん・しばらく
国際情報誌『SAPIO』にて大反響連載中!
小林よしのり
◆A5判 ◆178ページ
ISBN978-4-09-389021-2
小学館